저주받은 몫

조르주 바타유

저주받은 몫

일반경제 시론
—소진/소모

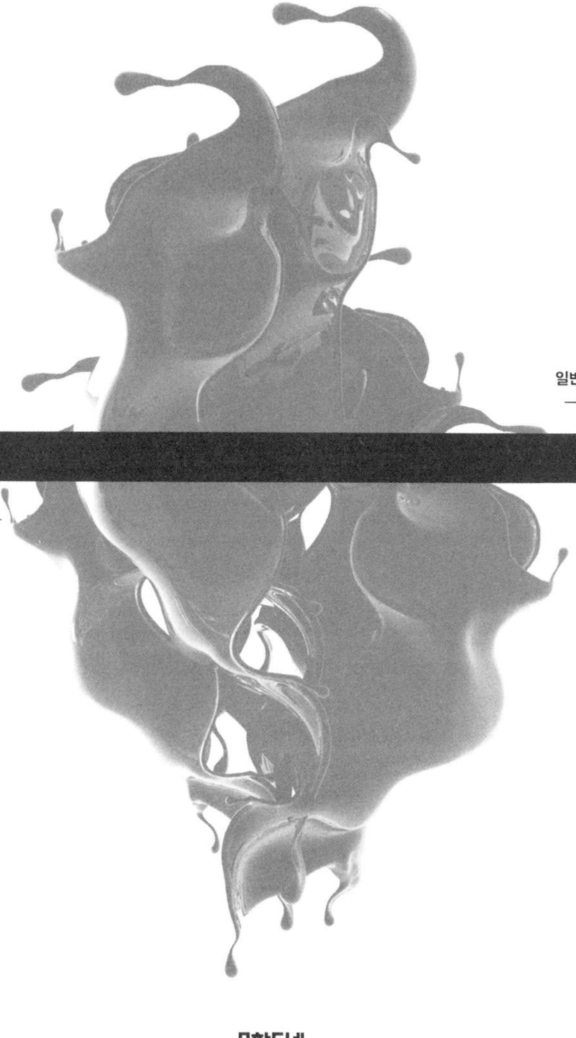

최정우
옮김

La Part
Maudite

GEORGES
BATAILLE

문학동네

넘침은 아름다움이다Exuberance is beauty

윌리엄 블레이크

차례

일러두기

1. 이 책은 Georges Bataille, *La Part maudite. Essai d'économie générale. I. La consumation*, in *Œuvres complètes*, tome VII (Paris: Gallimard, 1976)을 옮긴 것이다.
2. 원주와 역주는 본문 하단에 각주로 실었으며, 본문에서 역자가 보충한 구절이나 표현은 대괄호 [ ]로, 그리고 원주에 대한 역주는 중괄호 { }로 구분했다. 원서의 강조 부분은 고딕체로 표시했다.
3. 단행본과 잡지는 『 』로, 논문이나 시는 「 」로, 예술작품 등은 〈 〉로 표시했다.

머리말

몇 년 전부터 나는 가끔씩 "당신은 무엇을 준비중입니까?"라는 질문에 대답하기에 앞서, "정치경제학에 대한 저서입니다"라고 말해야 한다는 사실에 불편함을 느껴왔다. 내 입장에서 생각할 때, 이러한 기획은 최소한 나를 잘 알지 못하는 사람들의 주의를 별로 끌지 못할 일이었기 때문이다(사람들이 내 책들에 대해 갖는 관심은 대개 문학적 영역에 국한된 것이고 이는 어쩔 수 없는 일인데, 사실 내 책들은 기존에 규정되어 있는 어느 한 장르로 분류할 수 없다). 나는 나의 이러한 대답을 듣고 사람들이 그저 겉으로만 놀라는 척하는 일들이 반복되었던 지리멸렬한 기억을 갖고 있다. 나는 스스로 내 입장을 상세히 설명해야 했지만, 내가 그저 몇 개의 단어들로 말할 수 있었던 것은 명확하지도 않고 이해

가능하지도 않았다. 그래서 실제로 나는, 내가 쓰고 있었던 (그리고 이제 출판하게 되는) 이 책이 전문적인 자격을 갖춘 경제학자들의 방식으로 사태를 고찰하는 것이 아니며, 또한 내가 밀의 판매에 대한 관심 못지않게 인신공희人身供犧, 교회 건축, 패물 증여에 대한 관심에도 초점을 맞추고 있다는 말을 덧붙여야 했다. 요컨대 나는 부의 '소비dépense'('소진/소모consumation')[1]가 생산에 대비하여 일차적 대상이 되는 '일반경제économie générale'의 원

1) 〔역주〕 바타유가 말하는 '소진/소모consumation'의 개념은 일반적으로 우리가 생산 중심 경제 체제의 제한적 범위 내에서 사용하는 재화의 '소비consommation'라는 개념과는 질적으로 다르다. 따라서 바타유가 보다 일반적으로 'dépense'라는 단어를 사용할 때에도, 그것은 단지 '소비消費'가 아니라 보다 광범위하고도 적극적으로 '소진消盡' 혹은 '소모消耗'까지 포괄하는 개념으로 이해되어야 하며, 이는 그의 '일반경제' 전체, 그리고 생산 중심 경제에 대비되는 또다른 중심축인 소비/탕진을 이해하려고 할 때 아주 중요한 개념적 구분이다. 왜냐하면 바타유가 말하는 '일반경제'란 단순히 '일반적'인 경제학을 뜻하는 것이 아니라, 바로 이러한 소비/소진의 개념을 그 일차적 사유의 대상이자 생산 중심 경제 축에 대응하는 또하나의 중요한 인간학적 축으로 삼는 더욱 광대한 하나의 '보편적'이고 '구조적'인 관점을 의미하는 것이기 때문이다(따라서 이러한 의미의 '일반경제'와 대비해, 우리에게 익숙한 기존의 생산 중심 경제를 '제한 경제'라 명명할 수 있을 것이다). 그러므로 이 책에서는 대부분의 경우 일괄적으로 'consumation'을 '소진/소모'로, 그리고 'dépense'를 이러한 소진/소모의 개념을 포괄하는 보다 넓은 의미에서의 '소비'로 번역하며(따라서 당연하게 이 역시도 현재 자본주의 경제 안에서 일반적으로 사용되는 '소비'의 개념과는 다르게 보다 넓은 '일반경제적'인 의미에서 이해할 필요가 있다), 필요할 때마다 프랑스어 원어를 병기하고 그 구분을 더욱 분명히 하고자 한다(또한 이하에서 이러한 'consumation' 개념을 강조하고 그 의미가 보다 뚜렷이 도드라지도록 대부분의 경우 의도적으로 '소진/소모'와 같이 두 단어를 병렬하고자 하는데, 'luxe'를 '사치/과잉' 또는 '사치/낭비'로 병렬 표기한 것도 같은 이유이다).

칙을 명백히 설명하기 위해 헛되이 노력해야만 했던 것이다. 사람들이 내게 이 책의 제목을 물었을 때 나의 이러한 당황스러움은 더욱 배가되었다. 『저주받은 몫*La Part maudite*』. 이 제목은 독자를 매혹시킬 수는 있겠으나, 독자에게 어떤 정보를 주는 성격의 제목은 아니었다. 그럼에도 불구하고 나는 그로부터 더 멀리 나아갔어야 했으리라, 이 책의 제목이 야기하는 저주를 걷어내고자 하는 욕망을 긍정하는 데에 이르기까지. 결국 나의 구상은 너무나 원대한 것이었고, 모든 원대한 구상의 표명이란 언제나 바로 그러한 구상 자체에 대한 배반trahison일 수밖에 없다. 희극적이 되지 않고서는 그 누구도 어떤 전복적인 개입을 준비하고 있다고 말할 수 없다. 전복해야 한다, 그것이 전부이다.

오늘 여기에 바로 그 책이 놓여 있다. 하지만 하나의 책이란, 그것이 **제자리를 잡지**situé 못한다면, 곧 비평이 사유들의 공통된 운동 안에서 그 책이 귀속되는 위치를 표시해주지 않는다면, 아무것도 아닌 것이다. 나는 바로 이와 같은 어려움에 처해 있다. 책은 바로 여기에 놓여 있지만, 지금 이 책의 서문을 쓰고 있는 바로 이 순간에도 나는 특정 학계의 전문가들에게 이 책에 주의를 기울여달라는 요구조차도 할 수 없다. 왜냐하면 이 [책이 감행하는] 초유의 시론/시도essai는, 개별 분과학문들의 경계 바깥에서, 이미 일찍이 제기되어야 했으나 아직 미처 제기되지 못한 하나의 문제를, 곧 지구물리학에서부터 정치경제학에 이르기까지, 사회학과 역사학과 생물학을 통과하여, 지상의 에너지 운동을 탐구하는 그 각각의 분과학문이 제기하는 모든 문제들의 열쇠를 쥐고 있는 하나의 문제를 다루고 있기 때문이다. 게다가 심리학도, 일반적으로 말해 철학조차도, 경제의 이러한 가장 일차적인 [근본] 문제로부터 독립적으로 생각될 수 없다. 심지어 예술, 문학, 시라고 말할 수 있는 것조차 내가 연구하는 이러한 [저주받은 몫의] 운동과 가장 일차적으로 관련을 맺고 있는데, 그것은 곧 삶이 지닌 열광의 도가니l'effervescence de la vie로 표출/번역되는 과잉 에너지l'énergie excédante의 운동에 다름 아니다. 이렇듯 모든 이의 관심사가 될 수도 있는 이러한 책은 자칫 그 어느 누구의 관심사도 되지 못할 책으로 끝나고 말 수도 있다.

학문의 냉철한 연구를 지속함에 있어서 그 연구의 대상을 더 이상 중립적인 것으로 남겨두지 않고 거꾸로 격정에 불타오르게 만드는 지점에까지 이르는 것은 물론 위험한 일이다. 실제로 내가 탐구하는, 이 지구를 생동하게 만드는 끓어오름ébullition이란, 또한 나 자신의 끓어오름이기도 하다. 이렇듯, 내 연구의 대상은 주체 그 자신과 구분될 수 없는 것이며, 더 적확하게 말하자면, 끓어오르는 지점에 이른 주체와 구분될 수 없는 것이다. 그렇기에 나의 기획은, 심지어 사유의 공통적 운동 안에서 그 자신에 합당한 자리를 부여받고자 하는 어려움을 겪기도 전에 벌써 가장 내재적인 난관에 봉착하게 되는 것인데, 게다가 이러한 난관이란 또한 이 책의 근본적인 의미를 이루는 것이기도 하다.

내 연구의 대상을 고찰했던 한에서 나는 개인적으로 이러한 열광을 거부할 수가 없었는데, 바로 그 열광 안에서 나는 그 불가피한 목적, 냉정하고도 계산된 작용의 가치를 발견했던 것이다. 나의 연구는 어떤 지식의 획득을 의도했기에 거기에는 냉정함과 계산이 요구되었지만, 그렇게 획득된 지식이란 모든 계산에 내재된 냉정함 속에 포함된 어떤 오류의 지식이었다. 달리 말하자면, 나의 작업은 무엇보다 먼저 인적 자원의 총합을 증가시키고자 했으나, 그 작업의 결과들은 축적이란 것이 결국은 불가피하게 도래하는 만기滿期 앞에서 취할 수밖에 없는 일종의 유예이자 후퇴일 뿐이라는 사실을 내게 가르쳐주었던 것이다. 바로 거기에서 축적된 부富란 오직 순간 속에서만 가치 있는 것에 지나지 않는다. 에너지란 결국에는 낭비될 수밖에 없는 것이라고 말하는 이 책을 쓰면서, 나 자신도 내 에너지와 내 시간을 이 작업에 쏟았다. 내 연구는 인간이 획득한 재화의 총합을 증가시키려는 욕망에 근본적인 방식으로 응답했던 것이다. 그렇다면 이러한 조건들 안에서 나는 가끔씩 내 책의 진리에 응답할 수밖에 없었고 또한 그렇기에 이 책을 계속해서 쓸 수 없었다고 말해야 하는 것일까?[2)]

2) 〔역주〕 책을 만들고자 하는 생산의 욕망이 바로 그 책 자체가 말하고 있는 낭비

그 어느 누구도 기대하지 않는 하나의 책, 그 어떤 정식화된 질문에도 응답하지 않는 하나의 책, 저자가 문자 그대로의 교본을 따랐다면 쓰지 않았을 하나의 책, 결국 그러한 기이한 책이 오늘날 내가 독자들에게 제시하는 바로 이 책이다. 이는 무엇보다 먼저 불신을 불러일으키는 말일 테지만, 그럼에도 불구하고! 만약 그 어떤 기대에도 응답하지 않고 바로 사람들에게 거부감을 일으키는 것, [알 수 있는] 힘이 부족하기에 사람들이 짐짓 모르는 척하는 것을 드러내는 것이 더 낫다고 한다면? 즉, 우리의 정신으로부터 평온함을 박탈하여 혼란스럽게 만드는 갑작스러운 당혹의 이러한 폭력적 운동이 더 낫다고 한다면? 다시 말해 고립된 생각들, [상황을] 직시하고자 하지 않는 어떤 불안의 고집스러운 문제들이 지니고 있던 정체된 상태를 [실제] 세계와 합치되는 어떤 역학으로 대체하는 일종의 과감한 전복이 더 낫다고 한다면? 만약 저 모든 [진부한] 기대에 등을 돌리지 않았다면, 내가 어떻게 해서 관념들을 세계 운동의 자유와 동등한 것으로 간주하는 이러한 사유의 극단적 자유를 가질 수 있었겠는가? 물론 적절한 방법론과 함께 천천히 진행되는 엄격함의 규칙들을 무시하는 것은 헛된 일이겠으나, 우리가 진부한 지식들의 단

와 탕진의 힘에 모순되는 상황, 그리고 이러한 모순적 상황에 대해 끊임없이 인식하고 있는 불안의 감정은, 어쩌면 바타유의 모든 문학적/이론적 저작에서 공통적으로 드러나고 있는 역설과 불가능성의 사유일 것이다.

잠 속에만 머무르는 것에 자족한다면, 어떻게 [이 세계의] 수수께끼를 풀 수 있을 것이며 또한 어떻게 우주의 [진정한] 척도에 이를 수 있을 것인가? 만일 사람들이 내 책을 읽을 인내심과 용기를 갖고 있다면, 거기에서 굽힘 없는 어떤 이성의 규칙들에 따라 인도되는 연구들을, 그리고 여러 정치적 문제들에 대해 전통적인 지혜를 따라 진행되고 있는 해결책들을 보게 될 것이다. 그러나 동시에 사람들은 또한 거기에서 **"성행위가 시간 속에서 의미하는 것은 호랑이가 공간 속에서 의미하는 것과 같다"**[3]는 단언 또한 마주하게 될 것이다. 이렇게 둘을 연결짓는 것은 시적 환상에 여

3) [역주] 여기서 바타유는 공약 불가능한 시적 언어/사유가 지닌 어떤 힘의 유희를 보여주기 위해 이러한 일견 부조리한 문장의 한 사례를 들고 있는데, 바로 이러한 점에서 그가 초현실주의와 가졌던 공통분모가 드러나지만, 동시에 이러한 시의 힘을 '저주받은 몫'의 과잉과 소진이라는 영역에 바로 접속시키고 있다는 점에서 그가 초현실주의와 불화했던 본질적인 지점 또한 드러난다. 동시에 여기서 이러한 호랑이의 사례는 바타유가 이후 이 책의 1부의 2장 「일반경제의 법칙들」의 6절 '자연의 세 가지 사치/과잉: 먹는 행위, 죽음, 유성생식'에서 윌리엄 블레이크William Blake의 시 「호랑이The Tyger」를 인용하고 있는 부분과 직접 연결시켜 생각해볼 수 있다. 즉, 자연이라는 공간 안에서 호랑이가 최상위 포식자로서 갖는 어떤 극단적 흥분의 절정은 주권souveraineté의 형상과 연결될 수 있는데, 이는 시간 속에서 성행위가—혹은, 바타유의 세계에서는 그와 동일한 죽음이—지닌 소모와 탕진의 '저주받은 몫'이라는 성격에 견주어볼 수 있다는 의미로도 이 문장을 해석해볼 수 있을 것이다. 따라서 여기서 호랑이는 자연이라는 공간 속에서의 주권의 비유, 그리고 시간 속에서 성과 죽음이 지닌 또다른 주권적 상태의 의미에 대한 대칭적 묘사로 읽을 수 있다. 이에 관해서는 뒤의 역주 17과 그 이하의 논의를 참조할 수 있고, 또한 '주권'의 개념에 관해서는 역주 11을 참조할 수 있다.

지를 주지 않는 에너지 경제에 대한 고려에서 기인하는 것이지만, 이는 또한 공통적 계산에 대립되는 힘의 유희들, [그러나 동시에] 우리를 지배하는 법칙들 위에 기초하는 그러한 힘의 유희들에 입각한 어떤 사유를 요청하는 것이다. 결국, 바로 이러한 시각에서 보다 더 일반적인 명제들의 의미가 지니는 이런저런 진리들이 출현하게 되고, 또한 그러한 진리들을 따를 때, **생명체와 인간에게 근본적인 문제들을 제기하는 것은 필요**nécessité**가 아니라 바로 그 반대인 '사치/과잉**luxe**'인 것이다.**

이렇게 말함으로써, 나는 모종의 경계심을 띤 비판에 직면하게 될 것이다. 새로운 시점에 대해 [기존의 시점에 입각한] 반론의 여지가 없는 이의를 제기하는 것은 쉬운 일이다. 대부분의 경우, 새로운 것은 우리를 당혹스럽게 하며 정확히 이해되지 않기 때문이다. [나의 논의에 대한] 이러한 반박들은 주로 단순화된 측면들에 대한 것인데, 이러한 측면들은 저자인 나 자신 역시 소위 반대자만큼이나 인정하고 있는 것이거나, 오직 그러한 임시적인 단순화라는 한계 안에서만 인정하는 것이다. 현재로서는, 이 책을 처음 읽을 때 느끼게 될 이 분명한 난점들은, 내가 이 작업에 바쳤던 지난 18년간의 시간에도 나 자신조차 비켜갈 수 없었던 것처럼, 독자들에게도 역시 비켜갈 수 있는 가능성이 거의 없다. 하지만 우선 나는 여기서 간략한 개요를 제시하는 데에 그치고자 하는데, 사실 이러한 개요에서는 이 책에 내포된 많은 문제들에 접근하는 것조차 시도할 수가 없다. 특히나 이 1권[4)]에서 나는 내가 도입하고 있는 시각에서부터 삶의 모든 행위들을 세부적으로 분석하는 일을 포기했는데, 이는 내 책의 모든 전개 과정에서 '생산적 소비dépense productive'와 '비생산적 소비dépense improductive'라는 개념들이 담지하고 있는 근본적 가치를 생각할 때 심히 유감스러운 일이다. 그런데 모든 종류의 소비들로 구성되는 실제적 삶은, 온전히 생산적이기만 한 소비에 대해서 무지할 뿐만 아니라, 사실상 순수한 비생산적 소비에 대해서조차 무지하다. 그러므로 우리는 [소비 개념에 대한 지금까지의] 기초적이기만 한 일차적 분류를 삶의 모든 측면들에 대한 방법적 기술로 대체해야만 한다. 이에 나는 가장 먼저 내 사유를 파악할 수 있게 해주는 특정한 사실들의 총체를 제시하고 싶었다. 하지만 이러한 사유는, 지금껏 하찮은 것으로 잘못 여겨져왔던 잡다한 사실들의 총체성totalité을 다른 한편으로 고찰하지 않고서는, 질서정연하게 정돈될 수 없었을 것이다.

내 저작에서 필연적으로 결정적인 사건의 의미를 갖고 있는

4) [역주] 이 책의 보다 더 정확하고 구체적인 원제는 『저주받은 몫: 일반경제 시론—1권: 소진/소모*La Part maudite. Essai d'économie générale. I. La consumation*』로서, 바타유가 전체 삼부작으로 구상했던 '저주받은 몫' 연작의 1부를 이룬다. 삼부작의 2권은 『에로티슴의 역사*L'histoire de l'érotisme*』, 3권은 『주권*La souveraineté*』이다.

경제적 위기들이 단지 간략하고 피상적인 방식으로만 드러난다는 사실로부터 파탄적인 결론을 이끌어내는 것 또한 헛된 일이 될 것이라 생각한다. 사실대로 말하자면, 나는 선택해야만 했다. 나무들이 숲을 보는 것을 끊임없이 방해하는 상황에서, 나는 그러한 간섭들의 미궁 안에서 길을 잃는 일과 내 사유로부터 어떤 총체적인 요약을 제시하는 일 두 가지를 동시에 할 수는 없었다. 나는 경제학자들이 하는 작업을 재차 반복하는 일을 피하고 싶었고, 여러 위기들 속에서 제기된 문제를 자연의 일반적 문제와 연결하는 데 만족하고자 했다. 말하자면 나는 그것을 새로운 빛으로 밝혀보고 싶었지만, 우선은, 내가 모자나 의자의 제작에서 발견되는 성장의 몫과 낭비의 몫을 세부적으로 추산하는 일을 뒤로 미뤘듯이, 과잉생산의 어떤 위기가 지니는 복잡성들을 분석하는 일은 단념했다. 그보다 나는 음식 섭취 행위, 죽음, 유성생식 등을 통한 넘침/과잉exubérance이라는 소모적인 우회로를 따라 케인스Keynes의 병들이라는 신비[5]를 해명하는 이유들을 일

5) [역주] 여기서 '케인스의 병들'이란, 공급과 수요의 불균형 상태에서 정부의 적극적인 개입이 필요함을 다음과 같은 비유로 주장한 경제학자 존 메이너드 케인스John Maynard Keynes의 글에 등장했던 표현이다. "만약 재무부가 낡은 병들에 지폐를 채우고 그것을 도시 쓰레기로 표면까지 채워진 폐광 안에 적당한 깊이로 묻어둔 다음, 이미 충분히 검증된 자유방임주의laissez-faire의 원리에 따라 사기업들에게 그 지폐를 다시 파 가도록 내버려둔다고 한다면 (…) 그 파급효과에 힘입어 실업은 줄어들고 공동체의 실질소득은 늘어날 것이며 아마도 자본의 부는 실제

반적으로 제시하고 싶었던 것이다.

나는 오늘날 이러한 간략한 시점에 만족하고자 한다. 그러나 이렇게 말한다고 해서 내가 포기한다는 것을 뜻하지는 않는다. 그저 보다 정치한 작업은 나중으로 미루겠다는 말이다.[6] 잠깐

보다 더 증대될 수 있을 것이다. 물론 이보다는 주택을 짓거나 하는 편이 더 합당하겠지만, 그렇게 함에 있어 정치적이고 실질적인 어려움이 있다면, 위와 같이 병들을 묻고 파내게 하는 일이 아무것도 하지 않는 것보다는 더 나을 것이다.(If the Treasury were to fill old bottles with banknotes, bury them at suitable depths in disused coalmines which are then filled up to the surface with town rubbish, and leave it to private enterprise on well-tried principles of laissez-faire to dig the notes up again [···] there need be no more unemployment and, with the help of the repercussions, the real income of the community, and its capital wealth also, would probably become a good deal greater than it actually is. It would, indeed, be more sensible to build houses and the like; but if there are political and practical difficulties in the way of this, the above would be better than nothing.)" 케인스, 『고용, 이자 및 화폐의 일반이론*The General Theory of Employment, Interest and Money*』, London: Macmillan(1936), 129쪽 참조. 이 표현을 끌어들이며 여기서 바타유가 이를 '신비mystère'라고 표현하는 것은, 이렇게 병을 묻고 다시 파는 행위가 그가 생각하는 일반경제 개념, 즉 무용성(소진/소모)과 유용성(생산)이라는 두 극 사이에서 발견되는 근본적인 변증법의 핵심과 맞닿아 있기 때문이다.

6) [원주] 이 책은 후속으로 이어질 작업의 1권이다. 게다가 이는 내가 기획하는 한 총서의 일부분으로 출간되는 것인데, 이 1권은 다른 책들과 함께 '일반경제' 저작의 출간으로 계획된 것이다. {[역주] 이러한 "일반경제" 삼부작의 기획에 관해서는 역주 4의 내용 참조. 여기서 "일반경제" 삼부작의 계획과는 별도로 『저주받은 몫』 1권의 초판(1949)이 미뉘Minuit 출판사에서 출간된 당시에 바타유가 기획했던 총서의 제목은 "부의 사용L'usage des richesses"이었으나, 이 기획은 이후 지속적으로 이어지지 못했다. 더불어 원래 『저주받은 몫』의 2권으로 계획되었던 『에로티

동안이나마, 나는 불안에 대한 분석을 내놓는 일 또한 뒤로 미루고자 한다.[7)]

그러나 이 책은 두 가지 정치적 방법들의 대립만은 충분히 잘 드러낼 수 있는 결정적 분석이다. 그 하나는 자유에 가장 반대되는 명령을 바로 그 자유의 추구에 뒤섞는 어떤 해결책에 대한 불안한 탐구이자 공포의 방법이며, 다른 하나는 삶의 전체적 자원으로부터 유래하는 정신의 자유라는 방법인데, 이러한 방법에서는 우주에 상응하는 모든 것이 순간으로 해결되며 모든 것이 풍요롭다. 나는 이러한 정신의 자유에 입각한 어떤 해결책의 탐구가 바로 넘침/과잉이자 잉여superflu라는 사실을 강조하고자 하는데, 이는 바로 이러한 정신에 비할 데 없는 힘을 부여하는 것이다. 정치적 문제들을 딱 잘라 해결하는 일은 오직 불안만으로 그

슴의 역사』의 주요 내용은 바타유 생전에 『에로티슴*L'érotisme*』(1957)의 형태로 먼저 출간되었고, 이후 『에로티슴의 역사』의 원고 자체는 『저주받은 몫』의 3권인 『주권』과 함께 그의 사후에 출간된다. 또한 이에 관해서는 역주 7의 내용 참조.)

7) 〔역주〕 바타유의 이러한 '불안의 분석'에 대한 계획은 불행히도 그가 여기서 의도한 형태로 완성되지는 않았지만, 이후 '저주받은 몫' 삼부작의 2권과 3권, 그리고 『에로티슴』의 출간을 통해 어느 정도 이루어진 측면이 있다고 할 수 있다. 또한 이러한 '불안'의 주제는 그의 또다른 삼부작인 '내적 경험L'expérience intérieure' 연작 '비非신학 대전La somme athéologique'의 가장 주요한 통주저음이기도 하다("일반경제"나 "소진/소모"와 마찬가지로 "비신학" 역시 바타유가 새롭게 창안한 표현인데, 그의 '비신학 대전'은 토마스 아퀴나스Thomas Aquinas의 '신학 대전Summa theologica'에 대한 역설적 전복이다).

러한 문제들을 제기하려는 이들에게는 아주 곤란한 일이 될 것이다. 불안이 그러한 문제들을 제기하는 것은 물론 필요한 일이다. 하지만 그 문제들을 해결하는 일은 이러한 불안을 어떤 지점에서는 제거할 것을 요구한다. 이 책이 인도하는 정치적 제안들의 의미를 나는 책의 말미에서 정식화하고 있는데, 그것은 바로 이러한 명료한 태도와 연결되어 있는 것이다.[8)]

8) [원주] 나는 여기서 X선 실험실의 연구책임자인 내 친구 조르주 암브로시노 Georges Ambrosino에게 감사를 표해야 할 텐데, 그가 없었다면 나는 이 저작을 구성할 수 없었을 것이다. 왜냐하면 학문이란 한 사람만의 일이 결코 아니라 시점의 교환과 공동의 노력을 필요로 하는 것이기 때문이다. 이 책은 중요한 부분에서 또한 암브로시노의 작품이기도 하다. 나는 개인적으로 그가 몸담아 참여하고 있는 원자 연구 때문에 아주 잠시나마 그가 이 '일반경제'의 연구로부터 멀어질 수밖에 없음을 유감스럽게 생각한다. 나는 특히 그가 나와 함께 시작한 지구 표면의 에너지 운동들에 관한 연구를 재개할 수 있기를 소망한다.

1부

이론적 입문

I. 일반경제의 의미

1. 지구상의 에너지 과정에 대한 경제의 의존 관계

자동차의 바퀴를 교체한다거나 종기를 절개해 제거한다거나 포도밭을 경작해야 하는 일처럼 매우 제한된 작업을 끝마치는 일은 쉽다. 이러한 작업들에서 우리의 행동이 관여하는 요소들이 세계의 나머지 부분으로부터 완전히 고립되어 있지는 않지만, 우리는 마치 그렇게 고립된 듯이 행동할 수 있는 것이다. 이러한 작업들은 바퀴, 종기, 포도밭 등이 서로 연계된 부분들로서 구성하는 어떤 총체를 전혀 고려하지 않고서도 [따로] 충분히 완수될 수 있다. [이러한 작업을 통해] 이루어지는 변화들은 나머지 사물들을 현저하게 변화시키지도 않으며, 외부의 부단한 행동 또한 이러한 작업의 진행에 특별히 감지할 만한 효과를 전혀 미치지 않기 때문이다. 하지만 우리가 미국의 자동차 생산 같은 보다 중요한 경제적 활동을 고찰하게 되면 상황은 달라진다. 같은 이유에서, 경제적 활동 일반이 문제가 될 때 상황은 더욱 크게 달라지는 것이다.

자동차 생산과 경제의 일반적 운동 사이의 상호의존성은 충분히 명백한 것이지만, 총체적으로 파악되는 경제는 대체적으로 마치 하나의 고립된 작용 체계처럼 연구되고 있다. 생산과 소비는 서로 연결되어 있는 것이나, 그 둘을 함께 고려한다면 이러한 생산과 소비를 마치 다른 것과 상대적으로 독립적인 하나의 기본적 작용처럼 연구하는 것은 어렵지 않아 보인다.

이러한 방법은 정당하며 학문 역시 그와 다른 방법으로는 결코 진행되지 않는다. 그렇기는 하지만 경제학은, 어떤 분명한 현상과 함께 그와의 연계 지점에서 다른 연구 가능한 현상들의 총체를 다루는 물리학과 같은 방식으로 결과를 내놓지는 않는다. 경제적 현상들은 다른 것들과 고립되어 다루기가 쉽지 않으며 그 일반적 연계를 확립하는 일 역시 쉽지 않기 때문이다. 그러므로 경제적 현상이라는 주제에 관해서는 다음과 같은 질문을 제기하는 것이 가능하다. 생산적 활동의 총체는, 그러한 활동을 둘러싼 다른 것으로부터 받아들이는 변형들, 혹은 그러한 활동이 자신의 주변에 불러오는 변형들 안에서 탐구되어야 하지 않을

까? 달리 말하자면, 인간의 생산과 소비라는 체계를 보다 더 광범위한 하나의 총체 안에서 연구하는 영역이 존재하지 않을까?

학문들의 영역에서 이러한 문제들은 통상 순전히 학술적인 특징을 띠지만, 경제의 운동이란 그에 비해 훨씬 [현실적으로] 풍성한 것이기에, 어떤 일차적인 문제에 뒤이어 그와 전혀 다른 문제들, 그보다 훨씬 덜 추상적인 문제들이 뒤따라 나온다고 해도 전혀 놀라운 일이 아닐 것이다. 산업 발전의 총체 안에는 사회적 갈등과 전 지구적 전쟁이 꼭 있지 않은가, 한마디로 인간의 전체적 행위 안에는 오직 **경제의 일반적 여건들**les données générales de l'économie을 연구한다는 조건하에서만 파악이 가능할 원인과 결과 들이 있지 않은가? 이러한 **일반적** 영향관계들을 포착하지 않고서, 우리가 이토록 위험한 (그러나 어떠한 경우에라도 포기할 수 없는) 인간의 행위 전체를 과연 섭렵할 수 있을까? 우리가 끊임없이 경제적 힘들을 발전시킬 것임을 전제한다면, 우리는 지구상의 에너지 운동과 연결된 **일반적** 문제들을 결국 제기해야만 하지 않을까?

이러한 질문들을 통해 우리는 바로 그 질문들이 제기하는 원리들의 이론적 의미만큼이나 그 실천적 범위 또한 어렴풋이나마 예상할 수 있을 것이다.

2. 체계의 성장에 이용 불가한 에너지 과잉을 이득 없이 상실할 필연성에 대하여

일견, 우주적 현상의 일종으로 파악되는 지상 활동의 어떤 특별한 측면을 경제 안에서—곧, 부의 생산과 사용 안에서—인지하는 것은 쉬운 일이다. 하나의 운동은, 이러한 우주의 관점에서 에너지의 과정으로부터 기인하는 지구의 표면에서 산출되는 것이다. 인간의 경제적 활동은 바로 이러한 운동을 전유하는데, 경제적 활동이 바로 그러한 운동에서 기인하는 여러 가능성들의 특정한 목적들로 인해 작동하기 때문이다. 하지만 이 운동은 하나의 형상과 여러 법칙들을 갖고 있는데, 그것은 원칙상 이를 사용하고 거기에 의존하는 이들이 알 수 없는 것들이다. 그렇기에 다음과 같은 질문이 제기된다. 삶의 영역을 관통하는 에너지의 일반적 결정은 인간의 활동에 의해서 변화되는가? 혹은 반대로, 인간의 활동은 그 자신이 경시하는 알 수도 없고 바꿀 수도 없는 어떤 결정에 의해 바로 그 자신이 주어진 의도 속에서 왜곡되는 것은 아닌가?

이에 나는 지체하지 않고 하나의 불가피한 답변을 표명하겠다.

자신의 삶이 지닌 물질적 여건들에 대한 인간의 몰이해는 인간을 여전히 심각한 방황에 처하게 한다. 인간은 주어진 물질적 자원들을 활용하지만, 인간이 원래도 그렇게 하고 있듯 그러한 활용을 인간이 맞닥뜨린 즉각적 어려움들을 해결하는 데에만 한정한다면(인간은 성급하게도 이러한 해결을 하나의 이상으로 정의했음에 틀림없다), 인간은 스스로가 작동하게 만드는 힘들에 그 힘이 가지지 못한 어떤 목적을 지정하게 된다. 우리의 즉각적 목적들을 넘어서, 인간의 작업은 실제로 우주의 무용하고 무한한 완성을 추구하는 것이다.[9)]

물론 이토록 전적인 어떤 몰이해에서 비롯되는 오류는 명석함에 대한 인간의 요구에만 관계되는 문제가 아니다. 우리가 우리 자신의 목적에 도달하고자 그 목적을 넘어서는 어떤 운동을 완성해야 한다면, 그러한 목적들을 실현시키기란 쉬운 일이 아니다. 아마도 이러한 목적과 이러한 운동이 결정적으로 서로 양립 불가능한 것은 아닐 것이다. 그러나 이 둘을 양립시키려면 우리는 그것들 사이의 어떤 일치 관계들 중 하나라도 무시해서는 안 되는데, 그렇게 하지 못한다면 우리의 작업은 재빠르게 파국으로 돌아서게 된다.

나는 하나의 기초적인 사실에서 출발할 것이다. 지구 표면에서 에너지의 작용들이 결정하는 상황 속에서, 살아 있는 유기체는 원칙상 자신의 삶을 유지하는 데에 필요한 것보다 더 많은 에

9) [원주] 아마도 가깝거나 먼 측면에서 사유를 넘어선 어떤 것일 우주의 물질성에 대해—여기서 **완성**이란 이미 **완성된** 것이 아니라 **완성되고** 있는 것을 가리키듯이—**무한**이란 동시에, 제한된 결정에도, 지정된 **목적**에도 반대되는 것이다.

너지를 수용한다. 이러한 과잉의 에너지(부富)는 어떤 체계(예를 들어 어떤 유기체)의 성장에 사용될 수 있다. 그러나 만약 그 체계가 더이상 성장할 수 없게 되면, 또는 에너지의 과잉이 그 성장에 전적으로 흡수될 수 없다면, 자발적이든 아니든, 영광스러운 방식으로든[10] 아니면 파국적인 방식으로든, 필연적으로 그러한 과잉은 이득 없이 상실되고 소비되어야 한다.

3. 유한한 유기체 또는 총체 들의 빈곤과 살아 있는 자연이 지닌 부의 과잉

요컨대 우리가 부를 구성하는 에너지를 아무런 이해타산 없이(즉, 아무런 보상 없이) 소비해야만 한다는 사실, 곧 이득을 얻을 수 있는 일련의 작용들이 결정적으로 단지 그러한 이득의 헛된 낭비라는 효과밖에는 갖지 못하게 되는 상황은, 생산적 힘들의 발전 속에서 인간 활동의 이상적인 목적을 발견하는 데에 익숙

10) 〔역주〕 여기서 바타유가 사용하고 있는 '영광gloire' 혹은 '영광스럽게 glorieusement'의 어법에는 다소 주의가 필요한데, 이는 일반적인 의미에서의 단순한 긍정적인 영광이라기보다는, 저주받은 몫으로서의 소모와 소진을 행하는 주체 없는 주체, 곧 내적 경험의 '머리 없는acéphale' 주체가 지닌 주권souveraineté과 그 부정성négativité이 지닌 뒤틀린 '영광'을 가리키고 있다. 이에 관해서 더 구체적으로는 역주 11을 참조할 것.

한 사람들에게는 거부감을 불러일으키는 것이다. 생산된 에너지의 중요한 부분을 그저 연기처럼 탕진하는 일이 필요하다는 사실을 인정하는 것은 합리적 경제의 근간이 되는 판단에 역행하는 일이기 때문이다. 우리는 물론 부가 파괴되어야만 하는 경우들(예를 들어 바다 속에 커피를 버리는 일)을 잘 알고 있지만, 이러한 소동들은 그저 이성을 상실하지 않고서야 따를 수 없는 사례들로 여겨질 뿐이다. 이는 단지 무능력함을 시인하는 일이기에, 아무도 거기에서 부의 이미지와 본질을 발견할 수 없을 것이다. 사실 이러한 비자발적인 파괴(커피를 바다에 빠트리는 일 같은 경우)는 어쨌거나 단지 실패를 뜻할 뿐이며, 그저 어쩔 수 없이 겪게 된 불행한 일이기에, 어떠한 기준에서도 그러한 파괴를 바람직한 것이라고 할 수 없다. 그럼에도 불구하고 이러한 파괴가 그 외에 어떤 해결책도 없는 상황에서는 전형적인 작용의 유형이 된다. 우리가 지구 표면에서 생산적 부의 **총체성**totalité을 고찰한다면, 경제적 인간이라고 하는 살아 있는 유기체가 오직 자신의 생산 장치들을 증대시킬 수 있는 한에서만, 생산물들이 그 생산적 목적들에 맞게 사용될 수 있다는 사실을 알 수 있다. 그러나 이는 전적으로 언제나 가능한 일도 아니고 무한정 가능한 일도 아니다. 과잉은 적자赤字의 작용들이라는 수단le moyen d'opérations déficitaires에 의해 탕진되어야 하는데, 이러한 최종적 탕진la dissipation finale이야말로 지상 에너지를 활성화시키는 운동을 완성하는 데에 부족함이 없는 것이기 때문이다.

그런데 경제는 결코 **일반적으로**en général 고찰될 수 없다는 이유로 인해 통상 이와는 반대되는 경우가 발생한다. 인간의 정신은 삶에서와 마찬가지로 학문에서도 이러한 작용들을 특정한 형태의 체계들(곧 특정한 유기체나 기획)에 기초한 총체로 환원한다. 하나의 전체로 고찰되는 경제적 활동은 제한적인 목적을 가진 특정한 작용 양식으로 이해되곤 한다. 즉 인간의 정신은 이러한 작용들의 전체를 구성함으로써 일반화한다. 그렇게 경제학은 고립된 특수한 상황을 일반화하는 데에 만족할 뿐이며 그 자신의 연구 대상을 어떤 제한적 목적의 시각, 곧 경제적 인간이라는 시각에서 이루어지는 작용들로만 한정할 뿐이다. 결국 경제학은 그 어떤 특정한 목적에 의해서도 제한받지 못하는 에너지의 작용, 곧 빛의 운동 속에서 포착되며 그러한 빛의 효과이기도 한 **생명체 일반**la matière vivante en général의 작용을 고려하지 못하는 것이다. 지구 표면에서 이러한 **생명체 일반**에게 에너지는 언제나 과잉excès 상태에 있으며, 그래서 문제는 언제나 이러한 사치/과잉luxe의 형태로 제기되는 것인데, 바로 그때 우리의 선택은 부를 어떻게 탕진할 것인가 하는 문제로 제한된다. 필요라는 문제는 그저 **특정한** 생물 혹은 그러한 생물들의 제한적인 전체에만 제기되는 문제일 뿐이다. 하지만 인간이란 단순히 생물계나 다른 인간과 자원의 몫을 두고 다투는 분리된 존재가 아니다.

인간은 멈출 줄 모르는 생명체의 누출(낭비)이라는 일반적 운동에 의해 활성화되는 존재이다. 심지어 인간은 생물계 안에서 자신이 지닌 주권souveraineté에 의해 그 절정sommet에서[11] 이러한 누출/낭비의 운동과 동일시되는 존재이기도 하다. 이러한 주권이 특권적인 방식으로 바로 인간을 영광스러운 작용l'opération glorieuse에, 곧 무용한 소비la consommation inutile에 바치는 것이다. (끊임없이 부족한 자원에 허덕이며 영원히 **필요에 굶주린**nécessiteux 존재일 뿐인) 분리된 존재로서의 인간에 내재하는 궁핍과 필요nécessité에 대한 의식이 우리를 끊임없이 구속하기에, 인간은 이

11) [역주] 바타유의 대표적 개념들 중 하나인 '주권souveraineté'/'주권적인 것le souverain'은 인간이 그 자신의 한계 경험과 절대적 부정성을 통해 도달하게 되는 지고/지상의 상태를 의미한다. 그렇기에 이 개념은 그것이 통상 역사적으로 지칭해온 통치권/지배권의 뜻을 물론 내포하고 있으나 단순히 그러한 정치적인 개념으로만 이해되어서는 안 되며(그러나 바로 이러한 의도적인 중의성과 역설적인 '겹침'의 작용이 또한 바타유의 문학적/이론적 작업에서 매우 중요한 위치를 차지함을 결코 간과해서는 안 된다), 동시에 바타유가 헤겔Hegel과 니체Nietzsche의 철학을 그 자신만의 방식으로 재전유해 도달한 '내적 경험l'expérience intérieure' 속에서 끊임없는 양가성의 운동을 통해 도달하면서도 도달하지 못하는 어떤 절대적 부정성의 (불)가능성이라는 상태로 이해되어야 하는 개념이다. 따라서 지고/지상권, 절대권, 부정의 절대성, 내적 한계 체험의 자기 통치/상실 상태 등의 여러 역설적인 의미들을 포괄하는 이러한 바타유의 개념에 대해 단순히 '주권'이라는 번역어를 선택하는 것에는 다소 부족함이 있으나, 이러한 '주권' 안에 공존하고 있는 이토록 다양한 개념과 경험의 층들을 이해하는 것이 중요하다. 그리고 바로 이러한 주권의 상태를 말할 때 바타유가 자주 사용하는 표현이 또한 '절정/정점/정상sommet'이기도 하다.

러한 누출/낭비의 운동을 부정할 수는 있겠지만, 그러한 부정이 에너지의 전 지구적 운동에서 바꿀 수 있는 것은 아무것도 없다. 이러한 에너지가 생산적 힘들 안에서 무제한적으로 축적될 수는 없으며, 종국에 그 에너지는, 마치 바다로 흘러가는 강물처럼, 우리로부터 벗어나 우리를 위해 소멸될 수밖에 없기 때문이다.

4. 과잉 에너지의 파국적 소비로서 고찰되는 전쟁

상황을 이해하지 못한다고 해서 최종 결과에서 바뀌는 것은 아무것도 없다. 우리는 물론 상황을 무시하고 망각할 수는 있지만, 그럼에도 우리가 살고 있는 땅은 그 어디든 되풀이되고 있는 파괴의 장場일 뿐이다. 우리의 무지는 다만 다음과 같은 명백한 결론만을 도출할 뿐이다. 곧, 그 무지는, 만약 우리가 알았다면 우리 마음대로 실행할 수 있었던 것을 우리에게 겪게 한다는 것이다. 다시 말해 이 무지는 우리가 기꺼이 즐길 수 있었을 어떤 누출에 대한 선택의 기회를 우리에게서 앗아가는 것이다. 이러한 무지는 특히 인간과 인간의 작업을 파국적인 파괴로 인도한다. 왜냐하면 만약 우리가 우리 스스로 잉여의 에너지를 파괴할 수 있는 힘을 갖고 있지 않다면, 그 에너지는 사용될 수 없기 때문이다. 또한, 마치 길들일 수 없는 순전한 동물과도 같이, 우리를 파괴하는 것은 바로 이러한 에너지이며, 그 에너지의 불가피한 분출이 가져오는 대가를 치르는 것은 우리 자신이다.

가장 비참한 수준의 경제를 국지적으로 정체되게끔 만드는 이러한 생생한 힘의 과잉은 실제로 파멸의 가장 위험한 요소가 될 수 있다. 따라서 이러한 정체를 완화하여 분출시키는 일 décongestion 또한 어느 시대에나, 비록 의식의 가장 어두운 영역에서나마, 열광적인 연구의 대상이었다. 고대 사회들은 이러한 완충과 폭발의 역할을 축제들fêtes 속에서 찾았다. 그러한 사회들 중 몇몇은 유용성utilité을 전혀 갖지 못하는 장엄한 기념비적 건축물들을 세웠고, 우리 사회는 이러한 과잉을 삶의 고충들을 완화시키는 여러 '서비스들'을 증대하는 데에 쓰면서[12] 여가 시간의 증가를 통해 그 과잉의 일부를 재흡수하는 경향을 띤다. 하지만 이러한 여흥들은 언제나 충분하지 못했는데, 그러한 여흥이 (어느 정도에서는) 과잉을 해소해주었음에도 여전히 과잉되게 존재하는 그 에너지는 어느 시대에나 수많은 인간과 엄청난 양의 유용한 재화를 전쟁이라는 파괴에 바쳤던 것이다. 우리 시대에도 여전히 무장 충돌의 갈등이 지닌 상대적 중요성은 점차 증대

12) 〔원주〕 우리가 인정하는 사실은, 물론 산업이 무한정의 발전을 구가할 수는 없지만, 3차 산업이라 불리는 분야를 구성하는 '서비스'에서는 상황이 다르다는 것인데(1차는 농업, 2차는 공업), 3차 산업은 예술가들의 작업을 비롯하여 보험과 판매업을 포괄하는 보다 개량된 편성을 갖고 있기 때문이다.

해왔고, 이는 우리가 알고 있는 재난의 상당 부분을 차지하는 것이다.

최근의 진보는 산업 활동의 어떤 비약적인 성장의 연장선상에 있다. 우선 이러한 생산성 높은 운동은 과잉 에너지의 대부분을 흡수하면서 전쟁 활동을 억제했다. 그래서 근대 산업의 발전이 1815년에서 1914년 사이의 상대적 평화 시기를 가능하게 했던 것이다.[13] 생산력이 발전하고 자원이 증대함과 동시에 선진국의 가파른 인구 증가 또한 가능해졌다(이는 공장의 급속한 증가라는 뼈대 안에서 이루어진 살의 측면이다). 하지만 기술적 변화가 가능하게 했던 이러한 성장이 결국에는 매우 곤란한 것이 되어버렸다. 그 성장 자체가 어떤 또다른 증대된 과잉을 야기했기 때문이다. 물론 1차대전은 비록 국지적으로나마 그 한계에 실제로 도달하기 전에 발발했다. 그리고 2차대전의 발발 그 자체 또한, 우리의 체제가 앞으로 더 (확장적으로든, 심지어 어쨌든 집중적으로든) 발전하지 못하리라는 사실을 의미하지는 않는다. 하지만 우리의 체제는 발전이 중단될 가능성들을 조심스레 감지했고, 그 이전에는 아무것도 맞설 수 없었던 성장의 편의들을 누

13) 〔원주〕 이하 본문의 2장 「일반경제의 법칙들」의 7절 내용 참조. {〔역주〕 이 참조 부분의 해당 쪽수에 관해서 문고판(collection "Reprise")에는 오류가 있으나, 그 정확한 해당 부분은 바타유 전집 7권(*Œuvres complètes*, tome VII)을 비롯하여 영어 번역본과 독일어 번역본을 참고해 그 쪽수가 아닌 절의 번호로 대체한다.}

리는 것도 멈추게 되었다. 우리는 최근 전쟁들, 특히 1차대전의 기원에 산업 생산의 넘쳐남trop-plein이 있었다는 사실을 때때로 부정한다. 그럼에도 불구하고 이 두 전쟁이 누출되기에 이른 것은 바로 이러한 넘쳐남 때문이었고, 그 전쟁들이 엄청난 강도를 띠었던 것 역시 그러한 넘침의 막대한 규모 때문이었다. 결과적으로 에너지의 과잉을 소비해야 한다는 이 일반적 원칙은 (경제라는 너무도 협소한 지향을 넘어서) 경제 자체를 넘어서는 어떤 운동의 효과로서 고찰되어야 하는데, 동시에 이러한 원칙이 일련의 사실들을 비극적으로 밝혀주기는 하지만, 아무도 부정할 수 없는 영향력을 띠고 있다. 우리는 이미 위협적인 어떤 전쟁의 위험에서 벗어날 수 있으리라는 희망을 표명할 수도 있다. 하지만 이러한 목적에서라도 우리는, 곤란을 야기하는 산업 성장을 합리적으로 확장하는 방향으로든, 또는 이제 더이상 어떠한 방식으로도 축적이 불가능한 에너지를 탕진하는 비생산적 작업의 방향으로든, 저 과잉 생산이라는 흐름을 뒤바꿔야 한다. 이는 물론 엄청나게 복잡하고 수많은 문제들을 제기한다.[14] 물론 우리는 이러한 문제들이 묻고 있는 실천적 해결책에 과연 쉽게 도달할 수 있을까 의심할 수 있지만, 이러한 의문들이 품고 있는 관

14) 〔원주〕 이—이론적이고 역사적인—첫번째 시도/시론의 틀 안에서는, 이렇게 제기된 문제들 전체를 다루기는 어려울 것이다.

심사 자체는 이론의 여지가 없는 것이다.

내가 더이상 지체 없이 오직 정확히 해두고자 하는 것은, 성장의 확장이 그 자체로 경제적 원칙들의 전복을, 곧 그러한 원칙들이 근거하고 있는 도덕의 전복을 요구한다는 사실이다. 제한경제l'économie restreinte의 시각에서 일반경제l'économie générale의 시각으로 이행하는 것은 사실상 코페르니쿠스적 전환을 실현하는 것이다. 이는 사유의 이면을, 곧 도덕의 이면을 뒤집는 일이다. 만약 대체적으로 산정될 수 있는 부의 일부분이 그 즉각 소멸에 바쳐진다거나, 또는 그 어떤 가능한 이득도 없이 비생산적인 사용에 바쳐진다면, 상품을 아무런 보상 없이 양도하는 일이 발생할 것이고, 이는 심지어 불가피한 일이기도 하다. 이로부터, 피라미드의 건축과 유사한 순수하고 단순한 탕진은 말할 것도 없고, 성장을 추구하는 가능성 또한 그 자체로 증여don에 종속된다. 세계 전체의 산업적 발전은 미국인들에게, 그들의 것과 같은 하나의 경제를 위해서는, 어떠한 이득도 없는 작용의 여분marge이 필요하다는 사실을 명백히 파악하기를 종용한다. 거대한 산업망은 우리가 그저 바퀴 하나를 교체하는 것처럼 운용될 수는 없는 것이다……. 그러한 산업 망은, 그 자신이 의존하고 있고 그 스스로는 제한할 수 없으며 따라서 그 법칙의 여파를 무시할 수 없는, 우주적 에너지의 어떤 도정을 표현하고 있다. 그럼에도 그저 바퀴를 교체하는 정비공에 한정된 정신으로 그 정신을 초과하는 운동을 끝까지 질서 잡고자 하려는 이가 있다면 불행은 그의 몫이리라.

II. 일반경제의 법칙들

1. 생화학적 에너지의 과다, 그리고 성장

원칙상 하나의 유기체가 자신의 생명을 보장하는 작용(기능적 활동, 그리고 동물의 경우 필수불가결한 근육 운동, 먹잇감의 탐색 등)에 필요한 것보다 더 큰 에너지 자원을 사용하는 것은 성장이나 생식과 같은 기능들과의 관련성 때문이다. 만약 식물이나 동물이 이와 같은 과잉의 에너지를 통상적으로 사용하지 않았다면, 성장도 생식도 가능하지 않았을 것이다. 생명체의 이러한 원칙 자체는, 에너지의 소비를 요했던 삶의 화학적 작용이 과잉의 혜택을 이용할 뿐만 아니라 [더 나아가] 그러한 과잉을 창출하기를 바라는 것이다.

분석을 너무 세분하여 전개하기보다는, 송아지와 같은 한 마리의 가축을 고찰하면서, 나는 우선 자신의 먹잇감을 생산하는 데에 쓰이는 동물 또는 인간 에너지의 여러 상이한 기여라는 문제는 잠시 곁으로 치워두겠다(모든 유기체는 한편으로 다른 유기체의 기여에 의존하고 있는데, 이러한 기여가 적절한 경우에 유기체는 거기에서 필요한 에너지를 얻지만, 반대로 그러한 기여가 없이는 급속히 죽음을 맞게 될 것이다). 기능적 활동은 가용한 에너지의 일부분을 사용하는 것이지만, 동물은 또한 자신의 성장을 보장하는 에너지의 과잉을 사용하기도 하는 것이다. 정상적인 조건에서는 이러한 과잉의 일부분이 오가면서 상실될 수 있지만, 사육자가 송아지를 그저 누워 있게만 한다면 그 송아지의 몸집은 이러한 과잉 에너지의 혜택으로 늘어나게 된다. 곧 경제가 지방질의 형태로 재발견될 수 있다는 말이다. 만약 송아지를 도축하지 않는다면, 그 송아지의 점점 둔화되는 성장이 점점 증대되는 과잉 에너지의 총체를 더이상 소비하지 못하는 순간이 오게 된다. 그렇게 하여 송아지가 성적 성숙 단계에 이르게 되면, 그 생생한 힘은 원칙적으로 수컷의 경우에는 소란을 피우는 황소의 힘에 쓰이게 되고 암컷의 경우에는 새끼를 잉태하거나 우유를 만드는 데에 쓰이게 된다. 어떤 의미에서 생식이란, 개별적 성장으로부터 집단의 성장으로의 이행을 의미하는 것이다. 만약 수컷을 거세한다면, 그 개체의 개별적 몸집은 일시적으로 다시 불어나게 되고 우리는 그로부터 상당한 노동력의 총합을 얻을 수 있다. 자연에서 갓 태어난 새끼들에게서는 인위적인 비만도 없고 거세도 없다. 나에게는 가축을 사례로 선택할 수 있는 이점이 있었지만, 보다 근본적으로는 동물적 방식으로 이루어지는 운동은 어디서나 동일하다. 모든 경우에 과잉 상태의 에너지는 개체들의 성장 또는 난동을 촉진한다. 송아지와 암소, 황소와 수소의 경우는 이러한 거대한 운동에 대해 그저 좀더 풍부하고 친숙한 설명의 사례를 하나 덧붙여줄 뿐이다.

식물 또한 동물과 동일한 과잉을 드러내지만, 식물의 경우에 이는 훨씬 더 특징적이다. 식물들은 전적으로 성장과 생식 그 자체이기 때문이다(식물들의 기능적 활동에 필요한 에너지는 아주 미미하다). 하지만 이러한 무한정한 넘침exubérance은, 바로 그 넘침을 가능하게 하는—동시에 그 넘침을 제한하는—조건들과 관련하여 고찰되어야 한다.

2. 성장의 한계

우선 나는 생명의 가장 일반적인 조건들에 대해 신속하게 말해보겠다. 단지 나는 결정적인 중요성을 띠는 한 가지 사실을 강조하고자 하는데, 그것은 태양 에너지가 생명이 지닌 넘쳐흐르는 발전développement exubérant의 원리라는 사실이다. 우리 부의 원천과 핵심은 태양광선을 통해 주어지는 것인데, 태양광선은 그렇게 아무런 보상 없이 에너지—곧, 부富—를 우리에게 나누어 준다. 태양은 결코 받지 않고 주기만 한다. 천체물리학이 태양의 그러한 끝없는 헤픔prodigalité을 관측하기 훨씬 전부터 인간은 그러한 태양의 성격에 대한 느낌을 이미 갖고 있었는데, 태양이 곡식을 익어가게 만든다는 것을 알고 있었으며, 받지 않고 주기만 하는 사람의 행동 특성을 태양의 속성인 광채에 비유하기도 했다. 바로 이 기회에 도덕적 판단의 이중적 기원을 강조할 필요가 있다. 옛날에는 비생산적인 영광에 가치가 부여되었던 반면에, 우리 시대에는 생산이라는 척도에 가치가 결부된다. 이제는 우리가 우선권을 에너지의 소비보다는 그 획득에 부여하게 된 것이다. 그렇기에 영광 자체도 이제는 유용성의 영역 안에서 영광스러운 사태의 결과들에 의해서만 정당화되기에 이르렀다. 하지만 [이러한 비생산적이고 헤픈 낭비/소비에 대한] 고대의 감정은, 비록 그것이 실리적인 판단에 의해—그리고 기독교적인 도덕에 의해—이전보다 흐려지긴 했으나, 여전히 살아 있다. 이러한 감정은 특히 부르주아 세계에 대립되는 낭만주의적 저항 안에서 재발견되나, 경제에 대한 고전주의적 개념화 속에서는 그저 그 권리를 전적으로 잃기만 할 뿐이다.

태양광선은 지구 표면에 에너지의 과다라는 효과를 초래한다.

하지만 우선 생명체는 이러한 태양 에너지를 수용하여 생물체에게 가용한 공간이 부여하는 한계 안에서 그 에너지를 축적한다. 그 이후에 생명체는 그 에너지를 발산하거나 낭비하는 것인데, 물론 그 에너지를 상당부분 발산하기 전에 성장에 최대한 사용한다. 오직 성장을 지속하는 것이 불가능해질 때에만 낭비로 나아가게 된다. 그러므로 진정한 과잉은 일단 개체나 집단의 성장이 그 한계에 다다랐을 때에야 비로소 시작되는 것이다.

각각의 개인이나 각각의 집단에 대한 즉각적인 제한은 다른 개인들이나 다른 집단들에 의해 이루어진다. 하지만 지상의 영역(정확히는, 삶에 가용한 공간에 상응하는 **생명권**生物圈, biosphère[15])만이 유일한 실제적 한계이다. 개체 또는 집단은 물론 여전히 다른 개체에 의해, 다른 집단에 의해 한정될 수 있다. 하지만 살아있는 자연의 전 지구적 총량이 그 때문에 변화하는 것은 아니다. 결정적으로, 전 지구적 성장을 제한하는 것은 지상 공간의 규모인 것이다.

15) 〔원주〕 블라디미르 베르나츠키Владимир Вернадский, 『생명권*La biosphère*』(1929)을 참조할 것. 이 책은 나의 이어지는 고찰들의 일부를 (또다른 관점에서) 개괄적으로 제시하고 있다.

3. 압력

원칙적으로 지구 표면은 가능한 한 최대로 생명에 둘러싸여 있다. 다양한 형태의 생명들은 그 전체 안에서 가용한 자원들에 스스로를 적응시켜 살아가기에, 공간은 생명에게 근본적인 한계가 된다. 생명에게 필요한 화학적 작용들이 일어날 수 없는 몇몇 척박한 지역들이 마치 존재하지 않는 것처럼 존재하고 있다. 하지만 생명체 전체의 총량이 국지적, 기후적, 지리적 여건들과 맺고 있는 지속적 관계를 고려해보면, 생명은 사실 가용한 모든 공간을 점유하고 있다. 이러한 국지적 여건들은 생명에 의해 모든 방향에서 실행되는 **압력**pression의 강도를 결정한다. 하지만 여기서 우리는, 어떤 방법으로든 우리에게 가용한 공간이 증가했을 때 그 공간이 그와 이웃하는 공간과 마찬가지의 방식으로 즉각 점유된다는 의미에서만, 이 압력이라는 표현을 쓸 수 있다. 게다가 이러한 일은 지구의 어느 지점에서든 삼림 화재나 화산 현상 또는 인간의 손에 의해 생명이 일단 파괴될 때마다 똑같이 발생한다. 이러한 현상이 가장 뚜렷이 드러나는 경우는 정원사가 길을 내어 관리하는 오솔길의 예일 텐데, 만일 그 오솔길이 관리 없이 버려진다면 그 주변 생명의 압력은 그 길을 금방 풀과 덤불로 뒤덮게 될 것이고 거기에서 동물이 증식하게 될 것이다.

우리가 아스팔트로 길을 포장하게 되면, 그 길은 오랫동안 생명의 압력으로부터 동떨어진 채로 유지된다. 이는 곧, 그 길을 아스팔트로 포장하는 대신 그저 버려둔다고 가정하면, 가능한 생명의 총량이 실현되지 않으리라는 것을, 다시 말해 이러한 총량에 상응하는 기여 에너지가 소멸되며 어떤 방식으로든 낭비된다는 것을 의미한다. 이러한 압력을 꽉 닫힌 솥의 압력에 비교할 수는 없는데, 왜냐하면 만일 공간이 완전히 생명에게 둘러싸여 아무런 돌파구가 없다고 해도 그때 터지는 것은 아무것도 없기 때문이다. 하지만 압력은 언제나 존재하고, 어떤 종류의 생명이든 극도로 임박한 한계 속에서 숨이 막힐지라도 다양한 방식으로 불가능한 성장을 끝없이 열망하는 법인데, 그때 생명은 거대한 낭비를 가능케 하기 위해 과잉 자원의 지속적인 흐름을 해방시킨다. 성장의 한계에 다다르면, 생명은 꽉 닫힌 솥이 되는 것이 아니라 최소한 끓어오름의 상태로 돌입하는 것이다. 곧, 그 극단의 넘침은 폭발하지 않은 채 끊임없이 폭발의 극한으로 수렴하는 운동으로 흘러나오게 된다.

이러한 상황의 여파들이 우리의 계산 장부에 정렬되어 기입되기는 어렵다. 우리는 우리의 이익을 계산하지만, 이러한 상황은 그러한 계산을 무력하게 만들기 때문이다. 이익이라는 어법 자체가 이러한 조건들 속에서 작동하고 있는 **욕망**désir과 상반되는 것이다. 우리는 합리적으로 행동하고자 할 때마다 우리 행위의 **유용성**utilité만을 고려한다. 유용성은 이점이나 유지나 증대를 포괄하는 것이기 때문이다. 그런데 우리가 넘침의 현상에 답해야 할 때를 생각해보자. 물론 아마도 이러한 넘침을 증대에 사용하는 것은 가능할 것이다. 하지만 여기서 제기되는 문제는 그러한 가능성을 배제한다. 성장이 더이상 가능하지 않다고 가정한다면, 여전히 부글거리며 끓어오르는 에너지로 무엇을 할 것인가? 그 에너지를 소멸시키는 것은 명백히 그 에너지를 사용하는 것이 아니다. 그럼에도 불구하고 여기서 문제가 되는 것은 어떤 사혈瀉血, saignée, 어떤 순수하고 단순한 소멸인데, 이는 어떻게든 일어나게 되어 있다. 성장에 이용될 수 없다면 에너지의 과잉은 그 즉시 소멸되는 것이다. 이러한 불가피한 소멸이 어떤 명목으로든 유용한 것으로 통용될 수 없음은 또한 자명하다. 이제 문제가 되는 것은 오직 유쾌한 소멸인데, 이는 또다른 불쾌한 소멸보다 더 바람직한 것이다. 더이상 유용성이 문제가 아니라 즐거움agrément이 문제인 것이다. 그러나 이러한 즐거움의 여파는 결정적이다.

4. 압력의 첫번째 효과: 확장

이렇게 실행되는 압력을 정확히 정의하고 표상하는 일은 어렵다. 그것은 동시에 복잡하고 포착 불가능한 것이지만, 우리는 그 효과들을 기술할 수는 있다. 그렇게 하나의 이미지가 정신에 떠오르지만, 그럼에도 그 이미지가 압력의 여파들에 대한 표상을 도입하는 데에 사용될 뿐이지 그 원인에 대한 구체적인 관념을 주지는 못한다는 점을 말할 수밖에 없다.

아주 좁은 경기장에서 벌어지는 한 투우corrida[16]를 관람하려는 희망으로 운집한 엄청난 관중을 한번 상상해보자. 경기장을 차지하고자 하는 가장 거대한 욕망을 지닌 군중은 그럼에도 그 안에 모두 들어갈 수 없다. 그들 중 대다수는 밖에서 기다려야 한다. 이와 마찬가지로 삶의 가능성들은 무한정으로 실행될 수 없는데, 왜냐하면 그러한 가능성들은, 마치 군중의 입장이 경기장의 좌석 수에 의해 제한되듯, 공간에 의해 제한되기 때문이다.

그래서 압력의 첫번째 효과는 경기장의 좌석 수를 늘리는 일에 있을 것이다.

만약 내부에서 질서 유지가 잘 이루어진다면, 이러한 경기장

16) 〔역주〕 투우 경기는 바타유가 넘침과 과잉의 내적 경험을 표현하는 사례로 많이 이용하고 있는데, 그의 대표적인 소설들 중 하나인 『눈 이야기*Histoire de l'œil*』에서도 투우 경기 도중 사고로 눈알이 빠져나가는 부상을 당하는 투우사 그라네로Granero와 그 장면에 기이하게 흥분하는 화자와 관중에 대한 묘사가 나온다. 바타유에게는 투우가 넘치는 과잉의 에너지를 체현하는 소모와 탕진의 축제의 한 사례가 되고 있는데, 이러한 투우가 지닌 '저주받은 몫'의 성격에 대한 동일한 관심과 관점은 그의 절친한 문학적/이론적 동료 미셸 레리스Michel Leiris의 저작들에서도 나타나는 공통점이기도 하다.

의 좌석 수는 정확하게 제한된다. 하지만 그 밖에서 위로 올라가면 경기장의 트랙이 보이는 가로수와 가로등이 있을 수 있다. 만약 이를 막는 어떤 규제도 없다면, 그 가로수와 가로등 위로 기어올라가려는 사람들이 있게 될 것이다. 마찬가지로 대지는 우선 생명에게 물과 지표면이라는 근본적 공간을 개시한다. 하지만 재빠르게 생명은 대기의 영역을 점령한다. 빛이 발산하는 에너지를 흡수하는 식물의 엽록체 표면을 증대시키는 일이 일차적으로 중요해졌다. 이에 따라 대기중에서 잎의 중첩은 이러한 엽록체의 총량을 현저하게 확장하게 되는데, 특히 나무의 구조는 풀의 단계를 훨씬 상회하여 이러한 가능성을 더욱 발전시키게 된다. 이와 다른 한편에서는 꽃가루에 뒤이어 날개 달린 곤충들과 조류들이 대기를 차지한다.

5. 압력의 두번째 효과: 낭비 혹은 사치

하지만 불충분한 자리는 다른 효과를 불러올 수 있다. 그 시작에 전투가 놓일 수도 있는 것이다. 인간의 죽음이 있다면, 자리 수에 비한 개체 수의 과잉은 줄어들 것이다. 이러한 효과는 첫번째 효과와는 반대되는 방향으로 진행된다. 때로는 압력이 새로운 공간의 개시를 가져오기도 하지만, 또한 때로는 가용한 자리에 비한 과잉 때문에 가능성들이 소멸되기도 하는 것이다. 바로 이 후자의 효과는 자연 속에서 매우 다양한 형태로 진행된다.

그 가장 현저한 형태는 바로 죽음이다. 우리가 알다시피, 죽음은 필연적인 것은 아니다. 생명의 단순한 형태들은 불멸한다. 분열생식scissiparité에 의해 재생산되는 어떤 유기체의 탄생은 시간의 밤 속에서 소멸한다. 사실 그러한 유기체가 부모를 갖는다고 말할 수는 없다. a의 세포분열의 결과로 그 분신들인 a′와 a″가 생겼다고 할 때, a는 a′의 모습으로 계속해서 살아 있으며, 그것은 여전히 a이기 때문이다(그리고 그것은 또한 a″와 같다). 하지만 생명의 기원에서 (이는 순수하게 이론적인 관점에서의 논증이겠으나) 이렇게 무한히 작은 유기체들 중 단 하나를 생각해보자. 그것은 그리 머지않아 자신의 종으로 대지를 뒤덮게 될 것이다. 그리고 짧은 시기가 지난 후, 원칙상 더이상의 자리가 없기에 생식은 불가능하게 될 것이며, 그 생식에 사용되는 에너지는, 예를 들어 짝짓기의 열기 속에서, 그대로 탕진되고 말 것이다. 더구나 이는 이러한 극소 유기체들 중 하나인 개구리밥(부평초)에게도 일어나는 일인데, 개구리밥은 하나의 연못을 자신의 녹색 막으로 뒤덮어 그 즉시 평형을 유지한다. 개구리밥의 경우, 그 자리는 매우 협소하게 결정된 연못이라는 한계 안에서 주어진다. 하지만 이러한 개구리밥의 성장이 멈추게 되는 상황을 지구 전체의 기준에 비춰 이해할 수는 없는데, 지구 전체에서는 어쨌든 필연적인 평형 상태가 결여되어 있기 때문이다. 그러나 우리는 (이론적으로) 모든 곳에서 균등한 압력이 그 스스로 성장에의 열기를 상실하고 그것을 일반적으로 대체하는 어떤 휴식기에 들어설 것이라는 사실을 인정할 수 있다. 실제적인 압력은 또한 다른 결과들을 초래할 수 있다. 압력은 불균등한 유기체들이 서로 경쟁하게 만드는 것이다. 우리가 지구상의 여러 유기체 종들이 어떻게 이러한 율동에 진입하게 되었는지 설명할 수 없다고 해도, 우리는 그 율동이 무엇인지는 말할 수 있다.

생명에 외부적인 작용(기상 현상이나 화산 현상)과는 별도로, 생명체 안에서의 압력의 불균등은 지속적으로 죽음에 의해 마련된 자리를 성장에 제공한다. 이는 새로운 공간이 아니며, 만약 우리가 삶을 그 전체 안에서 고찰한다면, 실제로 성장은 없고 오직 그 일반적 총량의 유지만 있을 뿐이다. 달리 말하자면, 가능한 성장이란 결국 실행된 파괴에 대한 보상으로 환원되는 것이다.

내가 여기서 역설하고자 하는 것은, 일반적으로 성장은 없다는 사실, 오직 에너지의 사치스러운/과잉적인 낭비만이 모든 형태로 있을 뿐이라는 사실이다! 지상에서 생명의 역사는 원칙적으로 어떤 광적인 넘침의 효과이다. 지배적인 사건은 이러한 사치/과잉의 발전, 곧 점점 더 값비싸지는 생명 형태들의 생산인 것이다.

6. 자연의 세 가지 사치/과잉: 먹는 행위, 죽음, 유성생식

하나의 종이 다른 종을 먹는 행위는 가장 단순한 형태의 사치/과잉이다. 독일 군대에 의해서 봉쇄당한 프랑스 국민들이 그로 인한 식량 부족 덕분에 널리 알게 된 지식은 바로 생명체의 간접적 발전이 지닌 이러한 값비싼 성격이다. 우리가 만약 감자나 밀을 경작한다고 하면, 그를 통해 땅에서 얻는 소비 가능한 칼로리의 수확량은 똑같은 땅을 가축을 위한 목초지로 이용하여 우유와 고기를 통해 얻는 수확량보다 훨씬 더 중대하다. 물론 가장 값이 덜 나가는 생명의 형태는 (엽록소의 활동을 통해 태양 에너지를 흡수하는) 녹색 극소 유기체의 형태이지만, 일반적으로 식물의 생장이 동물의 성장보다 값이 덜 든다. 식물의 생장은 가용한 공간을 급속도로 점유하기 때문이다. 그에 비해 동물은 공간을 대량으로 희생시키며 그러한 방식으로 공간의 가능성을 확장해간다. 그만큼 동물은 더 느리게 성장하는 것이다. 이러한 관점에서 맹수는 그 정점에au sommet 있다. 이러한 포식자들의 지속적인 포식행위는 에너지의 엄청난 낭비를 드러낸다. 윌리엄 블레이크William Blake는 호랑이에게 이렇게 물었다. "어떤 머나먼 심연, 어떤 머나먼 하늘 속에서, 네 눈 속의 이글거리는 불은 타올랐던가?"[17] 그러한 방식으로 블레이크를 휘감았던 것은 바로 이러한 잔혹한 압력이었으며, 그 가능성의 극단에서, 생명이 지닌 이토록 강렬한 소진/소모의 힘이었다. 삶이 지닌 열광의 도가니 안에서, 호랑이는 바로 그 극단적 흥분의 한 지점이다. 그리고 이러한 흥분은 실제로 하늘의 머나먼 심층 속에서, 태양의 소진/소모 속에서 그토록 장렬히 불타올랐던 것이다.

먹는 행위는 죽음을 가져오지만, 그것은 우발적인 형태에서만 그러하다. 상상 가능한 모든 사치/과잉들 중에서 죽음이야말로, 그 숙명적이고 가혹한 형태에서, 진정 가장 값비싼 희생을 치르는 것이다. 동물의 육체가 지닌 취약성, 그 장애성은 이미 동물이 지닌 사치스러운/과잉적인 의미를 표출하고 있는 것이지만, 이러한 취약성과 이러한 사치/과잉은 바로 죽음 속에서 그 정점에 달한다. 공간 속에서 나무의 줄기와 가지 들이 그 겹겹의 층을 지닌 잎들을 빛을 향해 펴들어 올리는 것과 마찬가지로, 똑같이 죽음은 시간 속에서 세대 사이의 이행을 재배치하는 것이다. 죽음은 그렇게 끊임없이 새로 태어나는 이들의 등장에 필요한 자리를 내어주는 것이며, 그렇기에 그 없이는 우리도 없었을 이러한 죽음을 저주하는 것은 아주 잘못된 일이다.

17) 〔역주〕 윌리엄 블레이크의 시집 『경험의 노래들*Songs of Experience*』(1794)(이는 그의 또다른 시집인 『순수의 노래들*Songs of Innocence*』(1789)과 짝을 이룬다)에 수록된 시 「호랑이」의 한 구절로서 그 영어 원문은 다음과 같다. “In what distant deeps or skies, / Burnt the fire of thine eyes?” 앞의 역주 3 참조.

사실상, 우리가 죽음을 저주할 때, 우리는 우리 자신에게 두려움을 갖고 있는 것일 뿐이다. 우리를 떨게 만드는 것은 바로 이러한 우리의 의지가 지닌 가혹함이다. 우리는 우리 자신이 바로 그 자체의 첨예한 형식인 사치스러운/과잉적인 넘침의 운동을 피할 수 있으리라는 헛된 꿈을 꾸면서 그저 우리 스스로를 기만하고 있는 것이다. 혹은 우리가 그렇게 스스로를 기만하는 것은 아마도, 이러한 의지를 의식의 가혹한 극한까지 몰아가서 그렇게 바로 그 의지가 지닌 가혹함을 더 잘 경험하기 위해서인지도 모른다.

이러한 관점에서 우리는 죽음이라는 사치/과잉을 성sexualité이라는 사치/과잉과 같은 방식으로 고찰해볼 수 있을 텐데, 우선은 그것이 우리 자신에 대한 일종의 부정négation이라는 점에서 그러하고, 이어서 어떤 급작스러운 전복 안에서, 삶이 표출되는 운동의 심오한 진리라는 점에서 그러하다.

현재적 조건들 안에서, 우리의 의식과는 별개로, 유성생식은 먹는 행위와 죽음과 함께 에너지의 강렬한 소진/소모를 보장하는 가장 거대한 사치/과잉의 우회로들 중 하나이다. 가장 먼저 유성생식은 분열생식이 우리에게 알려주었던 것, 즉 분할division을 더욱 두드러지게 하는데, 이러한 분할을 통해서 개별적 존재는 그 스스로를 위한 성장을 그만두며, 또한 이렇게 개체들의 증식을 통해 [한 개체의] 성장을 생명 전체의 비개체성으로 전환하는 것이다. 바로 이 때문에 곧바로 성은 개체 혼자만을 위한 성장과는 차별화된다. 종의 차원에서 고찰했을 때는 성이 하나의 성장으로 보이지만, 원칙상 그러한 성은 개체들의 사치/과잉에 다름 아니다. 이러한 성격은 유성생식에서 보다 더 뚜렷이 드러나는데, 왜냐하면 유성생식에서는 새로 태어난 개체들이 그들을 낳은 다른 개체들로부터 확연하게 분리되기 때문이다.—그리고 유성생식은, 마치 우리가 다른 개체들에게 그렇게 부여하는 것처럼, 그 새롭게 태어난 개체들에게 생명을 부여한다. 하지만 고등동물의 생식은, 영양 섭취의 시기 동안 성장의 원칙으로 되돌아가는 것을 단념하지 않고서, 자신의 몸집과 힘을 키우기 위해 먹이를 먹으면서도, 그렇게 단순한 개체로서의 경향으로부터 애초부터 멀어지는 균열을 끊임없이 심화시켜왔다. 이렇듯 동물에게 생식이란 한순간에 그 가능성의 극단에 도달한 에너지 자원을 급작스럽고도 격정적으로 낭비하는 계기이다(다시금 생식은 시간 안에서, 호랑이가 공간 안에서 갖는 의미와 같은 의미를 갖는다). 이러한 낭비는 종의 성장에 충분한 에너지를 훨씬 웃도는 것이며, 순간적으로 개체가 실행할 수 있는 힘을 가진 가장 크나큰 낭비로 보인다. 인간에게서 이러한 낭비는 모든 가능한 형태의 파멸에 수반되는 것인데, 그래서 그 낭비는 재화의 크나큰 희생으로 불리는 것이며—정신에 있어서 그것은 또한 육체의 크나큰 희생인데—결국에는 죽음이라고 하는 비합리적 사치와 과잉으로 합류하게 된다.

7. 노동과 기술에 의한 확장, 그리고 인간의 사치/과잉

기본적으로 인간의 활동을 조건짓는 것은 이러한 삶의 일반적 운동이다. 어떤 의미에서, 그러한 인간 활동이 삶에 어떤 확장된 가능성과 새로운 공간을 개시하게 되는 것은 (나무의 가지 또는 새의 날개가 자연 안에서 그렇게 하는 것처럼) **확장 안에서**이다. 노동과 여러 기술이 인간의 증가한 생식에 개시하는 것은, 단지 생명이 아직 미처 다 채우지 못한 일차적인 의미에서의 공간이 아니다. 하지만 세계를 변화시키는 인간의 활동은 엄청난 양의 무생물로 구성되는 부가적 장치들을 통해 생명체의 총량을 증가시키는데, 이러한 장치들이 가용한 에너지 자원을 현저하게 증대시키는 것이다. 애초부터 인간은 가용한 에너지의 일부를 생물학적인 것이 아니라 기술적인 에너지의 부를 증대하는 데에 사용할 수 있는 능력을 갖고 있었다. 기술은 생명이 그 가능성의 한계 안에서 실행하는 성장의 기본적 운동을 확장할—회복할—수 있는 일을 총체적으로 가능하게 해주었다. 아마도 문제는 발전이 지속적이지도 않고 무한하지도 않다는 점일 것이다.

때로는 기술의 답보로 인해 발전이 멈추기도 하고, 때로는 새로운 기술의 발명이 또다른 국면으로의 도약을 불러오기도 한다. 에너지 자원의 증대는 그 자체로 기본적으로 생물학적인(인구적인) 성장을 회복하는 데에 기여할 수 있다. 19세기 유럽의 역사는 이러한 기술의 도구가 광범위한 생명 번성의 뼈대를 이루었던 가장 아름다운 (그리고 동시에 가장 잘 알려진) 사례라고 할 수 있다. 우리는 무엇보다 산업의 비약적 도약과 연관된 인구 발전의 중요성에 대해 잘 알고 있다.

사실상 인구와 기술이 맺고 있는 양적 관계는—일반적으로, 역사상 경제적 발전의 조건들이 그러한 것처럼—너무도 많은 간섭 요소들을 갖고 있기에 그 정확한 양상을 결정하는 일은 언제나 곤란하다. 어쨌거나 나는 그저 대지를 활성화하는 광범위한 운동을 그 일반적인 경향들 속에서만 보여줄 수 있을 뿐인 이러한 개요 안에서 모든 세부 분석들을 다 종합할 수는 없다. 하지만 최근 인구 성장의 감소는 그저 그 효과들이 지닌 복잡성을 드러낼 뿐이다. 이는, 인간의 활동으로부터 생겨나며 또 새로운 기술이 가능하게 하고 유지하는 발전의 회복이 언제나 어떤 이중적 효과를 갖고 있음을 의미하는 것이다. 처음 단계에서는 그러한 발전의 회복이 과잉 에너지의 중요한 부분을 사용하지만, 그에 뒤이어서는 그 자신이 점점 더 커지는 과잉을 생산하게 된다. 그렇게 해서 두번째 단계에서는 이러한 과잉이 오히려 성장을 더욱 곤란한 것으로 만드는 데에 기여하게 되는데, 왜냐하면 성장은 이제 더이상 과잉을 사용하는 것으로는 충분하지 않기 때문이다. 어떤 지점에서 확장에 대한 관심은 그와 정반대되는 사치/과잉에 대한 관심으로 인해 중화되는데, 확장은 여전히 작동하지만 기만적인—불확실하며 자주 무력한—방식으로 그렇게 작동한다. 인구 곡선의 하락은 아마도 돌발적인 변화의 기미를 나타내는 첫번째 지표일 것이다. 그 이후에 우선적으로 중요한 것은 이제 더이상 생산력을 발전시키는 것이 아니라 그 생산물들을 사치스럽게/과잉적으로 소비하는 일이 되는 것이다.

바로 이 지점에서 엄청난 낭비가 기다리고 있다. 한 세기 동안의 인구 증가와 산업 평화가 있은 후로 발전이 일시적 한계에 봉착하게 되자, 양차 세계대전이라는, 역사에 기록된 부富의—그리고 인류의—최대 난교orgies가 일어나게 되었던 것이다. 그럼에도 불구하고 이러한 난교는 일반적 생활수준의 괄목할 만한 향상과 일치하는 것인데, 인구 전체는 점점 더 증가하는 비생산적 서비스의 혜택을 입었으며 전체적으로 노동은 축소되고 임금은 증대되었기 때문이다.

이는, 지구상에서 인간이 오직 우회적이고 보조적인 방식으로 성장의 문제에 대답하는 하나의 답변일 뿐이라는 사실을 뜻하는 것이다. 아마도 노동과 여러 기술을 통해 인간은 부여된 한계를 넘어서 확장을 가능하게 만들었으리라. 하지만 식물에 비하자면 초식동물이 하나의 사치/과잉인 것과 마찬가지로—초식동물에 비하자면 육식동물이 그럴 것이다—모든 생물들 중에서 인간은, 생명의 압력이 그 운동의 태양적 기원에 딱 맞게 모두 태워버리기를 바라는 저 에너지의 과잉을 강렬하고도 사치스럽게 소진/소모하는 일에 가장 적합한 [사치/과잉의] 존재인 것이다.

8. 저주받은 몫

이러한 진리는, 통상적으로 보이는 진리에 정확히 반대될 정도로, 그렇게 역설적이다.

이 역설적 성격은, 바로 그 넘침의 최고조에서 그 진리의 의미가 어떻게든 베일에 가려져 있다는 사실로 인해 더욱 강조된다. 현재적 조건들 안에서, 부富를 그 기능에 맞게 아무런 보상 없이 증여와 낭비에 바치려는 경향의 근본적 운동의 모습을 흐리게 하는 일에 모든 것이 공모한다. 한편으로는, 황폐함을 초래하는 기계화된 전쟁이 이러한 근본적 운동을 인간의 의지와 무관하고 심지어 그에 적대적인 것으로 보이게 만든다. 다른 한편으로는, 생활수준의 향상이 전혀 사치/과잉의 요구로 나타나지 않게 된다. 삶의 향상을 요구하는 운동은 심지어 거대한 재산의 사치/과잉에 반하는 저항이 되기도 하는데, 그리하여 이러한 요구는 **정의**justice의 이름으로 행해지게 된다. 정의에 반대되는 것은 명백히 아무것도 갖고 있지 않으면서, 여기서 그 단어가 바로 그 자신과 반대되는 심오한 진리, 곧 정확히 **자유**liberté라고 하는 진리를 숨기고 있음에 주목할 필요가 있다. 정의라는 가면 아래에서, 사실 일반적 **자유**는 필요에 예속된 존재라는 무미건조하고 중립적인 외양을 띠고 있지만, 그것은 차라리 자유의 한계를 가능한 한 **더 정확하게/올바르게** 축소한 것일 뿐, 그 단어가 의미를 상실할 정도로 위험하게 고삐가 풀리는 것은 아니다. 그것은 그저 예속의 위험에 대비하는 일종의 보장일 뿐이지, 그도 없다면 자유도 없을 위험을 기꺼이 떠맡으려는 어떤 의지는 아닌 것이다.

저주malédiction의 감정은 이렇듯 우리에게 부富의 소진/소모를 요구하는 운동의 이중적 왜곡과 결부되어 있다. 그러한 요구가 괴물적인 형태의 옷을 입고서 행해지는 전쟁에 대한 거부, 그리고 그 전통적인 형태가 이후에는 불의를 의미하게 되는 사치스러운 낭비에 대한 거부[가 모두 그러하다]. 부의 **증가분**surcroît이 그 어느 때보다도 가장 큰 바로 이 순간, 우리의 눈에 그러한 증가분은 결국 그것이 어떤 방식에서 계속 지니고 있었던 **저주받은 몫**part maudite의 의미를 띠게 되는 것이다.

9. '일반적' 관점과 '개별적' 관점의 대립

우리를 활성화하고 심지어 우리 그 자체이기도 한 이러한 낭비의 운동을 우리가 두려워하면서 외면하려 한다는 사실은 당연하게도 놀라운 일이라 할 수 없다. 애초부터 그러한 운동의 여파들은 불안을 불러일으키는 것이기 때문이다. 먹는 행위의 진리를 드러내는 것은 호랑이의 형상이다. 죽음은 우리의 공포가 되었는데, 비록 육식동물이 되고 죽음에 용감히 맞선다는 사실이 어떤 의미에서는 정력virilité의 요구에 부응하는 일이긴 하지만(그러나 이는 또다른 문제이다!), 성은 언제나 죽음과 육식이라는 추문에 깊이 연결되어 있는 것이다.[18)]

하지만 이러한 저주의 분위기는 불안을 전제하며, 한편으로 그러한 불안은 삶의 넘침에 의해 실행되는 압력의 부재(혹은 약화)를 의미하는 것이다. 불안을 느끼는 이가 과다/과잉의 감정으로 자신을 팽팽히 긴장시키지 않을 때, 불안은 발생한다. 불안이 지닌 개별적이고 고립된 의미작용에 대해 우리에게 알려주는 것이 바로 이러한 특성이다. 불안이란 오직 개인적이고 개별적인 관점에서만 존재할 수 있는 것인데, 이는 생명체 전체의 넘

18) 〔원주〕 이러한 연결고리는 육체chair의 죄악péché이라는 표현 속에 분명 내포되어 있는 것으로 보인다.

침에 기초하는 일반적인 관점과는 근본적/극단적으로 반대되는 것이다. 삶의 경계를 넘고자 하는 이에게, 그리고 본질적으로 바로 그러한 경계 넘기 자체이기도 한 생명 전체에게, 불안은 아무런 의미를 갖지 않는다.

이제 우리는 현재의 역사적 상황을 고찰해볼 텐데, 여기서는 **일반적** 상황과 관계되는 판단들이 **개별적** 관점에서 유래한다는 사실이 이러한 우리의 상황을 특징짓는다. 원칙상 **개별적** 존재는 언제나 자원의 부족으로 인해 사멸할 수 있는 위험에 놓여 있다. 이와는 반대되게 **일반적** 존재가 지닌 자원은 항상 과잉의 상태에 있으며 그러한 존재에게 죽음이란 아무런 의미가 없는 것이다. **개별적** 관점에서 출발해보면, 문제들은 **일차적으로** 불충분한 자원에 의해 제기된다. 그러나 **일반적** 관점에서 출발한다면, 문제들은 **일차적으로** 그 과잉에 의해 제기되는 것이다. 아마도 빈곤의 문제는 어떤 방식으로든 존속할 것이다. 더구나 **일반경제** 역시, 가능하고 **또한 우선적인** 경우에 매번, 성장의 발전을 고려해야 함은 물론이다. 하지만 빈곤이나 성장을 고려한다고 할 때 일반경제가 문제삼는 것은 오히려, 빈곤과 성장이 끊임없이 마주칠 수밖에 없는 한계들이자, 또한 과잉의 존재로부터 흘러나오는 문제들의 지배적(결정적) 성격이다.

여기서 이에 관해 간단히 한 사례를 고찰해보자면, 인도의 빈곤 문제는 무엇보다 우선 이 나라의 인구 성장이라는 문제, 그리고

고 그러한 인구 성장과 산업 발전 사이의 불균형이라는 문제와 뗄 수 없는 관계를 갖고 있다. 또 한편에서 인도의 산업 성장 가능성은 그 자체로 미국의 자원 과잉과 뗄 수 없는 관계에 있다. 일반경제의 전형적인 문제가 바로 이러한 상황에서 나온다. 한쪽에서는 누출의 필요성이 드러나고, 또다른 한쪽에서는 성장의 필요성이 드러나는 것이다. 현재의 세계는 인간의 삶에 의해 실행되는 이러한 (양적이고 질적인) 압력의 불평등에 의해 정의된다.

그렇기에 일반경제의 입장에서라면 이러한 상황에 대한 올바른 방안으로 미국의 부를 아무런 보상 없이 인도로 이전하기를 제시할 것이다. 일반경제는 인도인의 삶의 발전으로 세계 속에서 실행되는 압력—그리고 그러한 압력의 불균등—으로부터 발생하는 미국에 대한 위협을 이러한 목적에서 계산에 넣게 되는 것이다.

이러한 고려는 전쟁이라는 문제를 필연적으로 그 정점에au sommet 위치시킬 수밖에 없는데, 이러한 전쟁의 문제가 오직 근본적인 끓어오름에 대한 성찰을 통해서만 명확하게 고찰될 수 있는 것이기 때문이다. 유일한 탈출구는 생활수준의 세계적인 향상에—곧, 오직 미국의 과잉된 자원을 흡수할 수 있고 그렇게 해서 압력을 위험 수준 이하로 줄일 수 있을 현재의 도덕적 조건들 속에—놓여 있다.

이러한 이론적 개념화는 최근 이 주제에 관해 드러나고 있는 경험적 관점과 거의 다르지 않지만, 이론적 관점이 보다 더 근본적/극단적인 것인데, 여기서 흥미로운 점은, 바로 저 경험적 관점이 이미 사전에 고안된 이 이론적 개념화에 대한 대답이었다는 사실을 명확히 해야 한다는 것이다. 이러한 확증은 이 두 관점 모두에게 서로 더 많은 힘을 실어주는 것으로 보인다.

10. 일반경제의 해결책, 그리고 '자기의식'

하지만 우리는 바로 다음과 같은 사실을 덧붙여야 한다. 해결책이 이토록 잘 결정되어 있다 한들, 그러한 해결책을 우리가 원하는 단계로 착수하는 일은 너무도 어렵기에 애초부터 그러한 기획이 호응을 받을 일은 거의 없을 것이라는 사실이다. 이론적인 해결책은 물론 존재하며, 심지어 이러한 해결책의 필요성 역시 바로 그 해결책의 결정권을 쥐고 있는 것으로 보이는 이들이 전적으로 회피하기 어려운 것이다. 그럼에도 불구하고, 그리고 심지어 더욱 확실하게, 일반경제가 우선적으로 정의하는 것은, 현대에 그 폭발적 긴장이 최고조에 다다른 이 세계의 폭발적 성격이다. 저주는, 이 현기증 나는 운동을 저지할 만한 힘이 없다는 한에서, 명백히 인간의 삶에 무게를 드리운다.

그러므로 망설임 없이 원칙적으로 다음과 같은 점을 제기해야 한다. 어떠한 저주가 있을 때 그것을 걷어내는 일은, 인간에게, 그리고 오직 인간에게만 달려 있다는 점을. 하지만 그러한 저주가 기초하고 있는 운동이 명백히 의식 안에서 나타나지 않는다면, 저주는 그렇게 제거될 수 없을 것이다. 이러한 관점에서, 우리를 위협하는 파국에 대한 치료제로서 오직 '생활수준의 향상'만을 이야기해야 한다는 사실은 충분히 기만적으로 보인다. 내가 이미 말했던바, [소위 '생활수준의 향상'만을 주장하는] 이러한 호소는 진리 안에서 그에 상응하고자 하는 요구를 바라보지 않으려는 의지와 결부되어 있다.

하지만 우리가 동시에 이러한 해결책의 약점과 강점을 고찰해볼 때 곧바로 분명해지는 것은, 이 유일한 해결책이라고 하는 것이 충분히 널리 받아들여질 수 있는 장점은 분명 갖고 있지만, 바로 그 자신의 애매한 성질 때문에, 명석한 의식의 노력을 유발하고 자극하면서도 그러한 노력 자체가 그만큼 의식과는 명백히 거리가 먼 것이라는 단점이 있다는 사실이다. 이러한 도정에서, 진리 앞에서 도망치는 것은, 어떤 보상의 작용에 의해, 또한 진리의 인식에 대한 보증이 된다. 현재적 인간의 정신은 어쨌거나, 부정적이지 않은데도 과장되고 자의적인 해결책들을 별로 내켜하지 않을 것이다. 그 반대로 인간의 정신은 단지 인간의 삶을 진리의 기준에 천천히 맞춰가는 위험만을 감수하는 의식의 이러한 귀감이 되는 엄격함에 연결되어 있다. 분명 일반경제의 실천은 공공사업에 대한 개입을 포함하는 것이다. 하지만 우선적으로, 그리고 보다 심오하게 말해서, 그러한 일반경제의 실천이 추구하는 것은 의식이며, 또한 그것이 정비하고자 하는 것은 애초부터 인간이 일련의 역사적 형식들에 대한 명석한 통찰 속에서 궁극적으로 실천하게 될 **자기의식**la conscience de soi이다.[19)]

이렇게 하여 **일반경제**는 이제 그 **역사적 여건들**에 대한 서술을 시작으로 이후 **현재적 여건들**에 의미를 부여하는 방향으로 나아간다.

19) 〔역주〕 바타유에게서 일반경제와 자기의식의 관계는 이렇듯 전도되고 뒤틀린 헤겔 철학의 외양을 취하게 되는데, 그에게서 일반경제가 실천의 목표이자 중핵으로 삼는 자기의식이란 어떤 '절대지'로의 완성을 전제하거나 목표로 하는 것이 전혀 아니라 그 자체로 극단적인 양극(소모와 생산, 과잉과 안정, 불안과 주권 등) 사이를 오가는 내적 경험의 동요하는 주체성이 지닌 부정성과 불가능성을 의미하는 것이다. 이러한 바타유적 '자기의식'의 정체는 특히 이 책의 4부 2장 '부르주아 세계'의 2절과 이 책의 결론이라 할 5부의 마지막 10절에서 더욱 분명한 형태로 드러날 것이다.

2부

역사적 여건들 I

소진/소모의 사회

I. 아즈텍인들의 희생제의와 전쟁

1. 소진/소모의 사회와 기획의 사회

나는 경제의 일반적 운동을 더 명확하게 보여주기 위해서 사회적 사실들의 전체를 서술하고자 한다.[20)]

20) 〔역주〕 이미 이전의 이론적 논의에서 충분히 확인한 사실이지만, 여기서 한 번 더 바타유의 일반경제économie générale 개념이 지닌 의미망을 확실히 정리할 필요가 있다. 일반경제 개념에서 가장 근본적인 쟁점이 되는 문제는 바로 '일반général'이라는 말이 지닌 의미일 텐데, 이때 '일반'이란 단순히 우리에게 익숙한 생산 중심 체제의 경제(이를 앞서 바타유는 '제한경제'라고 명명한 바 있으며, 이러한 제한경제와 일반경제 사이의 근본적이고 중대한 차이와 이행에 대해서 이후 자크 데리다Jacques Derrida가 『글쓰기와 차이*L'écriture et la différence*』(Seuil, 1967)의 한 장인 「제한경제에서 일반경제로De l'économie restreinte à l'économie générale」라는 글에서 자세히 분석한 바 있다) 안에서 생산과 소비 사이에 놓인 협

나는 여기서 그 즉시 하나의 원리를 제기하고자 한다. 정의상, 헤픈 낭비의 효과를 지니는 이러한 운동은, 바로 그 운동 자체와 전혀 동일하지 않다. 필요에 비해 더 많은 자원의 과잉이 있다고 해도(여기서 필요란 그 필요가 충족되지 못했을 때 사회가 고통을 받게 될 그런 [삶에 필수적인] 필요를 말하는 것인데), 이러한 과잉이 항상 순수한 소멸로 소진/소모되는 것은 아니다. 사회는 성장할 수 있으며, 그때 과잉은 당연하게도 성장에 할당된다. 성장은 다산적인 작업에 규칙성을 부여하면서 무질서한 끓어오름을 조절하고 그 숨통을 틔운다. 하지만 인식의 발전이 결부되어 있는 성장은 그 본성상 그저 잠정적인 상태일 뿐이다. 이러한 성장은 무한히 지속될 수 없다. 인간의 학문은 그것이 형성된 역사

소한 대립을 벗어나, 생산에 종속되지 않는 '진정한' 소비로서의 소진, 소모, 탕진, 낭비, 과잉의 영역을 생산에 근본적으로 대립되는 비생산의 범주인 '저주받은 몫'으로 명명하려는 기획의 일환이다. 따라서 지극히 범속하리만큼 매우 '일반적'이기만 한 듯 보이는 이 '일반'이라는 말은(그래서 우리는 여기서 또한 우리에게 매우 익숙해서 거의 아무런 느낌을 갖지 못하는 말을 한 번 더 비틀어 오히려 그 범속함 속에서 낯선 기이함을 드러내는 바타유의 문학적 전략을 이 '일반'이라는 개념의 어법 안에서 다시 발견하게 된다), 단순히 생산뿐만 아니라 그러한 생산에 결정적으로 대비되는 근본적 비생산의 영역인 소모와 탕진의 행위 역시 인간현상 안으로 모두 포괄하기 위한 하나의 어법이며, 그래서 이는 보다 근본적이며 보편적인 역사를 구성하기 위한 기획을 이룬다. 바타유가 향후 '저주받은 몫'과 '일반경제' 등의 논의를 통해 '보편사histoire universelle'의 기획을 끈질기게 시도하게 되는 것도 바로 이러한 이유와 입장에서인데, 당연하게도 이러한 보편사 역시 단순한 생산과 성장 중심의 '세계사'가 아니라 상실과 소멸, 낭비와 과잉의 '저주받은' 영역까지를 모두 포함하는 하나의 광범위한 '일반사histoire générale'라는 의미를 띠는 것이다.

적 조건들로부터 귀결하는 시각들을 분명히 수정해야 한다. 성장의 작업에 예속된 인간과 안정된 사회로부터 상대적으로 자유로운 인간 사이의 차이만큼이나 서로 다른 것은 없다. 주어진 작업의 확산과 번성을 보장하는 기획의 필요에 응답하기 위해 그저 일시적 욕망을 따라 사는 것을 그만두자마자 인간적 삶의 국면은 완전히 바뀌게 된다. 그와 마찬가지로, 한 인간의 얼굴 또한 그가 한밤의 동요를 지나 대낮의 진지한 업무로 이행함에 따라 그 모습이 완전히 바뀌는 것이다. 성장 쪽의 진지한 인간은 세련되고 온화하지만, 그러한 인간은 또한 그 온화함을 삶의 희생과 함께, 그 평온한 지속을 시적인 역동성과 함께 뒤섞기를 바라기도 한다. 이러한 조건 속에서 인간이 일반적으로 사물에 대해 갖고 있는 명확한 인식이란 온전한 자기인식이 될 수 없는 것이다. 인간이 온전한 인간성을 위해 포착하려는 것이 바로 그 인간 자신을 배신한다. 단지 노동하기 위해 살면서 그 노동의 결실은 자유롭게 누리지도 못하는 것이 바로 노동하는 인간이다. 물론 민족학이나 역사학에서 언급되곤 하는, 상대적으로 무위無爲, désœuvré하는—최소한 노동에 대한 걱정이 거의 없는—인간도 역시나 완성된 인간은 아니다. 하지만 그러한 인간은 우리에게 부족한 것이 무엇인지를 측정하는 데에 도움을 준다.

2. 아즈텍인들의 세계관 안에서의 소진/소모

내가 일차적으로 말하고자 하는 아즈텍인들은 도덕적으로 우리의 대척점에 놓여 있다. 문명이 그것이 이루어놓은 작업들로 측정되는 것이라면, 아즈텍인들의 문명은 우리에게 빈약하게 보일 수 있다. 물론 그들은 문자를 이용했고 천문학적 지식을 갖고 있었지만, 그들의 중대한 업적이라고 하는 것들은 그저 무용한 것일 뿐이다. 그들의 건축학은 아주 높은 피라미드를 축조하는 데에 이용되었지만, 거기서 그들은 인간을 희생제의에 바쳤던 것이다.

따라서 아즈텍인들의 세계관은, 인간 활동에 대한 우리의 관점에서 현재 우리 안에서 작동하고 있는 세계관과 비교했을 때, 독특한 방식으로 완전히 반대되는 것이다. 생산이 우리의 사유에서 차지하는 위치만큼이나 아즈텍인들의 사유에서 중요한 위치를 차지하는 것은 바로 소진/소모이다. 우리가 **노동**travailler에 주의를 기울이는 만큼 그들은 **희생**sacrifier에 주의를 기울였던 것이다.

태양 자체가 아즈텍인들의 눈에는 이러한 희생제의의 표현이었다. 태양은 인간과 유사한 일종의 신이었던 것이다. 인간은 [희생제의라는] 화로의 불길 속으로 내던져지면서 태양이 되었다.

16세기 중반에 저술 활동을 했던 스페인의 프란치스코회 수

도사 베르나르디노 데 사아군Bernardino de Sahagún은 늙은 아즈텍 인들이 그에게 들려주었던 이야기를 다음과 같이 옮겨적었다.

“사람들이 전하기를, 태초의 빛이 있기 전에 테오티우아칸Teotiuacan이라는 곳에 여러 신들이 모여 (…) 서로 말했다. ‘누가 세상을 밝히는 일을 맡겠는가?’ 이에 테쿠시스테카틀Tecuciztecatl이라 불리는 한 신이 나서서 답했다. ‘내가 세상을 밝히는 일을 맡겠네.’ 신들은 두번째로 이렇게 말했다. ‘또다른 신은 없는가?’ 그들은 서로를 바라보며 그게 누가 될지를 찾았지만 그들 중 아무도 감히 이러한 임무를 맡으러 스스로 나서는 이가 없었다. 모두 그저 두려워하며 변명할 구실만 찾을 뿐이었다. 그들 중 누구도 신경쓰지 않는, 몸에 부스럼bubas이 나 있는 신이 하나 있었는데, 그는 아무 말도 하지 않고 그저 다른 신들이 하는 말을 듣고 있었다. 그때 다른 신들이 이 신을 가리키며 이렇게 말했다. ‘부스럼 난 친구여petit buboso, 그대가 이 일을 맡게나.’ 그는 기꺼이 이 부름을 따르며 이렇게 답했다. ‘나는 그럼 그것이 무엇이든 그대들의 지령을 은총으로 받아들이겠네.’ 이렇게 뽑힌 두 신은 곧바로 나흘 동안의 고행을 시작했다. 그들은 바위 안에 화덕을 뚫고 거기에 불을 지폈다. (…) 테쿠시스테카틀이라는 이름의 신은 값비싼 물건들만을 바쳤다. 그는 꽃다발 대신에 케찰리quetzali라 불리는 귀한 깃털을 봉헌했고, 건초 뭉치 대신에 황금

구球를, 용설란의 가시 대신에 보석으로 만든 가시를, 핏빛 가시 대신에 붉은 산호 가시를 바쳤다. 그에 덧붙여 그가 봉헌에 사용했던 코펄 수지樹脂는 최상품이었다. 나나우아친Nanauatzin이라 불리는 부스럼 신은 평범한 나뭇가지 대신에 아홉 개의 녹색 갈대를 세 개씩 세 묶음을 만들어 바쳤다. 그는 건초 뭉치뿐만 아니라 자신의 피로 빨갛게 물든 용설란의 가시를 바쳤고, 또한 코펄 수지 대신에 그 자신의 부스럼 딱지들을 봉헌했다.

이 두 신들 각각을 위해 언덕 모양의 탑이 하나 세워졌다. 그들이 나흘 밤낮으로 고행을 했던 것은 바로 그곳이었다. 그렇게 나흘 밤의 고행이 끝나자 그들이 사용했던 갈대와 꽃다발과 함께 여러 다른 것들이 그 탑 주위로 던져졌다. 이튿날 밤, 자정이 조금 지난 시간, 기도의식이 거행될 즈음에, 테쿠시스테카틀에게 장식물들이 도착했는데, 그것은 아스타코미틀aztacomitl이라 불리는 깃털로 만들어진 가벼운 재질의 웃옷이었다. 반면 부스럼 신 나나우아친의 머리에는 아나촌틀리anatzontli라 불리는 종이로 만든 모자가 씌워졌고 역시나 종이로 된 어깨걸이와 허리띠가 둘러졌다. 이윽고 자정이 되자, 나흘 동안 불타오르던 테오텍스칼리Teotexcalli라는 이름의 화덕 주위로 모든 신들이 도열했다.

신들은 두 줄의 무리로 나뉘어 그 불의 양 끝에 각기 떨어져 섰다. 뽑혔던 두 신 역시 화덕 곁으로 와서 자리를 잡았고, 그렇게 두 줄로 도열한 신들 사이에서 얼굴을 화덕의 불길 쪽으로 돌렸다. 서 있던 신들이 테쿠시스테카틀을 가리키며 말했다. '자, 이제, 테쿠시스테카틀이여, 불 속으로 몸을 던지게.' 그는 그렇게 불 속으로 몸을 던지려 했으나, 화덕은 거대했고 그 불길은 너무도 뜨겁게 타고 있어서 그 열기에 겁을 먹고 물러섰다. 두번째로 그는 두 손을 모아 용기를 내어 다시 화덕 속으로 몸을 던지려 했지만, 불길에 다가서자 몸이 움직이지 않아 감히 그렇게 하지 못했다. 그는 그렇게 네 차례나 반복해 시도했지만 허사였다. 그런데 아무도 네 번 이상 이를 시도할 수 없다고 정해져 있었다. 그래서 이렇게 테쿠시스테카틀의 네 번의 감행이 실패로 돌아가자, 신들은 이번에는 나나우아친을 가리키며 말했다. '자, 이제, 나나우아친, 그대의 차례일세.' 이 말이 떨어지기 무섭게 그는 힘을 모으고 눈을 질끈 감은 후 몸을 날려 불 속으로 뛰어들었다. 그는 그렇게 하여 구워지는 것처럼 곧바로 타닥거리며 타들어가기 시작했다. 나나우아친이 그렇게 화덕 속으로 몸을 던져 불타오르는 것을 보고 있던 테쿠시스테카틀 또한 곧바로 몸을 날려 화로 안으로 뛰어들었다. 사람들이 전하기를, 그때 독수리 한 마리도 동시에 그 불길 속으로 날아들어 함께 다올랐다고 하는데, 바로 이 때문에 그 새는 지금도 거무스름한 깃털을 갖게 되었다는 것이다. 이때 호랑이 한 마리도 불 속으로 따라 들어왔지만 불에 타지는 않고 그저 그슬리기만 했는데, 그래서 또한 호랑이에게 흑백의 얼룩이 남게 되었다고 한다."[21)]

잠시 후 신들은 무릎을 꿇고서, "태양이 된" 나나우아친이 동쪽에서 떠오르는 것을 보았다. "이쪽저쪽으로 몸을 흔들면서 나타난 그 모습은 너무도 붉었고, 그에게서 분출하여 사방으로 펼쳐지는 빛은 눈을 멀게 할 정도로 찬란하게 빛났기에, 아무도 그와 눈길을 맞추지 못했다." 이번에는 테쿠시스테카틀이 달이 되어 지평선 위로 떠올랐는데, 그가 불에 뛰어들기를 망설였기에 태양보다 빛이 덜했다. 그후 다른 신들은 죽었는데, [깃털 달린 뱀 신] 케찰코아틀Quetzalcoatl이라는 바람이 그들을 모두 죽였던 것이다. 그 바람은 그들에게서 심장을 뽑아 그것으로 새로 태어난 별들에게 혼을 불어넣었다.

이러한 신화는, 인간이 창조된 이유가, 그리고 인간뿐만 아니라 전쟁이 창조된 이유가 또한, "태양이 먹을 수 있는 심장과 피를 지닌 이들을 있게 하기 위함"[22]이라는 믿음에 연결되어 있음이

21) 〔원주〕 베르나르디노 데 사아군, 『누에바 에스파냐 문물 일반사*Historia general de las cosas de la Nueva España*』, 주르다네Jourdanet와 시메옹Siméon의 프랑스어 번역, 1880, 7권, 2장.

22) 〔원주〕 『그림으로 본 멕시코인들의 역사*Historia de los Mexicanos por sus pinturas*』, 6장. {〔역주〕 이 책은 소위 '아즈텍 코덱스'로 알려진 중미 원주민들의 그림 문서들의 해석에 관한 책으로서, 16세기의 프란치스코회 수도사이자 멕시코 언어민족학자였던 안드레스 데 올모스Andrés de Olmos에 의해 편찬된 것으로 전해진다.}

분명하다. 이러한 믿음은 저 신화만큼이나 소진/소모가 지닌 극단적 가치를 의미하는 것이다. 해마다 멕시코인들은 태양을 기리기 위해 저 두 신들이 지켰던 단식의 고행을 따라 똑같이 나흘 동안의 단식을 지켰고, 또한 피부병이 있었던 부스럼 신을 기리기 위해 그 대신에 나병환자들을 제물로 바쳤다. 왜냐하면 그들에게 사유란 행위의 표출/전시에 다름 아니었기 때문이다.

3. 멕시코의 인신공희

우리는 이제 그 어떠한 고대의 희생제의들보다 더욱 전적이고 더욱 생생한 방식으로 일련의 잔혹한 종교의식들 중에서도 절정을 이루었던 멕시코의 인신공희가 지닌 공포를 잘 알고 있다.

사제들은 그들의 희생제물을 피라미드의 꼭대기에서 죽였다. 사제들은 그렇게 희생자들을 돌로 된 제단 위에 눕혀놓고 흑요석으로 만든 칼로 가슴을 찔렀다. 그들은 그렇게 여전히 뛰고 있는 심장을 파내어 태양을 향해 들어올렸다. 이러한 희생제물 대다수는 전쟁포로였기에, 이는 또한 태양의 생명을 위해 전쟁이 필수적인 것이라는 관념을 정당화시키기도 했다. 그렇기에 전쟁은 정복이 아닌 소진/소모라는 의미를 갖고 있었고, 그래서 멕시코인들은 전쟁이 중단된다면 태양 또한 더이상 빛나지 않을 것이라 생각했던 것이다.

"부활절 즈음에" 그들은 최고의 아름다움을 지닌 젊은 남자를 죽여 제물로 바치는 일을 진행했다. 그러한 희생제물은 이미 그 한 해 전에 포로들 중에서 선택되었고, 그때부터 그는 마치 군주처럼 살게 된다. "그는 수행하는 사람들에 둘러싸여 손에 꽃을 한가득 들고 도시를 돌아다녔다. 그는 만나는 모든 사람들에게 자비로운 표정으로 인사를 건넸고, 그렇게 인사를 받은 이들은 그를 (가장 위대한 신들 중의 하나인) 테스카틀리포카Tezcatlipoca의 현현으로 받아들이면서 그 앞에서 무릎을 꿇고 그를 찬미했다."[23] 이따금씩 사람들은 그가 쿠아우틱시칼코Quautixicalco라는 피라미드의 정상에 있는 사원 안에 있는 것을 보기도 했다. "그는 가고 싶을 때마다 올라가 거기서 낮이나 밤이나 피리를 불었고, 그렇게 피리를 다 분 후에 세계의 모든 다른 곳을 향해 향을 피우고는 자신의 숙소로 돌아갔다."[24] 그의 삶이 우아함과 함께 왕족과도 같은 기품을 유지할 수 있도록 사람들이 베풀지 않는 배려란 없었다. "만약 그가 이러한 호사로 살이 찌면, 다시 호리호리한 몸매를 유지하도록 그에게 소금물을 마시게 했다.[25] 희

23) [원주] 베르나르디노 데 사아군, 같은 책, 2권, 5장.
24) [원주] 같은 책, 2권의 부록.

생제의 축제가 있기 스무 날 전에, 이 젊은 남자에게는 네 명의 아름다운 여인들이 주어졌는데, 그는 그들과 함께 남은 스무 날 동안 육체관계를 맺었다. 그에게 주어지는 이 네 명의 젊은 여인들 또한 이러한 목적을 위해 매우 세심하게 선택되었다. 그리고 그 네 여인들에게는 각각 여신들의 이름이 부여되었다. (…) 희생제물이 바쳐지기 닷새 전이 되면 그에게 신이 되는 영예가 주어졌다. 왕은 그의 궁전에 있지만, 신하들은 모두 제물로 바쳐질 그 젊은이를 따르게 된다.[26] 사람들은 공기 좋고 쾌적한 장소에서 그에게 연회를 베풀어주었다. (…) 죽음의 날이 도래하면, 틀라코치칼코Tlacochcalco라고 불리는 기도실로 그를 데리고 가는데, 그곳에 도착하기 전에 틀라피차나얀Tlapitzanayan이라는 이름의 지점을 지나칠 때 여인들은 그에게서 떨어져 나와 그를 버리고 떠났다. 그가 죽음에 이를 장소에 도착하게 되면, 그는 스스로 사원의 계단을 올라갔고, 그 계단을 한 칸씩 오를 때마다 그 자신이 1년 동안 내내 음악을 연주하는 데에 사용했던 피리들을 하나씩 부쉈다.[27] 그가 그렇게 사원의 정상에 도달하게 되면, 그를 죽일 준비를 하고 있던 제사장(사제)들이 그의 몸을 붙잡아

25) 〔원주〕 같은 책, 2권, 24장.

26) 〔원주〕 같은 곳.

27) 〔원주〕 같은 책, 2권, 5장.

석대 위로 던져 등을 닿게 눕힌 다음 발과 손과 머리를 고정시켰고, 그들 중 흑요석 칼을 잡은 이가 그의 가슴에 그 칼을 단번에 찔러넣었다. 칼을 다시 뽑은 후에는, 방금 그 칼이 찌른 곳을 열어 손을 집어넣고 거기서 심장을 뽑아내어 즉시 그 심장을 태양에 봉헌했다."[28]

사람들은 그렇게 죽은 젊은이의 몸에 경의를 표했고, 그 시신을 사원의 뜰로 천천히 내렸다. 공동의 희생물들은 계단을 따라 아래로 던져졌다. 그러한 가장 크나큰 폭력은 그저 일상사였다. 사람들은 죽은 이의 가죽을 벗겼고, 한 사제가 곧장 그 피가 흐르는 가죽을 덮어썼다. 사람들은 시신들을 가마에 던져넣고, 다시 꺼내 산 채로 고리에 꿰어 석대 위에 늘어놓았다. 사람들은 그러한 죽임으로 신성화된 인육을 가장 자주 먹었다. 이러한 축제는 매년 거르지 않고 이어졌고, 그때마다 이 신성한 제의에는 수많은 희생이 필요했다. 그 수는 2만 명을 헤아린다. 그렇게 제물로 죽임을 당하는 이들 중 하나가 신성을 육화하면서, 그는 마치 하나의 신처럼 희생의 제단에 바쳐지는 것인데, 그렇게 희생제의를 둘러싼 참석자들은 그와 함께 죽음에 동참하게 되는 것이다.[29]

28) 〔원주〕 같은 책, 2권, 24장.

29) 〔역주〕 희생제의 안에서 죽음이 지니고 있는 이러한 종교적 의미는 바타유

4. 희생제의의 집행자와 제물 사이의 내재성

아즈텍인들은 희생제의를 통해 결국 죽이게 될 사람들에게 어떤 독특한 행동방식을 견지했는데, 포로들에게 그들이 필요한 음식과 음료를 제공하면서 그들을 인간적으로 대했던 것이다. 이후에 희생제의에 봉헌하게 될 전쟁포로를 잡아온 한 전사는 그 포로를 "아들로 여겼고, 또한 그 포로 역시 전사를 자신의 아버지로 여겼다"[30]고 한다. 그렇게 희생제물들은 나중에 자신들을 죽이게 될 이들과 함께 춤추고 노래했다. 그들은 그렇게 희생제물들의 불안을 자주 달래주기를 원했다. "신들의 어머니"를 육화하게 된 한 여인은 주술사들과 산파들에게 다음과 같은 말로 위로를 받았다. '비탄에 빠지지 마시오, 아름다운 친구여, 그대는 왕과 함께 밤을 보내게 될 것이니, 그저 마음껏 즐기시오.' 사람들은 자신들이 이 여인을 죽일 거라는 사실을 여인이 한 치도

가 그의 또다른 주저 『에로티슴』(1957)에서도 불연속성discontinuité과 연속성continuité이라는 대립적 개념들을 이용해 심도 있게 다루고 있는 주제인데, 불연속적 개체들일 수밖에 없는 유한한 생명을 지닌 인간들은 바로 이러한 희생제의 속 살해를 통해 자신과 같은 한 인간의 죽음을 목격하면서 신성한 무한의 연속성을 순간적으로 경험하게 된다는 것이다. 이에 관해서는 특히 『에로티슴』의 도입부와 1부의 7장 「살해와 희생제의」를 참조할 수 있다. 바타유 전집 10권(*Œuvres complètes*, tome X, Gallimard, 1987), 17~30쪽과 83~89쪽 참조.

30) [원주] 베르나르디노 데 사아군, 같은 책, 2권, 21장.

알아채지 못하게 했는데, 그 여인에게 죽음은 갑작스럽고 예기치 못하게 도래해야 했기 때문이다. 통상 희생제의에 바쳐지기로 결정된 제물들은 자신들이 처한 운명을 전혀 알지 못한 채로 노래하고 춤추면서 마지막 밤을 억지로 지새워야 했다. 사람들은 그들을 취하게 만들거나, 그들이 임박한 죽음에 대한 생각을 아예 하지 못하도록 그들에게 "기쁨의 여인(매춘부)"을 제공하기도 했다. 희생제물들이 죽음을 향한 이러한 고통스러운 기다림을 모두 다 똑같이 견뎌낼 수 있는 것은 아니었다. 11월의 축제들 중 하나에서 제물로 죽임을 당할 노예들에 대해 우리는 다음과 같은 사실을 읽을 수 있다. "그 노예들은 먹물을 가득 담은 사발을 든 한 남자에게 인도되어 작별을 고하기 위해 주인의 집으로 돌아갔다. 그들은 가슴이 터져나갈 정도로 목이 터져라 노래를 불렀고, 주인의 집에 도착해서는 그들의 손을 사발에 담갔다가 문지방과 기둥에 먹물을 발라 자신들의 흔적을 남겼다. 그들은 자신들의 부모 집으로 가서도 똑같은 행동을 했다. 그들 중 그나마 용기가 남아 있던 몇몇은 먹을 힘이 있었지만, 곧 자신이 맞닥뜨릴 죽음을 생각하던 다른 이들은 무언가를 삼킬 용기마저 내지 못했다."[31] 일라마테쿨틀리Ilamatecultli라는 여신을 상징하게 된 한 여자 노예에게는 하얗고 검은 깃털들로 장식된 새하

31) 〔원주〕 같은 책, 2권, 34장.

얀 옷으로 차려입히고 그 얼굴은 반은 검은색으로 반은 노란색으로 색칠했다. "그 여인을 죽이기 전에, 사람들은 노래하는 이들의 음악과 섞여 늙은이들이 연주하는 악기 소리에 맞춰 그 여인을 춤추게 했다. 그 여인은 자신의 죽음이 너무도 가까이 임박했다는 생각 때문에 불안에 사로잡힌 채 울고 탄식하며 춤을 췄다."[32] 가을에 어떤 여인들은 코아틀란Coatlan이라는 이름의 한 사원에서 제물로 바쳐졌다. "그 불행한 여인들이 계단을 오를 때, 어떤 이들은 노래했고, 다른 이들은 소리를 질렀고, 또다른 이들은 눈물을 흘렸다."[33]

5. 전쟁의 종교적 성격

포로들을 바치는 이러한 희생제의는 그것을 가능하게 만드는 조건들과 분리할 수 없는데, 그 조건들이란 전쟁과 바로 그 전쟁이 감당하는 죽음의 위험이다. 멕시코인들은 오직 죽음의 위험을 불사해야 하는 조건에서만 피를 흘렸다.

그들은 전쟁과 희생제의가 맺고 있는 이러한 연쇄관계에 대

32) [원주] 같은 책, 2권, 36장.
33) [원주] 같은 책, 2권, 33장.

해 잘 인지하고 있었다. 예를 들어 산파는 신생아의 탯줄을 자르는 순간에 이렇게 말했다.

"나는 네 몸 한가운데서 네 배꼽을 잘라낸단다. 그러니 잘 알아두고 새겨들어라, 네가 태어난 집이 네가 머물 처소가 아니라는 걸. (…) 그건 그저 나중에 네가 죽어 머리를 뉘이게 될 네 출생지일 뿐이라는 걸. (…) 네 진정한 고향 땅은 다른 곳에 있어. 네게는 다른 곳이 약속돼 있단다. 전투가 펼쳐지는 평야가 바로 네가 속한 곳이란다. 네가 이 세상으로 보내진 건 바로 그런 전장을 위해서이고, 네 직분과 네 기술은 모두 전쟁을 위해서이며, 네 의무는 네 적들의 피를 태양에 바쳐 마시게 하는 것, 네 적대자들의 육신을 땅에 바쳐 먹어치우게 하는 것이란다. 그렇게 하면 너는 네 고향 땅, 네 유산, 네 지복을 천상에 있는 태양의 궁전에서 받게 될 거다. (…) 전장에서 네 삶을 마칠 자격을 갖추는 일, 그래서 거기서 꽃길의 죽음을 맞이하는 일이 네게 행복한 운명이 될 거야. 내가 지금 네 몸과 네 배의 한가운데서 자르는 탯줄은 대지와 태양 그 자체인 틀랄테쿨틀리Tlaltecultli[34] 신의 소유란다. 전운이 끓어오르기 시작하여 용사들이 소집될 때, 우리는

34) [역주] 아즈텍 신화 속 대지의 신으로서, 또한 틀랄테쿠틀리Tlaltecuhtli라고도 불린다.

이 배꼽을 네 아버지와 네 어머니인 태양과 대지에 봉헌할 수 있도록 최고의 용사들에게 맡길 거란다. 그들은 그 배꼽을 전쟁이 펼쳐지는 병영의 한복판에 묻어둘 거야. 그건 네가 대지와 태양에 약속된 것처럼 바쳐지리라는 증거가 될 거고, 전쟁이라는 직분에 네 자신을 바치리라는 약속의 징표가 될 거야. 네 이름은 전장 위에 새겨져 너라는 사람과 함께 결코 잊히지 않을 거야. 네 몸에서 취한 소중한 봉헌물은 용설란 가시, 피우는 갈대, 악스코야틀axcoyatl 나뭇가지 등과 같은 귀한 봉헌물이 될 거란다. 그 봉헌물에 의해 네 맹세와 네 희생은 더욱 굳건히 다져지는 거야. (…)"[35)]

포로를 잡아온 전사 역시 이 성스러운 제의에서 사제만큼이나 중요한 몫을 담당했다. 희생제물의 상처에서 나온 피로 흘러넘치는 첫번째 주발이 사제에 의해 태양에 봉헌되었다. 두번째 주발에 부을 피는 포로를 희생시킬 전사가 모아 담았다. 그는 신들의 상 앞으로 나아가 그 뜨거운 피로 신들의 입술을 적셨다. 희생된 자의 몸은 다시 그 전사에게 하사되었다. 그는 그 시신을 자신의 집으로 가져가 머리는 따로 보관하고 나머지 몸은 소금이나 매운 양념을 전혀 치지 않고 구워서 연회를 열어 먹게 했

35) 〔원주〕 베르나르디노 데 사아군, 같은 책, 6권, 31장.

다. 하지만 이를 먹는 것은 그 전사가 아니라 이 연회에 초대받은 사람들이었는데, 전사는 자신의 희생제물을 자신의 한 아들로, 곧 또다른 자기 자신으로 생각하기 때문이다. 축제를 끝마칠 때 전사는 희생제물의 머리를 손에 들고 춤을 췄다.

전사가 승리자로 귀환하는 대신 전투에 패해 죽었다 해도, 전장에서의 그의 죽음은 포로의 제의적 희생과 같은 의미를 지니게 되었는데, 그러한 죽음이 먹잇감을 갈망하는 신들의 허기를 희생제의와 똑같이 채워줄 것이기 때문이었다.

군인들을 위해 테스카틀리포카 신에게 바치는 기도는 다음과 같다.

"진실로 신께서 그들이 전투중 죽을 것을 바라시는 것은 잘못이 아닙니다. 왜냐하면 신께서는 그들을 이 세상에 보내실 때 오직 그들의 피와 그들의 살로 태양과 대지를 먹이고자 하는 목적 외에 다른 목적을 두지 않으셨기 때문입니다."[36]

피와 살을 먹고 마셔 충족된 태양은 자신의 궁전에서 영혼에게 영광을 내렸다. 그 영광에는 전사한 전사들과 제물로 죽임을 당한 포로들 사이에 차이가 전혀 없었다. 전투에서의 죽음이 지

36) [원주] 같은 책, 6권, 3장.

닌 의미는 다음과 같은 기도에서 잘 드러난다.

"그들을 대담무쌍하고 용기백배하게 만들어주시고, 그렇게 그들의 용기로 모든 나약함을 거둬주시어, 그들이 죽음을 기쁜 마음으로 받아들일 뿐만 아니라 죽음을 원하기까지 하여 그 죽음에서 매혹과 즐거움을 발견하게 해주소서. 그들이 어떤 화살이나 어떤 검에도 두려움을 느끼지 않게 해주시고, 거꾸로 그 화살과 검을 마치 꽃과 진수성찬처럼 기분 좋은 것으로 여기게 해주소서."

6. 종교의 우선권에서 군사적 효율성의 우선권으로

그러나 멕시코 사회 안에서 전쟁이 지닌 가치를 오해해서는 안 되는데, 멕시코 사회가 군사 사회는 아니었기 때문이다. [오히려] 종교야말로 그 사회 작용을 이해하는 명백한 열쇠가 된다. 물론 아즈텍인들의 사회를 정의해보자면, 그 사회는 어떠한 계산도 없는 순수한 폭력이 횡행하고 과시적인 전투의 형태가 성행했던 전사들의 사회에 가깝다. 그들은 전쟁과 정복의 합리적 조직에 대해서는 알지 못했다. 진정으로 군사적인 사회라면 그 사회는 하나의 기획 사회이며, 이를 위해 전쟁은 세력의 발전이나 제국의 질서 잡힌 진보와 같은 의미를 띠게 된다.[37] 이러한 사회는 비교적 온건한 사회인데, 왜냐하면 그러한 사회는 합리적 기획의 원리들을 그 사회의 도덕으로 삼아 그 목적을 사회의 장래에 두고 있기에 희생제의와 같은 광기는 배제하기 때문이다. 노예를 학살하는 희생제의로 대표되는 이러한 부의 낭비만큼이나 군사 조직에 반대되는 것도 또 없을 것이다.

그러나 아즈텍인들에게도 전쟁 활동이 지닌 극도의 중요성은 변화를 맞게 되었는데, 그 변화란 소진/소모의 잔혹한 폭력에 대립하는 (효율적 힘과 그 결과에 신경을 쓰게 됨으로써 어떤 인간성의 시작을 알리는) 기획의 이성이 지닌 의미로의 전환으로 특징지어지는 것이다. "왕이 자신의 궁전에 머무는" 동안, 신하들은 그해의 희생제물들 중 가장 위엄 있는 제물(그래서 그에게는 "신의 이름을 부여받는 영예"가 주어졌다)의 주위를 둘러쌌다. 우리가 거기에서 오해해서는 안 되는 점은, 그것이 일종의 대체 희생 sacrifice de substitution이었다는 사실이다. 소진/소모의 도덕적 원리인 내적 폭력은 그렇게 타자에게 투사되면서 경감되었던 것이다. 당연하게도 아즈텍 사회를 활성화했던 폭력의 운동은 그 바깥만큼이나 사회의 내부를 향한 것이기도 했다. 하지만 이러한

37) 〔원주〕 나는 여기서 마르셀 그라네Marcel Granet와 조르주 뒤메질Georges Dumézil의 관점에 기대고 있다.

내적이고 외적인 폭력들은 아무것도 남기지 않았던 하나의 경제로[38] 통합되었다. 포로들의 제의적 희생은 전사들의 희생 또한 명령했던 것이며, 희생되는 제물은 최소한 그를 희생시키는 전사의 호사스러운 소비를 표현했던 것이다. 이렇듯 왕의 희생을 포로의 희생으로 대체하는 것은, 비록 그것이 일관성 있는 일은 아니라 해도, 이러한 희생제의의 도취를 명백히 완화/전환시키는 것이다.[39]

7. 희생제의 또는 소진/소모

이러한 완화/전환은 죽임의 희생제의에 상응하는 어떤 운동을 뚜렷이 감각할 수 있게 드러내준다. 이러한 운동은 우리에게 유일한 논리적 필연성의 형태로 나타나지만, 우리는 일련의 사실

38) 〔역주〕 여기서 바타유가 말하고 있는 "아무것도 남기지 않았던 하나의 경제 une économie qui ne réservait rien"란 결국 비생산적 소비로서의 소진/소모를 포괄하는 '일반경제'를 의미하는 것인데, 이는 그만의 독특한 두 극성 사이의 변증법 개념을 잘 드러내주는 또다른 표현인 "남김없이/아낌없이/유보 없이sans réserve" 에서도 수차 반복되고 있는 것이다.

39) 〔역주〕 희생제의의 '대체'에 관한 이러한 바타유의 생각을 프로이트Freud가 『모세와 유일신교*Der Mann Moses und die monotheistische Religion*』에서 제시했던 신의 살해/친부 살해와 그것의 종교적 상징에 대한 가설과 비교하여 고찰해볼 필요가 있다.

이 그러한 필연성에 세부적으로 부합하는지는 알 수 없고 그저 그 일관성만을 감지할 뿐이다.

희생제의는 노예적 사용usage servile이 속되게profane 만들어 타락시킨 것을 다시 성스러운sacré 세계로 돌려놓는다.[40) 노예적 사용은, 그 가장 깊은 심부에서는 본래 주체와 같은 성질을 가지고 있기에 그러한 주체와 내재적인 참여 관계에 있는 어떤 것을 그저 하나의 사물(하나의 대상)로 만들었다. 엄밀히 말해서 희생제의가 인간이 자신의 사용에 맞게 하나의 사물로 만들어야 하는 동물이나 식물을 파괴할 필요는 없는 것이다. 희생제의는 최소한 그러한 동식물을 사물들로서, [다시 말해] 그것들이 그렇게 사물들이 된 한에서, 파괴하는 것이다. 이러한 파괴는 인간과 동식물 사

40) 〔역주〕 여기서 바타유가 의미하는 "노예적 사용"이란 생산 중심 경제 체제 안에서 오직 노동의 굴레에만 귀속된 사물의 사용을 말하는 것인데, 이러한 노예근성servilité은 앞서 살펴보았던 주권souveraineté의 개념과 정확히 반대되는 것으로서, 바타유의 이러한 대립적인 두 극의 개념 틀은 물론 그가 헤겔 철학에서의 주인과 노예의 변증법을, 그리고 니체 철학에서의 초인/주인(어린이)과 노예(낙타) 사이의 대립을, 그 자신만의 방식으로 재전유하고 재해석한 결과라고 말할 수 있다. 따라서 바타유가 이해하는 성聖(le sacré)과 속俗(le profane)의 대립도 바로 이러한 개념들에서 유래하는 것으로서, 한편에서 이성, 합리, 계산, 생산과 축적 등 통상적 삶의 영역에서 움직이는 '속'의 논리는 다른 한편에서 죽음과 성性, 낭비와 탕진, 사치와 소모로 움직이는 '저주받은 몫'이라는 또다른 이름을 지닌 영역인 '성스러움'의 (비)논리와 대치되며, 바타유가 의미하는바, 인간성 그 자체의 '내적 경험'과 '일반경제'를 이룬다.

이의 어떤 유용성의 관계를 부정하는 최고의 방법이다. 하지만 이러한 파괴가 대량살상까지 가는 경우는 드물다. 봉헌물의 소비 또는 영성체領聖體, communion는[41] 단순히 음식을 공동으로 섭취하는 행위로만 환원될 수 없는 어떤 다른 의미를 갖고 있었다. 희생제의의 제물은 엔진이 연료를 사용하는 것과 똑같은 방식으로 소비될 수 없다. 희생제의가 다시 효력을 갖는 것은, 바로 어떤 노예적 사용이 끝장내버린 참여의 과정, 곧 희생시키는 자가 희생제물과 함께하게 되는 내재적 참여의 과정에 있다. 노동에만 예속된 채 다른 이의 소유물이 된 노예는 노동에 얽매인 동물과 마찬가지의 자격을 지닌 하나의 사물일 뿐이다. [그렇게 또한] 포로에게 노동을 시키는 자는 그 자신을 자신과 유사한 이[희생제물]에게 결합시켜주고 있는 [성스러운] 연결고리와 단절되는 것이다. 물론 주인이 노예를 팔게 될 순간도 멀지 않다.

41) [역주] 가톨릭에서 성체배령을 의미하는 '영성체communion'가 여기서 그 어원상 바타유가 의미하는 바의 '공동체communauté'와 그 '소통communication'의 의미와 직접적으로 연결되고 있음에 주목해야 한다. 그가 생각한 '공동체'는, 마치 무용한 죽음을 공유함으로써 유용성이라는 속의 세계를 벗어나 성스러움에 가닿고자 하는 희생제의의 일반적 욕망처럼, 같은 상징의 육체를 공유하고 또한 그 육체를 상징적으로 함께 나누는 행위를 통해 이루어지는, 유한한 불연속적 개체들이 공동으로en commun 순간 속에서 무한의 연속성을 경험할 수 있게 해주는, 어떤 불가능성의 집단을 의미하는 것이다. 그리고 바로 여기서 이러한 무한의 연속성의 경험, 곧 속俗의 세계 안에서 성스러움의 질서를 회복하는 일이야말로 진정한 '소통'의 의미에 가닿는다.

하지만 주인은 이러한 자신의 소유물인 노예를 단지 하나의 사물, 하나의 상품으로만 만드는 것은 아니었다. 그 어느 누구도, 내재적으로 자기 자신과 같은 것으로부터 동시에 멀어지지 않고서는, 그 스스로 사물의 한계를 부여받지 않고서는, 또다른 자기 자신에 다름 아닌 노예를 그저 하나의 사물로 만들 수는 없기 때문이다.

이를 더 면밀하게 고찰할 수는 없다. 완벽한 작용이란 없으며, 또한 노예도 주인도 그저 사물들의 질서만으로 완벽하게 환원되지는 않기 때문이다. 노예는 물론 주인에게 하나의 사물이며, 노예는 그러한 상황을 죽음보다는 더 나은 것으로 받아들인다. 그렇게 하면서 노예는 실질적으로 자신의 내재적 가치의 일부분을 스스로 잃게 되는 것인데, 왜냐하면 그가 노예로 남든 죽음을 택하든 그 어느 것도 충분하지 않기 때문이다. 그는 동시에 다른 이를 위한 노예여야 한다. 마찬가지로 노예에 대해서 주인은 그와 유사한 존재가 되기를 멈추었고, 그래서 주인은 노예에게서 현저하게 분리된다. 그와 동등한 이들이 노예 안에서 하나의 인간을 계속 본다고 해도, 그렇게 그가 여전히 다른 이에게 하나의 인간이라고 해도, 그는 앞으로도 그저 하나의 인간이 하나의 사물이 될 수밖에 없는 세계 안에 있는 것이다. 이와 똑같은 빈곤이 마치 흐린 날의 들판 위에 펼쳐지듯 인간의 삶 위에 펼쳐져 있다. 그와 같이 태양이 구름에 가려 희미해지면서 빛의 작용이 약화되는 순간, 흐린 날씨는 마치 "사물들을 그 본래의 모습으로 환원하는" 것처럼 보인다. 그 오류는 명백하다. 내 앞에 존재하는 것은 그저 우주일 뿐이고, 그 우주는 하나의 사물이 아니며, 내가 그 우주의 광휘를 태양빛으로 바라보게 되면 틀릴 일은 전혀 없다. 하지만 태양이 모습을 감추면 내게는 곳간, 평원, 울타리가 훨씬 더 분명하게 보이는 것처럼 느껴진다. 그 곳간에 작용했던 빛의 광휘가 더이상 보이지 않기 때문이다. 그러나 그렇게 보이는 곳간이나 울타리란 그저 우주와 나 사이에 놓인 하나의 장막일 뿐이다.

이와 마찬가지로, 노예제는 세상에 빛의 부재를 가져오는데, 그러한 부재는 사물들을 그 사용만으로 환원한 채 그 각각의 사물 자체에서는 분리된 상태인 것이다. [반면] 빛 또는 광휘는 삶의 내재성을 가져다주는데, 이는 주체가 그 자신과 동일한 것이자 우주의 투명함과도 같은 것으로 인식하게 되는 삶의 심오한 모습인 것이다.

하지만 '존재하는 것'을 사물들의 질서로 환원하는 일은 노예제에만 한정된 것이 아니다. 노예제는 폐지되었으나, 우리는 인간이 사물로 전락하게 되는 사회적 삶의 측면이 여전히 존재하고 있음을 스스로 잘 알고 있으며, 그렇기에 그러한 전락이 단지 노예제에만 국한된 것이 아니었음을 알아야 한다. 세계에 노동이 도입되면서 그 즉시 노동은 인간의 내재성을 대체했다. 다시 말해 노동은, 현재적 순간의 진리가 더이상 중요하지 않고 오직 그 작용의 최종적 결과만이 중요할 뿐인 합리적 속박을 통해, 인간 욕망의 깊이와 자유로운 분출을 대체했다. 최초의 노동이 사물들의 세계를 기초했고, 거기에 고대인들의 속俗의 세계가 일반적으로 화답했다. 사물들의 세계가 이렇게 자리잡자마자, 적어도 일하는 시간에서만큼은, 인간 역시나 그 스스로 이 세계의 사물들 중 하나가 되었다. 모든 시대의 인간이 벗어나려고 노력했던 것은 바로 이러한 타락이었다. 기묘한 신화들 속에서, 그리고 잔혹한 제의들 속에서, 인간은 애초부터 이 잃어버린 내재성을 찾아 헤매고 있었다.

종교는 바로 이러한 [잃어버린 내재성을 찾으려는] 오랜 노력이자 불안에 찬 탐색이다. 여기서 언제나 문제가 되는 것은 실제적 질서로부터, 사물들의 빈곤으로부터 벗어나와 신성한 질서를 되찾는 것이다. 그렇게 하면 인간이 (마치 동식물이 오직 인간만을 위해서만 가치가 있고 그 스스로는 전혀 아무런 가치가 없다는 듯이) 이용하는 동식물은 내재적 세계의 질서로 되돌려질 것이며, 인간은 그로부터 어떤 성스러운 소통une communication sacrée을 얻게 되어 그 스스로도 내적 자유la liberté intérieure로 되돌아가게 될 것이다.

이러한 심오한 자유의 의미는 파괴 속에서 주어지는 것인데,

그러한 파괴의 본질이란 유용한 작업의 속박에 묶일 수 있는 것을 아무런 이득 없이 그저 소비하는 것이다. 희생제의는 자신이 바치는 것을 파괴한다. 희생제의는 모든 것을 불처럼 파괴할 필요는 없고, 거기에서는 봉헌물을 유익한 활동의 세계에 속박시키고 있었던 연결고리만이 끊어지는 것이지만, 결국 이러한 분리는 결정적인 소진/소모의 의미를 띠게 된다. 희생제의에 바쳐지는 봉헌물은 **실제적** 질서로 되돌려질 수 없는 것이다. 이러한 원리는 분출로의 길을 열어젖히며 폭력을 해방시키는데, 그 원리 안에는 바로 그러한 폭력이 전적으로 통치하는 영역이 마련되어 있다.

내재적 세계는 **실제적** 세계에 대립되는데, 그것은 마치 무절제가 절제에, 광기가 이성에, 도취의 정신이 명석한 의식에 대립되는 것과도 같다. 절제는 오직 대상에게만 있고, 이성은 오직 그러한 대상의 자기동일성 안에만 있으며, 명석함은 오직 대상에 대한 [데카르트적인 의미에서] 판명한 인식la connaissance distincte 안에만 있다. 주체의 세계는 밤nuit이다.[42] 무한히 의심스러운 이 움

42) [역주] 바타유가 말하는 동요하는 주체는, 코제브Kojève를 경유해 바타유에게 결정적 영향을 끼친 헤겔의 용어를 빌리자면, 무엇보다 "세계의 밤die Nacht der Welt" 속에서 나타나는 죽음의 불안으로부터 유래하는 것인데, 바타유에게 또한 결정적인 라 로슈푸코La Rochefoucauld의 한 잠언처럼, 이러한 죽음은 역설적

직이는 밤은, 이성의 잠 속에서 괴물들을 낳는다.[43] 나는 여기서 원칙적으로, '실제적' 질서에 전혀 종속되지 않고 오직 현재에만 관계하는 자유로운 '주체'에 대한 어떤 완화된 관념을 낳는 것은 광기 그 자체라는 점을 제기하고자 한다. 왜냐하면 주체란, 앞으로 다가올 [현재가 아닌 미래의] 시간을 염려하는 그 즉시, 자신만의 영역을 잃어버리고 실제적 질서의 대상들에 종속되기 때문이다. 주체는 노동에 속박되지 않는 한에서 소진/소모인 것이다. 만약 내가 '앞으로 그렇게 될 것'[미래]을 더이상 염려하지 않고 단지 '지금 그러한 것'[현재]에만 신경을 쓴다면, 무슨 이유로 내가 어떤 것이라도 남기려고 간직하겠는가? 바로 그럴 때 나는 내가 소유하고 있는 재산 전체를, 무질서 상태에서, 곧바로 순간적인 소진/소모를 위해 모두 써버릴 수 있을 것이다. 다음날에 대한 염려가 사라지자마자, 이러한 무용한 소진/소모는 나를 즐겁게 하는 것이다. 내가 이렇게 절제 없이 소진/소모한다면, 그것은 나와 유사한 이들에

으로 태양과 같은 것이기도 하다. 왜냐하면 인간은 이 둘 모두를 자신의 두 눈으로 직접 바라볼 수 없기 때문이다. 이에 대해 바타유는 그의 또다른 주저인 『내적 경험』의 서두에서 니체의 "밤은 또한 하나의 태양이다"와 같은 문장을 제사題詞로 사용하고 있기도 하다. 그러므로 여기서 "주체의 세계는 밤"이라는 진술은 바로 이러한 배경에서 이해되어야 하며, 이는 주체의 공허와 불안, 그리고 그러한 밤을 넘어 태양과 죽음을 직시하려는 인간의 불가능한 역설적 의지로 해석될 수 있다.

43) 〔역주〕 "이성의 잠은 괴물들을 낳는다El sueño de la razón produce monstruos"는 고야Goya의 한 유명한 판화의 제목이기도 하다.

게 내가 내재적으로 어떤 존재인지를 드러내는 일이 된다. 이렇듯 소진/소모는 분리된 존재들이 서로 소통하는communiquent 길이 되는 것이다.[44] 강렬하게 소진/소모하는 이들 사이에서는 모든 것이 투명하게 드러나고 모든 것이 열려 있으며 모든 것이 무한하다. 이제 여기서 계산되는 것은 아무것도 없으며, 그렇기에 이러한 열기가 증식되는 한에서, 폭력은 족쇄를 풀고 한계 없이 해방된다.

사물이 내재적 질서로 되돌아가는 것을 보장해주는 것은 이러한 소진/소모라는 화덕 속으로 들어가는 것이다. 여기서도 폭력은 물론 제한적이기는 하나, 그러한 폭력을 제한하는 데에는 큰 수고가 들어간다. 이러한 폐허의 몫을 행하면서도 그러한 폭력의 전염이 불러일으킬 어떤 죽음의 위험으로부터 나머지 몫을 보존하는 것이 언제나 희생제의의 문제이다. 희생제의에 접촉하는 모든 이들은 위험에 빠지지만, 그 제의의 제한적 형식은 동시에 그러한 제의를 행하며 위험에 노출된 이들을 보호하는 효과 역시 일정하게 지니는 것이다.

44) [원주] 나는 다음과 같은 근본적인 여건을 역설하고자 한다. 존재들의 분리는 실제적 질서에 제한된다. 그 분리가 실제적인 것은 오직 내가 사물들의 질서 안에 있을 때뿐이다. 물론 그러한 분리는 사실 이미 실제적이지만, 실제적인 것은 외재적이다. "모든 인간들은, 내재적으로, 그저 단 하나일 뿐이다."

희생제의는 공동의 작업 체계를 함께 구성하는 이들의 내재성이 재발견되는 열기다. 폭력은 그러한 희생제의의 원리를 이루지만, 희생제의에서 행해지는 작업은 또한 폭력을 시간과 공간 속에서 제한한다. 이때 폭력은 공동의 사물을 통합하고 보존하고자 하는 염려에 여전히 종속되어 있다. 개체들은 속박에서 풀려나 분출하지만, 그러한 개체들의 근거가 되며 그와 유사한 존재들과 무차별적으로 뒤섞는 이러한 분출은 또한 속俗의 시간이 행하는 작업 속에서 바로 그 개체들을 다시금 속박하는 데에 기여하기도 하는 것이다. 물론 여기서는 부富의 무제한적 발전이라는 관점에서 힘의 과잉을 흡수하는 기획은 아직 문제가 되지 않는다. 이러한 작업들은 그저 유지라는 관점에서만 행해지는 것이다. 그 작업들은 그저 사전에 미리 축제의 한계들을 부여하기만 할 뿐이다(축제의 반복은 이러한 작업들의 풍요로움에 의해 보장받으며, 동시에 축제는 그러한 작업들이 지닌 풍요로움의 기원이 된다). 하지만 [이러한 파괴적 축제의] 폐허로부터 보존되는 것은 오로지 공동체communauté뿐이다. 희생제물은 그저 폭력에 내맡겨지는 것이다.

8. 저주받고 동시에 성스러운 희생제물

희생제물은 유용한 부의 총량에서 취해진 어떤 잉여surplus이다. 그리고 희생제물은 아무런 이득 없이 소진/소모되기 위해서만, 그러므로 오직 그렇게 완전히 파괴되기 위해서만, 출현할 수 있는 것이다. 희생제물로 선택된 순간, 그것은 폭력적인 소진/소모가 예정된 저주받은 몫이 된다. 하지만 그 저주는 희생제물을 사물들의 질서로부터 떼어놓는다. 그렇게 저주는 제물의 형상을 인식할 수 있게 만들어 살아 있는 존재들의 내재성, 불안, 깊이에 빛을 비추는 것이다.

그러한 희생제물에 우리가 쏟는 염려만큼이나 놀라운 것은 없다. 희생제물이 사물이라면, 오직 파괴가 그러한 제물로부터 사물의 성격을 제거해서 그 유용성을 완전히 없앨 때에만, 우리는 그 제물을 그것에 연결된 실제적 질서로부터 진정으로 벗어나게 할 수 있다. 희생제물이 봉헌되자마자 그 봉헌을 죽음과 분리하는 시간 동안, 바로 그 희생제물은 희생시키는 자의 내재성으로 들어가 그의 소진/소모에 참여하게 된다. 희생제물은 그렇게 희생시키는 자들 중의 하나가 되고, 바로 그 자신이 소멸될 축제 안에서 스스로 노래하고 춤추면서 그 모든 쾌락을 희생시키는 자들과 함께 즐긴다. 그에게서 더이상 노예근성은 찾을 수 없다. 그 제물은 심지어 무기를 받아들이고 싸울 수도 있다. 그는 축제의 엄청난 혼돈 속에서 자기 자신을 잃어버린다. 희생제물이 소멸되는 것은 바로 정확히 그 순간이다.

사실 희생제물은 실제적 질서로부터 완전히 벗어나게 되는 유일한 존재인데, 축제의 운동에 의해 그 극단에까지 미치게 되는 유일한 존재가 바로 그러한 희생제물이라는 의미에서 그렇다. 그에 비해 희생시키는 자는 오직 어떤 망설임 속에서만 신성한 존재가 될 수 있을 뿐인데, 그에게 미래는 여전히 무겁게 남겨져 있으며, 그렇게 미래는 그를 짓누르는 사물의 무게이기 때문이다.[45] 사아군이 수집해 기록했던 전통에 속한 정통 신학자들은[46] 이러한 사실을 잘 감지하고 있었는데, 그래서 그들은 나나우아친의 자발적 희생을 다른 희생들보다 더 높게 평가했고,

45) 〔역주〕 바로 이러한 논점을 통해 우리는 바타유가 헤겔 철학으로부터 희생제의의 두 주체 안으로 끌어들여 재전유/재해석하고 있는 주인과 노예의 변증법의 한 변종/변주를 확인할 수 있다.

46) 〔원주〕 여기서 이 〔"신학자théologien"라는〕 표현은 신성한divin 것에 대한 인식을 갖고 있다는 단순한 의미에서 쓰였다. 내가 참조하는 〔프란치스코회 수도사 사아군의〕 글은 기독교적 영향을 많이 드러내는 것으로 생각되었다. 그러나 이러한 가설은 내게는 무용한 것으로 보인다. 기독교적 신앙의 근거가 그 자체로 이전의 종교적 경험으로부터 출현한 것이며, 사아군의 정보원들이 표상했던 세계도 그에 부과된 필연성을 지닌 어떤 일관성을 띠고 있기 때문이다. 엄격히 말하자면, 나나우아친의 자발적 빈곤은 일종의 기독교화로 여겨질 수도 있다. 하지만 이러한 견해가 내게는 아즈텍인들에 대한 경멸에 기반하고 있는 것으로 보이는데, 사아군 자신은 이러한 경멸의 감정을 공유하고 있지 않았던 것으로 보인다고 말해야 할 것이다.

신들에 의해 소진/소모되는 것을 전사의 영예로 찬양했으며, 그렇게 신성divinité에 소진/소모의 의미를 부여했던 것이다. 우리는 멕시코에서 희생된 제물들이 그들의 운명을 어떤 방식으로 받아들였는지 알지 못한다. 어떤 의미에서 그들 중 몇몇은 그렇게 신들에게 제물로 바쳐진다는 사실을 '영예롭게 여기기'도 했을 것이다. 하지만 그러한 희생을 위한 죽임이 자발적인 것은 아니었다. 사아군의 정보원들의 시대에는 이러한 죽음의 난교가 외부인에게 놀라움을 준다는 이유로 용인되었던 사실은 심지어 명백하다. 멕시코인들은 자신들의 자식 중에서 선택된 아이들을 희생제물로 죽이기도 했다. 하지만 그들이 제단에 이르렀을 때 그 행렬로부터 벗어나 도망쳤던 아이들에게 가해졌을 가혹한 형벌 또한 예상할 수 있다. 희생제의는 불안과 격정이 뒤섞여 만들어진 것이다. 격정은 불안보다 더 강력하지만, 그것은 바로 그 격정의 효과가 바깥으로, 곧 외부자인 포로에게로 돌려져야 한다는 조건에서이다. 희생시키는 자는 자신에게 희생제물이 될 수도 있을 부富를 그저 포기하는 것으로 충분하다.

그럼에도 불구하고 이렇듯 우리가 설명할 수 있는 엄격함의 부재가 제의 그 자체의 의미를 바꾸는 것은 아니다. 경계들을 넘어서는 어떤 과잉만이 유일하게 가치가 있는 것이었고 그러한 과잉의 소진/소모야말로 신들에게 합당한 것으로 여겨졌다. 인간들이 [사물들의 질서 속에만 빠지는] 타락으로부터 벗어날 수 있었던 것, 그리고 [미래에 대한] 욕심과 실제적 질서의 냉정한 계산 때문에 그들을 짓누르던 무게를 걷어낼 수 있었던 것은, 바로 이러한 [소진/소모라는] 희생의 대가를 치르고서였다.

II. 경쟁적 증여: 포틀래치

1. 멕시코 사회 안에서 과시적 증여가 갖는 일반적 중요성

인신공희는 헤픈 낭비의 순환 안에서 그저 극단적인 한 순간일 뿐이었다. 피라미드에 피를 흐르게 하는 열정은 [인신공희 외의 여러 방법으로도] 아즈텍 세계가 소유한 자원의 상당한 몫을 비생산적 목적으로 사용하게 만들었다.

과시적 낭비에 전력을 다하는 일은 막대한 부를 소유하고 있던 '인간들의 수장', 곧 주권자가 지닌 역할들 중 하나였다. 고대에는 이러한 주권자 자신이 희생제의의 순환 속에서 그 정점에 있었음이 명백하다. 주권자에 의해서든 아니면 주권자가 육화한 백성에 의해서든 허용된 희생제의의 죽임은 무제한적 소진/소모의 가치를 살해라는 거센 파도에 부여할 수 있었다. 주권자의 권력은 종국에는 그를 보존했다. 하지만 이러한 주권자는 너무도 명백히 헤픈 낭비의 인간이었기에 자신의 목숨 대신에 자신의 부를 증여했던 것이다. 주권자는 그렇게 증여했고 그렇게 작용했음이 틀림없다. 사아군이 말하기를,[47)]

"왕들은 자신이 관대하다는 사실을 알려서 좋은 평판을 얻을 기회를 찾았고, 바로 그 때문에 왕들은 전쟁과 아레이토스areytos(희생제의의 전후로 추던 춤)에 그토록 큰 비용을 치렀던 것이다. 왕들은 아주 값비싼 물건들을 내기에 걸기도 했는데, 예를 들어 신분이 낮은 남자나 여자가 위험을 불사하며 왕에게 인사를 하거나 왕의 만족감을 드높이는 어떤 말을 건네면 왕은 그에게 요리와 음료, 그가 입고 또 덮을 천을 증여하기도 했다. 또 어떤 이가 왕을 즐겁게 하는 노래를 만들면 왕은 그의 재능과 그 재능이 왕에게 가져다준 즐거움에 따라 그에게 많은 증여를 했다."

주권자는 [한 사회에서] 가장 부유한 사람일 뿐이었지만, [그 외에도] 부자들, 귀족들, "상인들" 중 그 누구나 자신이 가진 힘과 지위에 따라 모두 같은 기대에 부응하고자 했다. 축제는 피뿐

47) [원주] 베르나르디노 데 사아군, 같은 책, 8권, 29장.

만 아니라 부가 넘쳐흐르는 물결이었는데, 모두 저마다 갖고 있는 능력의 한도 내에서 그러한 물결에 기여했고, 또 그렇게 함으로써 각자 자신의 능력을 드러낼 수 있는 기회가 주어졌다. (전쟁에서의) 포획이나 구매를 통해서 전사들과 "상인들"은 희생제의에 쓰일 제물들을 손에 넣었다. 멕시코인들은 신성한 조각들로 장식된 돌로 된 사원들을 건축했다. 제의의 의례는 값비싼 봉헌물들을 늘려나갔다. 그러한 제의의 집전자들과 그 제물들은 화려하게 치장했으며 그 향연은 막대한 소비를 불러일으켰다.

공적인 축제는 부자들, 특히나 "상인들"[48]이 개인적으로 베풀기도 했다.

2. 부자들, 그리고 제의의 헤픈 낭비

멕시코의 "상인들"과 그들이 따랐던 관습에 대해서는 스페인의 연대기 작가들이 정확한 정보를 남겼다. 그 관습들은 그들을 놀라게 했던 것이 틀림없다. 이 "상인들"은 확실하지 않은 땅으로 가는 탐험을 이끌었는데, 그 과정에서 그들은 자주 전투를 해야 했고 전쟁을 위한 보급로를 준비했기에, 그로부터 그들의 신분

48) 〔원주〕 같은 책, 9권, 4장.

에 걸맞은 영예도 따라 나왔다. 하지만 그렇게 위험을 감수한다고 해서 상인들이 귀족들과 동등한 위치에 오르는 데는 충분하지 않았는데, 왜냐하면 스페인인들의 눈에도 상인들의 그러한 거래는 아무리 모험을 부른다 해도 여전히 품위가 떨어지는 일이었기 때문이다. 유럽인들의 이러한 판단은 오직 이익에만 기반한 상업의 원리만을 염두에 둔 것이었다. 그런데 멕시코의 대"상인들"이 정확히 이러한 이득의 법칙만을 따른 것은 아니었는데, 그들의 무역은 가격흥정 없이도 이루어졌고 교역하는 이의 영광스러운 특성도 유지했던 것이다. 아즈텍 "상인"은 물건을 판매하지 않고 **증여에 의한 교환**l'échange par don을 행했다. 그는 "인간들의 수장"(곧 스페인인들이 **왕**으로 불렀던 주권자)의 **증여**에 의해 부를 얻었던 것이다. 상인은 그렇게 받은 부를 다시 그가 도착한 다른 나라의 군주들에게 **선물했다**. "그러한 증여를 받으면 그 지역의 상위 군주들은 (…) 왕에게 되돌려 바칠 (…) 다른 선물들을 마련하느라 분주했다." 주권자는 다른 군주들에게 외투, 치마, 값비싼 여성용 속옷을 증여했고, "상인"은 그들에게서 다시 왕에게 가져다줄 증여물로서, 화려한 색채와 다양한 형태의 깃털, 온갖 종류로 연마된 돌, 조개, 부채, 카카오를 젓는 데 쓰는 조개껍질로 된 주걱, 그림으로 장식되어 가공된 맹수 가죽 등을 받았다.[49] 그래서 "상인들"은 자신들이 여행을 통해 그렇게 가져온 물건들을 그저 단순한 상품들로 생각하지 않았다. 여행에서 돌아오면 그들은 그 물건들을 대낮에 집으로 들이지 않았다. "그들은 밤이 오기를 기다렸고 그중에서도 가장 적절한 순간을 기다렸다. 세 칼리ce calli(한 채의 집이라는 뜻)라고 불리는 하루를 길일로 잡았는데, 그들은 자신들이 가져온 물건들을 그날에 집 안에 들여놓으면 그 물건들은 성스러운 사물이 되고 그러한 성스러움이 지속된다고 믿었기 때문이다."[50]

이러한 증여의 실천 안에서 교환의 대상은 단순한 사물이 아니었기에, 속俗의 세계가 지닌 일상적 관성이나 생명의 부재로 환원되지 않았다. 사람들이 행했던 증여는 영광의 징표였고 그러한 증여의 물건 자체가 영광의 빛을 띠고 있었다. 사람들은 증여함으로써 자신의 부와 자신의 운(자신의 능력)을 표현했다. "상인"은 그 정도로 증여의 인간이었기에, 탐험에서 돌아오자마자 하는 그의 첫번째 일은 동업자들을 초대하여 연회를 베풀고 선물을 한가득 안기는 것이었다.

이는 사실 귀환을 축하하는 단순한 잔치였다. 하지만 "많은 재물을 갖고 돌아왔거나 부자로 여겨지는 상인은 신분이 높은 모든 상인들과 군주들에게 축제나 연회를 베풀어야 했는데, 그에게 그런 모든 것들을 베풀어준 신들의 은총을 과시하면서 그 개

49) 〔원주〕 같은 책, 9권, 5장.
50) 〔원주〕 같은 책, 9권, 6장.

인의 명예를 드높일 수 있는 기회가 있는데도 호사스러운 소비를 행하지 않고 죽는 것은 매우 비천한 일로 생각될 것이기 때문이다. (…)"[51] 축제는 초대받은 이들에게 환영을 일으키는 환각제를 음용하는 것으로 시작되었는데, 일단 도취가 그렇게 탕진되고 나면 그들은 서로 이 환영에 대해 이야기를 나눴다. 이틀 동안 그렇게 집주인은 음식, 음료, 피우는 갈대, 꽃들을 함께 나누었다.

아주 드물게 어떤 "상인"은 판케찰리츨리panquetzalitzli라 불리는 축제 때 연회를 베풀기도 했는데, 그것은 일종의 성스럽고도 파괴적인 의식이었다. 그 연회를 베푼 "상인"은 이 경우 노예들을 희생시켰다. 그는 멀리 떨어진 사방에서 사람들을 초대했고 또 자신의 막대한 재산에 걸맞은 선물들을 한데 모았는데, 거기에는 "팔백에서 천을 헤아리는 숫자의" 외투들, "가장 값비싼 사백여 개의 허리띠들과 또 그만큼의 숫자의 보통 수준의 허리띠들"[52]이 있었다. 이러한 증여들 중에서 가장 중요한 것들은 군대의 장수들이나 고관들에게 돌아갔다. 그보다 낮은 계층의 사람들은 그보다 덜 받았다. 사람들은 끝없이 아레이토스 춤을 추었고, 거기에는 목걸이, 화환, 꽃으로 장식된 원형 방패 등을 들고

51) 〔원주〕 같은 책, 9권 10장.

52) 〔원주〕 같은 책, 9권, 7장.

치장한 노예들이 딸려 나왔다. 그들은 피우는 갈대를 서로 돌려가며 피우고 그 향을 맡으면서 춤을 췄다. 이어서 노예들을 연단위로 올리는데, 이는 "초대받은 이들이 노예들을 잘 볼 수 있도록 하기 위함이었고, 사람들은 노예들에게 경의를 표하면서 그들에게 요리와 음료를 나누어주었다." 희생제의의 순간이 오면 그 축제를 연 "상인"은 노예들 중 하나처럼 옷을 입고 그들과 함께 사제들이 기다리고 있던 사원으로 향했다. 이 희생제물들은 전투를 위해 무장하고 있었는데, 사원으로 가는 길에 그들을 공격하는 전사들이 있다면 스스로를 방어해야만 했기 때문이다. 만약 공격자들 중 하나가 한 노예를 사로잡으면, "상인"은 그에게 그 노예의 값을 지불해야만 했다. 주권자 자신도 그 장엄한 희생제의에 참석했는데, 그 제의의 뒤에는 "상인"의 집에서 그 제물들의 살을 함께 나눠먹는 공동의 소진/소모가 이어졌다.[53]

이러한 관습들, 특히 증여를 통한 교환은, 현재의 상업적 활동과 정반대의 대척점에 놓여 있다. 이러한 증여를 통한 교환의 의미는, 여전히 존속하고 있는 제도인 북서아메리카 인디언들의 포틀래치와 비교해볼 때에만, 가장 잘 드러난다.

53) 〔원주〕 같은 책, 9권, 12장과 14장.

3. 북서아메리카 인디언들의 '포틀래치'

고전적 경제학에서는 최초의 교환이 물물교환의 형태로 이루어졌을 거라고 생각했다. 그러나 경제학은 그 기원에서 교환과 같은 획득의 양식이 무언가를 획득하려는 요구가 아니라 그 반대로 무언가를 소멸시키고 낭비하려는 요구에 부응했던 것이 아니었나 하고 생각했어야 하지 않을까? 그래서 오늘날 고전 경제학의 개념화는 어떤 의미에서 반박의 여지가 있다.

멕시코의 '상인들'은 내가 앞서 일련의 정기적 증여로 기술했던 역설적 교환의 체계를 실행했는데, 물물교환이 아닌 이러한 '영광스러운' 관습이 바로 고대의 교환 체제를 구성했다. 북서아메리카 지역 인디언들이 우리 시대에도 여전히 행하고 있는 포틀래치가 바로 그러한 교환 체제의 전형적인 형태이다. 민족학자들은 지금도 이 포틀래치라는 이름을 유사한 원리를 가진 다른 제도들을 가리키는 데에 사용하는데, 그들은 아메리카 사회들 전체에서 그러한 포틀래치의 흔적을 발견했다. 틀링깃Tlingit족, 하이다Haïda족, 침시아Tsimshiam족, 콰키우틀Kwakiutl족 등의 경우에서 포틀래치는 사회생활의 일차적인 부분을 차지한다. 그들 중 덜 발달한 부족들은 성인식, 결혼식, 장례식처럼 개인의 상태에 큰 변화의 지점들을 나타내는 의식들 안에서도 포틀래치를 행했다. 보다 더 문명화된 부족들에서도 포틀래치는 여전히 축제중에

열렸는데, 포틀래치를 행할 어떤 축제를 선택할 수도 있었고 또 포틀래치 그 자체만으로도 축제를 열 계기가 될 수 있었다.

포틀래치는 상업처럼 부가 순환하는 하나의 방식이지만 가격 흥정을 배제한다. 포틀래치는 아주 자주 막대한 부를 장엄하게 증여하는 형태로 이루어졌는데, 이는 한 족장이 경쟁자에게 모욕을 주거나 도전을 하여 그를 굴복시키기 위해 벌어졌다. 이러한 증여의 수혜자는 모욕감을 떨쳐내고 그 도전에 곧바로 응수해야 하는데, 그렇게 도전을 받아들이면서 그는 그러한 포틀래치가 그에게 지우는 채무obligation를 갚아 충족시켜야 하는 것이다. 그는 나중에 오직 첫번째 것보다 더욱 후한 새로운 포틀래치만으로 그에 응답할 수 있었는데, 그에 이자를 쳐서 갚아야 했기 때문이다.

증여가 포틀래치의 유일한 형태인 것은 아니다. 경쟁자는 부의 장엄한 파괴를 통해서도 도전받을 수 있기 때문이다. 원칙상 그러한 파괴는 증여 수혜자의 신화적 조상들에게 바쳐지는 것인데, 그러한 파괴는 희생제의와 거의 차이가 없다. 여전히 19세기까지도 틀링깃족의 족장은 어떤 경쟁자 앞에 모습을 드러내고는 노예들의 목을 베어 죽였다. 상대편에게 이러한 증여의 만기가 도래하게 되면, 이러한 파괴는 더 많은 수의 노예들을 죽이는 일로 되갚아졌다. 북동시베리아의 추크치Tchoukchi족도 이와 비슷한 제도를 갖고 있다. 그들은 그들에게 크나큰 가치를 지닌 개들의 목을 따는데, 그렇게 하여 경쟁자 집단을 숨막힐 정도로 두려움에 떨게 만들어야 했던 것이다. 북서부 인디언들은 마을들에 불을 지르거나 카누들을 산산조각내기도 했다. 그들은 (그들 부족의 명성이나 그 유구한 역사에 따라) 상징적 가치를 지니는, 그들 부족의 문장이 새겨진 동판을 갖고 있기도 했는데, 이는 때때로 실제적 재산에 맞먹기도 했다. 그들은 [부의 과시로서] 그 동판을 바다에 던지거나 부숴버리기도 했던 것이다.[54)]

4. '포틀래치'의 이론

1) '권력'의 '획득'으로 환원되는 '증여'의 역설

마르셀 모스의 『증여론』 출판 이후로 포틀래치는 가끔씩 모호한

54) 〔원주〕 이러한 자료들은 마르셀 모스Marcel Mauss의 위대한 연구서인 『증여론: 태고사회에서의 교환의 형태와 이유*Essai sur le don. Forme et raison de l'échange dans les sociétés archaïques*』(『사회학 연감*L'Année sociologique*』, 1923~1924 중 30~186쪽에 수록)에서 가져왔다. {〔역주〕 한국어 번역본은 『증여론』(이상률 옮김, 한길사, 2002)을 참조할 수 있는데, 특히 바로 여기서 바타유가 말하고 있는 부족의 동판에 관해서는 이 책 중 '명예화폐'에 대한 장(181~192쪽)에서 자세히 다루고 있다. 덧붙여, 증여에 관한 논의에서 바타유에게 모스가 미친 영향은 지대하기에, 어떤 의미에서 『저주받은 몫』의 이론은 『증여론』에 많은 빚을 지고 있다 하겠다.}

호기심을 불러일으키는 대상이었다. 포틀래치는 종교적 행위와 경제의 행위 사이에 모종의 관계가 있음을 예상하게끔 한다. 그럼에도 불구하고 이때 경제를 그 환원할 수 없는 운동인 일반경제의 관점에서가 아니라 그저 인간 활동의 전체로서만 이해한다면 종교 행위와 경제 행위 사이의 공통적인 법칙을 찾을 수는 없을 것이다. 따라서 우선적으로 **일반경제**라는 관점을 정식화하지 않은 채 포틀래치의 경제적 측면들에 대해 고찰하는 것은 헛된 일이 될 것이다.[55] 일반적으로 말해서, 유용한 부의 낭비가 아니라 그 획득만이 문제라면 거기에 포틀래치는 없을 것이기 때문이다.

이토록 기이한—그럼에도 동시에 이토록 친숙한(왜냐하면 우리 행동의 상당수는 포틀래치의 법칙으로 환원될 수 있으며, 그래

55) 〔원주〕 여기서 오늘날 내가 펴내는 이 『저주받은 몫』 연구의 기원에 모스의 『증여론』에 대한 독서가 있었다는 사실을 굳이 밝혀야 할까? 일차적으로 나는 모스의 포틀래치에 대한 연구 덕분에 **일반경제**의 법칙들을 정식화할 수 있었다. 하지만 여기서 내가 이러한 일반경제의 문제를 푸는 데에 적지 않게 겪었던 어떤 독특한 어려움을 밝히는 일이 무익하지는 않을 것이다. 내가 도입하여 수많은 사실들을 해석할 수 있었던 일반적 원리들은 모두 포틀래치 안에 놓여 있었고, 그래서 내 정신 속에서 포틀래치는 그러한 환원 불가능한 요소들인 일반적 원리들의 기원으로 남아 있을 것이다. 포틀래치는 단지 일방적으로 부의 소진/소모로만 해석될 수는 없다. 내가 이 어려움을 해결하고 '일반경제'의 원리들에 매우 양가적인 기초를 부여할 수 있게 된 것은 최근의 일이다. 그 양가적인 기초란, 에너지의 낭비는 언제나 한 **사물**의 반대를 뜻하지만, 또한 그러한 낭비는 오직 **사물들의 질서** 안으로 들어올 때에만, 곧 **사물**로 변화될 때에만 고려의 대상이 된다는 사실이다.

서 그 행동들은 포틀래치와 같은 의미를 갖고 있기 때문이다)—포틀래치 제도에 대한 연구는 더구나 일반경제에서 어떤 특권적인 가치를 갖는다. 우리의 내부에서 우리가 살아가는 공간에 이르기까지 우리가 사용하기는 하지만 (우리가 이성에 의해서 추구하는) 유용성으로 환원될 수 없는 에너지의 운동이 있는데, 우리는 그러한 운동을 오해한 채 그저 우리의 외부에서 추구되는 완성에 우리의 활동을 적응시킬 뿐이다. 이러한 문제의 해결책은 상반되는 두 가지 의미를 동시에 지닌 하나의 행동에서 찾을 수 있는데, 우리는 습관적으로 익숙해져 있는 한계들을 넘어서야 하면서 동시에 어떻게든 그러한 초월로부터 다시 한계로 돌아올 수 있어야 하는 것이다.[56] 여기서 제기되는 문제는 바로 과잉의 소비la dépense de l'excédent라는 문제이다. 우리는 과잉을 증여하거나 소멸시키거나 파괴해야 한다. 하지만 획득이 의미를

56) 〔역주〕 바로 여기서 바타유가 의미하는바, 금기interdit와 위반transgression의 주제가 잘 드러나고 있는데, 그의 이러한 개념 짝은 단순히 금기에 대한 위반의 파괴와 초월을 뜻하는 것이 아니라, 금기에 대한 초월인 위반은 언제나 금기를 전제할 때에만, 다시 말해서 그러한 금기의 한계를 확인하고 다시 그러한 한계로 돌아올 때에만 의미를 띤다는 역설을 갖는다. 소진/소모는 단순히 획득에 대한 거부가 아니라, 오직 획득과 축적을 전제할 때에만 하나의 초월이자 위반으로서의 의미를 띠는 것이기 때문이다. 달리 말하자면, 소진/소모라는 과잉의 소비가 오직 그 자체로서 중요한 것이 아니라 획득/축적이라는 생산과 짝을 이루는 일반경제와 인간성의 두 중요한 축 중의 하나이기 때문에 중요한 것이다. 이는 금기와 위반의 관계에서도 마찬가지다. 그래서 바타유에게 결정적인 역설은, 그가 『에로티슴』에서도 강조하고 있듯, 곧 '위반은 금기의 파괴가 아니라 금기의 완성'이라는 테제가 되는 것이다.

갖지 못한다면 증여 역시 아무런 의미를 갖지 못한다(왜냐하면 그 결과로 우리는 증여 또한 결코 감행할 수 없을 것이기 때문이다). 그러므로 **증여하는 일**donner은 곧 **권력을 획득하는 일**acquérir un pouvoir이 되어야 한다. 증여는 그러한 증여를 행하는 주체의 초월을 가능하게 하지만, 주체가 그러한 초월을 전유하게 되는 것은 주어진 대상의 교환 안에서이다. 주체는 그렇게 부를 초월하는 미덕을 또다른 부로, 앞으로 그에게 귀속될 권력으로 추구한다. 부에 대한 경멸로 인해 그는 오히려 부유해지는 것이며, 그래서 그에게 필요한 것은 사실 이러한 관대함이다.

하지만 권력의 포기로 이루어지는 권력은 혼자서 획득할 수 없는 것이다. 어떤 이가 침묵의 고독 속에서 혼자 대상을 파괴한다면 그로부터 어떠한 형태의 권력도 나올 수 없기 때문인데, 상대가 없는 상태에서 권력의 포기란 주체 안에서 단지 권력으로부터의 초탈밖에는 되지 않는 것이다. 그러나 어떤 이가 다른 이 앞에서 대상을 파괴하거나 증여하게 될 때, 그는 실제로 다른 이의 눈에 그렇게 증여할 수 있고 파괴할 수 있는 권력을 가진 것으로 보이게 되는 것이다. 그가 진실로 부유하게 되는 것은 바로 그 이후인데, 그가 부의 본질 안에서 요구되는 부의 사용을 행했기 때문이다. 다시 말해 그는 소진/소모될 때에만 부가 되는 것을 과시적으로 소진/소모했기에 비로소 부유해지는 것이다. 하지만 포틀래치 안에서—즉, 다른 이를 위한 소비 안에서—실행되는 부는 오직 타자가 그러한 부의 소진/소모를 통해서 변화되는 한에서만 존재의 의의를 갖게 된다. 어떤 의미에서 진정한 소진/소모란 고독할 수밖에 없는 것이겠으나, 그러한 소진/소모가 오직 타자에게 부여하는 행위를 통해서만 완성되는 것이다. 다른 이에게 실행되는 행위가 바로 오직 상실함으로써만 획득이 가능한 증여의 권력을 구성한다. 그렇기에 포틀래치의 모범적 미덕은 인간으로 하여금 자신으로부터 벗어나는 것을 포착할 수 있게 해주는 이러한 가능성, 또한 그에게 속한 한계를 우주의 한계 없는 운동에 결합시켜주는 이러한 가능성 안에서 주어지는 것이다.

2) 증여의 표면적 무의미

하지만 격언은 다음과 같이 이야기한다. "한 번 주면 그것으로 끝이다."

한계가 없으면서 동시에 한계가 있기를 바라는 것은 모순이며, 그 결과는 하나의 희극이 된다. 증여는 일반경제의 관점에서 아무것도 의미하지 않는다. 증여하는 자에게만 낭비가 있는 것이다.

덧붙여 분명한 것은 증여하는 자는 겉으로만 잃었다는 사실이다. 증여하는 자만 그러한 증여를 받는 자에게 바로 그 증여가 부여하는 권력을 실행하는 것이 아니라, 반대로 증여받은 자는 다시 그 증여를 되돌려주면서 바로 그 권력을 파괴하고자 한다. 이러한 경쟁관계는 심지어 더 큰 증여라는 반대급부를 부추긴다. 증여받은 자는 그가 받은 대가를 다시 갚음으로써 자신이 진 빚을 청산하고자 할 뿐 아니라 다음에는 그 자신이 '증여의 권력'을 과시하고자 한다. 그렇게 어떤 의미에서 선물은 계속 이자가 붙어 불어나는 것이다. 따라서 증여는 겉으로 보이던 것과 정반대가 되는데, 물론 증여하는 일은 분명 잃어버리는 일이지만, 일견 상실로 보이는 것은 그러한 상실을 행한 자에게로 되돌아가는 것이다.

사실상 포틀래치가 지닌 이러한 비합리적 모순의 측면은 기만적인 것이다. 최초로 증여하는 자는 자기가 증여한 선물과 자기가 되돌려 받은 선물 사이의 차이에서 발생하는 표면적 이윤을 받아들일 수밖에 없다. 되돌려주는 사람만이 오직—권력을—획득하고 따라서 승리한다는 느낌을 갖게 되는 것이다. 내가 앞서 말했듯이, 사실 이상적인 것은 되돌려 받을 수 없는 포틀래치일 것이다. 이러한 포틀래치의 수혜는 이윤을 얻고자 하는 욕망과 전혀 일치하지 않는다. 그 반대로 받는 행위는 주는 행위를 더욱더 자극하는데—그리고 강제하기까지 하는데—왜냐하면 최종적으로는 받는 일에서 기인하는 채무에서 벗어나는 일이 필요하기 때문이다.

3) 서열의 획득

아마도 '포틀래치'는 그저 상실하고자 하는 욕망으로만 환원될 수는 없을 텐데, 포틀래치가 증여하는 자에게 가져다주는 것은, 대가로 다시 받은 증여의 필수불가결한 추가분이 아니라, 최종 결정권을 가진 자에게 부여될 수 있는 '서열'인 것이다.

특권, 영광, 서열은 능력puissance과 혼동될 수 없는 것이다. 만약에 특권이 능력이라면, 그것은 능력이 그 자체로 우리가 습관적으로 그 말에 부여하는 힘이나 권리라는 의미에서 벗어나는 한에서 그렇다. 심지어 능력이 상실의 힘과 같다는 점이 근본적인 사실이라고 말해야 한다. 많은 요인들이 서로 대립하고 개입하다가 종국에 우위를 점한다. 하지만 모든 것을 고려해보면, 힘도 권리도 인간적으로 개인들마다 서로 다른 가치의 기초가 될 수 없다. 결정적인 방식으로 확실하게 남는 것은 결국 서열인데, 이는 개인의 증여 능력의 여하에 따라 다양하게 정해지는 것이다. 동물적 요인(어떤 전투에서 승리하는 재능)은 전체적으로 볼 때 그 자체로 증여가 지닌 가치에 종속된다. 물론 그것은 어떤 지위 또는 재산을 자신의 것으로 만드는 능력이지만, 또한 인간이 자기 자신을 전적으로 내기에 거는 행위이기도 하다. 동물적 힘의 행사에 기대고 있는 증여의 측면은 싸우는 자에게 공통적으로 부여되는 대의명분 안에서 더욱더 두드러지게 나타나는 양상이다. 우월성의 결과인 영광은 그 자체로 타자의 자리를 빼앗거나 그 재산을 가로채는 권력과는 다른 것이다. 영광이란 전투의 열정이 전제하는 비상식적인 격정과 무절제한 에너지의 소비라는 운동을 표현하는 것이기 때문이다. 전투가 어느 순간에는 계산을 언제나 벗어나 있게 된다는 점에서 그러한 전투는 영광스러운 것이다. 하지만 어떤 면에서는 생명 자원의 막대한 소비를 통한 서열의 획득에 연결되지 않고서는 전쟁과 영광의 의미를 포착하는 데에는 어려움이 따를 수밖에 없는데, 포틀래치가 바로 그 가장 뚜렷한 형태이다.

4) 근본적인 제일 법칙들

하지만 포틀래치가 이득을 얻을 수 있는 교환이나 약탈, 다시 말해 일반적으로 재화의 소유와는 정반대의 의미를 띤다고 해도, 획득 또한 그만큼 궁극적인 목적이라 할 수 있다. 포틀래치의 운동은 우리의 운동과 달라서 우리의 눈에 더욱 기이하게 보이지만, 그래서 통상적으로 우리가 포착하지 못하는 것이 무엇인지를 훨씬 더 잘 드러내주기도 하는데, 그렇게 포틀래치가 우리에게 가르쳐주는 것은 바로 우리의 근본적인 양가성ambiguïté이다. 우리는 이로부터 다음과 같은 법칙들을 이끌어낼 수 있을 텐데, 물론 그렇다고 인간이 단번에 결정적으로 정의될 수 있는 존재는 아니겠지만(특히 이러한 법칙들은 역사의 여러 다른 단계에서 다르게 작용하는 것이고, 심지어 그 효과들이 중화되는 경우도 있다), 그럼에도 불구하고 이러한 법칙들은 그 근본에서 결정적인 힘의 작용을 끊임없이 표출한다.

— 사회가 지속적인 방식으로 가용하는 추가분의 자원은, 어느 지점, 어느 순간에, 완전한 전유의 대상이 될 수 없게 되지만(우리가 그 자원들을 유용하게 이용할 수 없기 때문에, 이를 생산력의 성장에도 이용할 수 없는 것이다), 이러한 추가분에 대한 탕진은 그 자체로 전유의 대상이 된다.

— 탕진 안에서 전유되는 것은 그러한 탕진이 탕진하는 자(개인이든 집단이든)에게 주는 특권인데, 그러한 특권은 일종의 재화로서 획득되며 '서열'을 결정한다.

— 사회 안에서 한 개인이 갖는 '서열'(또는 전체 사회들 속에서 한 사회가 갖는 '서열')은 하나의 도구나 하나의 장소처럼 전유될 수 있는 것이다. 그러한 서열이 궁극적으로 이득의 원천이라고 한다면, 그에 못지않게 그 원리 또한 이론상 획득될 수 있는 자원에 대한 탕진에 의해 결정된다.

5) 양가성과 모순

인간은 자신이 소유한 자원을 에너지로 환원시킬 수 있기는 하지만, 그 자원을 끊임없이 성장을 위해 쓸 수만은 없는데, 그러한 성장이 무한하지도 않고 지속적일 수도 없기 때문이다. 과잉은 낭비되어야 하지만, 인간은 정반대의 일[낭비]을 하는 순간에서조차 획득을 열망하는가 하면, 또한 인간은 획득의 대상조차도 낭비로 삼는다. 일단 증발된 자원은 그렇게 그 자원을 낭비한 자에 의해 획득된 특권으로 남는다. 이러한 방법으로 타자에 대해 갖게 되는 우월성이라는 관점에서, 낭비는 바로 이러한 과시적 목적을 위해 탕진한다. 모순적이게도 인간은 그렇게 자원의 낭비를 거부하면서 동시에 자원의 낭비를 활용하는데, 그렇게 인간은 그 자신뿐 아니라 그 전 존재 자체를 모순에 빠트린다. 이 인간의 전 존재 자체가 양가성에 빠지며 그 안에 머무는 것이다. 인간 존재는 재화의 노예적 사용에 대한 부정 속에 삶의 가치와 특권과 진실을 부여하는 동시에, 바로 그 부정을 통해 노예적 사용을 행하기 때문이다. 인간 존재는 어떤 면에서 유용하고 포착 가능한 사물로부터 성장(또는 지속)에 도움이 되는 필수적인 것을 식별하는데, 그 긴밀한 필요성이 더이상 유효하지 않게 되면 이러한 '유용한 사물'은 더이상 전체적으로 인간 자신의 소망에 부응하지 않게 된다. 바로 그때부터 인간 존재는 포착 불가능한 것, 자기 자신과 재화들의 무용한 사용, 곧 놀이jeu를 부르게 되는데, [역설적이고 양가적이게도] 포착 불가능한 것을 포착하고자 하며 유용성에 맞지 않았던 것을 [유용하게] 사용하고자 하는 것이다. 오른손이 무엇을 주는지 왼손이 아는 것만으로는 충분하지 않다. 인간 존재는 고통스럽게 이를 되찾으려 한다.

서열이란 전적으로 이러한 뒤틀린 의지의 효과이다. 서열은 어떤 의미에서 사물과 대립적인데, 이러한 서열이 기반하고 있는 것은 성스러운sacré 것이며, 서열들의 일반적 배열의 질서는 이제 위계hiérarchie라는 이름을 부여받는다. 이는 그 본질 자체가 성스러운 것, 즉 유용한 속俗의 영역과는 완전히 다른 것을 마치 하나의—사용 가능하고 유용성 있는—사물처럼 다루려는 결단인데, 속의 영역은 아무런 가책 없이 노예적 목적에 따라 망치를 들어 나무에 못을 박는 손과 같다. 반면에 모호함은 아무런 의미도 없고 욕망의 폭력을 표면적 희극으로 변화시키지도 않는 세속적 작용의 요구를 위태롭게 하지 않는다.

우리의 본성 안에는 이러한 타협이 존재하는데, 이는 속임수, 획책, 덫, 착취, 분노 등이 서로 유기적으로 엮인 채 시대를 가로질러 역사의 표면적 비이성을 조정해왔다는 사실을 드러낸다. 인간은 필연적으로 어떤 신기루 속에 있는데, 인간의 성찰은 그 자신이 포착할 수 없는 것을 포착하려고 고집하는 한에서, 또는 잃어버린 증오의 교통을 도구로 이용하려고 고집하는 한에서,

자기 자신을 신비화한다. 상실이 획득으로 변화되는 서열은 지성의 활동에 부응하며 사유의 대상들을 사물들로 환원한다. 사실상 포틀래치가 드러내는 모순은 역사 안에서뿐만 아니라 사유의 작용 안에서 더욱 극심하게 드러난다. 일반적으로 희생제의 또는 포틀래치, (역사 안에서) 인간의 활동 혹은 인간의 성찰(사유) 안에서 우리가 발견할 수 있는 것은 언제나 그러한 그림자이며—정의상 우리는 이를 포착할 수 없다—우리는 이를 헛되이 시詩, 깊이, 열정의 내재성 등의 이름으로 부를 뿐이다. 우리는 이와 같은 그림자를 포착하기를 원하기 때문에 필연적으로 기만에 빠지는 것이다.

대상을 종속되고 조작되는 사물로 만들려는 인식이 와해되지 않고서는 그 인식의 궁극적인 대상에 접근할 수 없다. 지식의 최종적 문제는 소진/소모의 최종적 문제와 같다. 그 어느 누구도 파괴되지 않으면서 동시에 인식할 수 없고, 그 어느 누구도 부富를 소진/소모하면서 동시에 그 부를 성장시킬 수는 없는 것이다.

6) 사치/과잉과 빈곤

하지만 비록 모든 작용이 관계하고 있는 이해관계를 정의해주는 것이 살아 있는 생명 전체로부터 떨어져나온 존재들(또는 집단들)의 삶의 요구이긴 하지만, 생명의 일반적 운동은 개체의 요구를 넘어서 실행된다. 따라서 이기주의는 결정적으로 기만당하는 것이다. 이기주의가 승리한 것처럼 보이고 침해 불가능한 영역을 구성하는 것처럼 보이지만, 이기주의는 어쨌든 허점을 갖고 있다. 아마도 개인들 사이의 경쟁관계가 에너지의 전 지구적 넘침에 의해 즉각적으로 범람하는 힘을 다중에게서 거둬갔는지도 모른다. 강자의 그럴듯한 거짓말이 약자를 강탈하고 착취하여 대가를 치르게 한다. 하지만 개인적인 이익이 비이성의 영역으로 돌아가고 부자들의 거짓말이 진실로 변하는 곳에서, 전체적인 결과를 바꿀 수는 없다.

결정적으로 성장 또는 획득의 가능성은 어떤 지점에서 한계를 갖고 있기에, 성장과 획득이 자신의 한계에 도달하게 되면 모든 고립된 존재가 욕구하는 대상인 에너지는 필연적으로 해방될 수밖에 없는데, 그것은 진정 거짓말의 탈을 쓰고 그렇게 해방되는 것이다. 결정적으로 인간은 거짓말을 함으로써 이러한 해방을 이익에 관계짓고자 노력한다. 이러한 해방은 인간을 더 멀리 데려간다. 그때부터 인간은 어떤 의미에서 모든 방식으로 거짓말을 한다. 자원의 개인적 축적은 원칙상 파괴에 바쳐진다. 이를 실행하는 개인들은 진정으로 이러한 부, 이러한 서열을 소유하고 있지 못하다. 원시적 조건에서 부는 언제나 식량의 저장과 유사한 것인데, 이는 부의 소유가 아니라 그 파괴를 매우 명료하게 설명해주는 것이다. 하지만 서열이 지닌 우스꽝스러운 진리를 설명하는 것이 문제라면 이러한 이미지만큼 정확한 것도 없다. 그 이미지는 폭발의 도화선이다. 높은 서열에 있는 사람은 처음에는 폭발적인 개인일 뿐이다(모든 사람들이 폭발적이지만, 높은 서열에 있는 사람은 특권적인 방식으로 폭발적이다). 아마도 그는 폭발을 회피하려 하거나 최소한 늦추려고 할 것이기에, 그는 그때부터 부와 권력을 지니고 있음에도 마치 없는 것처럼 자기 자신을 기만한다. 만약 그가 아무 일도 없이 자신의 부와 권력을 그저 평화롭게 누리는 데 성공한다면, 그것은 그가 자신의 진정한 본성에 무지한 대가일 것이다. 바로 그 순간 그는 자신이 벗어나고자 하는 어떤 진실(곧, 자신의 폭발적인 본성)을 반대로 다른 사람들 앞에서 확언하면서 그렇게 그들에게 거짓말을 하는 것이다. 당연하게도 그는 그러한 거짓말 속에 몰입하게 되는데, 그때 그의 서열은 착취의 편의로, 이득의 파렴치한 원천으로 환원된다. 그러나 이러한 빈곤함이 어떤 방식으로든 넘침/과잉의 운동을 방해하지는 못할 것이다.

의도나 망설임이나 거짓말과는 상관없이, 천천히 또는 갑작스럽게, 부의 운동은 에너지 자원을 누출시키고 소진/소모한다. 이는 자주 기이하게 보이는 일이지만, 이러한 자원만 그런 것은 아니다. 자원이 전적으로 생산적으로 소비될 수 있다고 해도, 통상적으로 추가분은 남게 되고 그것은 파괴되어야 한다. 일견 포틀래치는 이러한 소진/소모를 잘못 실행하고 있다. 부의 파괴가 그러한 포틀래치의 규칙이 아니기 때문인데, 부는 공동으로 주어지는 것이며, 결과적으로 증여하는 자에게로 환원되는 작용 속에서 무엇보다 상실이 되지만, 부의 전체는 보존되는 것이다. 하지만 이는 겉보기에만 그러하다. 포틀래치가 드물게 희생제의의 행위와 모든 지점에서 비슷한 행위로 귀결되기는 하지만, 그럼에도 불구하고 포틀래치는 생산적 소비에서 그 의미를 찾을 수 있는 제도를 보완하는 형식에 다름 아니다. 희생제의가 일반적으로 세속적 순환으로부터 유용한 생산물들을 분리시키는 반면에, 포틀래치의 증여는 원칙적으로 애초부터 무용한 대상들을 동원하는 것이다. 고대의 사치 산업이 바로 포틀래치의 기초이다. 이러한 사치 산업은 가용한 인간 노동의 총량으로 표현되는 자원을 명백히 낭비한다. 아즈텍인들에게 그러한 사치품이 바로 "외투, 치마, 값비싼 여성용 속옷들"이었으며, 또한 "화려한 색채의 깃털… 연마된 돌… 조개, 부채, 조개껍질로 된 주걱… 그림으로 장식되어 가공된 맹수 가죽" 등이었던 것이다. 북서아메리카 인디언 사회에서, 카누와 집은 파괴하고, 개와 노예는 목을 따는데, 이러한 것들은 모두 유용한 부이다. 하지만 본질적으로 증여는 사치품에 관계된다(더구나 식량의 증여는 애초부터 축제의 헛된 소진/소모에 바쳐지는 것이다).

우리는 심지어 포틀래치가 사치/과잉의 특수한 표현이자 의미심장한 형식이라고 말할 수 있을 것이다. 고대의 형식들을 넘어서, 사실 사치/과잉은 일반적으로 서열을 만들어내는 이러한 포틀래치의 기능적 가치를 갖고 있었다. 사치는 여전히 사치를 과시하는 사람의 서열을 결정하고, 그렇게 호사스러운 사치품을 내놓지 않는 자는 결코 높은 서열에 오를 수 없다. 하지만 이렇게 사치를 누리는 이들의 인색한 계산은 결국 모든 방향으로 경계를 벗어난다. 어떤 결함을 통해서, 부 안에서 빛나던 것은 태양의 작열을 연장하고 열정을 불러온다. 이는 부를 그 자신의 빈곤으로 환원시킨 자가 상상했던 것이 아니라, 생명 전체가 넘침/과잉의 진리로 귀환하는 것을 의미한다. 이러한 진리는 진리가 아닌 어떤 것을 진리로 취한 이들을 파괴한다. 이러한 진리의 최소한은, 부의 형태는 언젠가 붕괴하게 될 것이고 따라서 스스로 부를 확보하고 있다고 믿고 있던 이들인 인간을 혼란에 빠트릴 것이라는 사실이다. 이러한 관점에서 현재의 사회는 일종의 거대한 기만인데, 거기서 이러한 부의 진리는 교활하게도 비참한 빈곤으로 통용되고 있기 때문이다. 우리 시대의 진정한 사치와 심오한 포틀래치는 빈곤한 이들에게 돌아가 그저 땅 위에 누워 멸시를 일삼는 것으로 이해되기에 이르렀다. 진정한 사치는 부의 완전한 멸시를 요구하며, 또한 노동을 거부하고 자신의 삶을 한편으로는 무한히 파괴되는 화려함으로, 다른 한편으로는 부자들의 고된 거짓말에 대한 조용한 경멸로 살아가는 이의 어두운 무관심을 요구한다. 군사적 착취와 종교적 신비화와 자본주의적 횡령을 넘어서, 누더기의 화려함과 무관심의 어두운 도전이 아니라면, 그 어느 누구도 그후로 폭발과 헤픈 낭비와 흘러넘치는 과잉을 알려주는 부의 진정한 의미를 되찾을 수 없을 것이다. 만약 우리가 원한다면, 궁극적으로 거짓말은 생명의 넘침을 [유용성의 기존 질서에 대한] 반항에 바치게 되는 것이다.

3부

역사적 여건들 II

군사적 기획 사회와 종교적 기획 사회

I. 정복하는 사회: 이슬람교

1. 이슬람교에 의미를 부여하는 데에 따르는 어려움

이슬람교—무함마드의 종교—는 불교와 기독교와 함께 세계 3대 보편 종교 중 하나이다. 전 지구의 인구 중 아주 많은 수가 이슬람교도이며, 신자는 정확한 도덕적 의무들을 삶 동안 완수하는 조건으로 사후의 지복을 약속받는다. 기독교와 마찬가지로 이슬람교 역시 유일신의 존재를 긍정하지만 그 단순성에는 타협이 없기에 삼위일체와 같은 교리는 끔찍한 것으로 받아들인다. 이슬람교도는 오직 하나의 신만을 아는데, 그는 무함마드를 세상에 보냈지만 무함마드 그 자신은 신성을 갖고 있지 않다. 무함마드는, 인간과 신의 속성을 동시에 갖고 있으면서 두 세계 사이의 매개자로 기능하는 예수와는 다른 존재이다. 이슬람교의 신적인 초월성 안에는 그런 완충지대가 없다. 무함마드는 신의 결정적 계시를 영예롭게 받은 그저 한 인간일 뿐인 것이다.

원칙적으로 이와 같은 입장들이 이슬람교를 충분히 정의할 수 있다. 우리는 여기에 그다음으로 이슬람교가 유대-기독교 전통을 인지하고 있다는 점을 덧붙일 수 있다(이슬람교도들도 아브라함과 예수에 대해 말하지만, 예수 자신은 단지 한 예언자일 뿐이다). 나머지로 덧붙일 것은 무함마드의 계승자들의 널리 알려진 역사인데, 여기에는 최초의 칼리파들의 정복활동, 제국의 분열, 이어지는 몽골과 투르크의 침입, 그리고 우리 시대 이슬람 세력의 쇠퇴 등이 포함된다.

모든 것이 명백하지만, 그것은 사실 겉으로만 그럴 뿐이다. 여러 세기에 걸쳐 역사의 거대한 흐름을 결정했고 수많은 다중의 삶을 지배했던 이슬람의 정신만을 파악하려고 한다면, 그때 우리는 우리와 개인적으로 관련을 맺을 수 있는 것들은 보지 못하고 그저 이슬람의 형식적 여건들만을 보게 되는데, 그러한 형식적 조건들 중에서도 신자들을 끌어당기는 매력은 그 복식과 이국적 도시들이 지닌 지역적 색채나 그 종교가 지닌 엄숙한 태도와 행동 등만으로 겨우 드러날 뿐이다. 무함마드의 생애는 우리에게 잘 알려져 있는데, 그는 부처나 그리스도와는 다르게 우리에게 명확하고 대체 불가능한 의미를 가진 언어로 말하지 않았다. 우리가 아주 조금이라도 깨어 있다면 부처와 그리스도는 우리에게 말을 건네지만, 무함마드는 다른 이들에게 말을 건넨다…….

상황이 진실로 이러하기에, 우리가 [이슬람교에 대해] 부정할 수 없는 매혹을 느끼며 그 매혹을 정식화하여 표현할 언어를 찾는 순간에조차 우리는 무슨 말을 해야 할지 알지 못한다. 원리는 그렇게 원리로서만 나타나며, 이는 우리에게 [직접적으로] 와닿는 것과는 무관한 것이다. 그래서 우리는 더 용이한 수단들에 의지할 수밖에 없다.

우리는 『남부 연구지*Cahiers du Sud*』의 매우 풍부한 이슬람교 특집에서 이슬람교가 지닌 가치들에 대한 개요를 작성했던 에밀 데르멩겜Émile Dermenghem의 성실성을—이에는 그만한 전문가가 없다—의심할 수 없을 것이다.[57] 한 가지 환원 불가능한 어려움을 빼고는 다른 것은 비난할 것이 없는데, 다만—노예상태 servitude에 반대되는—자유와—폭력에 반대되는—관용에 대한 강조는 놀랄 만한 것이어서 이에 대한 깊은 공감을 정식화하고자 하는 사람을 혼란스럽게 할 뿐이다. 데르멩겜이 자유에 대해서 말할 때(373쪽), 그는 자유와 이슬람교에 대한 공감을 동시에 표현하고 있지만, 그가 들고 있는 인용은 그다지 큰 설득력을 갖

57) 〔원주〕『이슬람에 관한 증언들: 이슬람 문명의 영속적이고 현재적인 가치들에 대한 연구*Témoignages de l'Islam. Notes sur les valeurs permanentes et actuelles de la civilisation musulmane*』, 371~387쪽.

지 못한다. 그는 "신은 억압하는 자들을 사랑하지 않는다"는 코란의 내용을 인용하는데, 신의 관념과 부당한 억압이 서로 모순된다는 사실을 우리는 인정하지만, 그것이 이슬람 사회의 일반적 특징이었던 것은 아니다. 이슬람의 주권이 일반적으로 전제군주적인 성격을 상당부분 갖고 있다는 사실을 잊으면 안 되기 때문이다. 자유란 반항에 근거하는 것이며 또한 불복종과 같은 말이 아닌가? 그런데 이슬람이라는 말 자체는 복종을 의미하고, 스스로 복종하는 이가 바로 이슬람교도인 것이다.[58] 이슬람교도는 자발적으로 신에게 복종하며 신이 요구하는, 결과적으로는 신의 대리자들이 요구하는 율법에 복종한다. 이슬람은 다신교 부족 아랍인들의 개별주의나 변덕스러운 남성성virilité과는 반대되는 규율이다. 우리의 눈에는 자유라는 남성적인 말이 불러일으키는 관념들에 이보다 더 대립적인 것은 없다.

전쟁에 관한 부분(376~377쪽)도 마찬가지로 다소 이상하다. 데르멩겜이 무함마드에게 위대한 성전이 이교도에 맞선 이슬람교도의 전쟁이 아니라 이슬람교도가 끊임없이 치러야 했던 자

58) [원주] 물론 에밀 데르멩겜 역시 이 사실을 모르지 않았고, 그래서 보다 뒤에서 (381쪽) "이슬람이라는 말이 정확히 체념과 복종을 의미하는 것이기에 (…)"라고 쓰고 있다. 이슬람에 관한 데르멩겜의 전문성은 반박할 수 없는 것이고, 그는 때때로 이슬람교의 신비주의에 대해서도 감탄스러운 언급을 했지만, 다만 그가 이슬람의 영속적인 가치들을 정의하려고 할 때만은 당혹스러운 것이 사실이다.

기 자신에 대한 금욕의 전쟁이라는 사실을 강조하는 것은 옳은 일이다. 또한 초기 정복 과정에서 이슬람이 보여준 명백한 인간성을 통해 그 절제의 성격을 강조하는 것도 옳다. 하지만 이슬람교도를 칭찬하기 위해 그들의 '전쟁에 대해' 말한다고 한다면, 이러한 절제를 이슬람교도들의 원리와 분리하지 않는 것이 나을 것이다. 그들의 눈에는 이교도에 대한 모든 폭력적 행위는 좋은 것이다. [메카에서] 메디나로 천도한 초창기부터 무함마드의 계승자들은 약탈로 연명했다. [프랑스의 아랍학자이자 이슬람교 전문가] 모리스 고드프루아-드몽빈Maurice Gaudefroy-Demombynes은 다음과 같이 썼다. "[모든 전투행위를 금지하는] 반이슬람적 신성월神聖月 협약을 어기면서 이슬람교도들에 의해 수행되는 [습격과 약탈을 뜻하는] 라지아razzia에 대해서, 이슬람교도들에게 전투를 권장하고 있는 것은 바로 코란(2장 212절)[59]이다."[60]

59) [역주] 코란의 해당 구절(2장 212절)은 다음과 같은 내용을 담고 있다. "속세의 삶이 믿음이 없는 거짓된 자들을 유혹하니 그들은 믿음이 진실한 신앙인들을 조롱한다. 그러나 심판의 날에는 믿음이 진실한 자들이 그들 위에 있으며, 알라께서는 그분 의지에 따라 제한 없는 양식을 주시니라." 그런데 사실 여기서 문제가 되고 있는 신성월 협약의 준수와 위반에 관해서 이야기하는 곳은 2장 212절이 아니라 2장 217절인데, 이를 212절로 표기하고 있는 것은 원문의 오류로 보인다. 참고로 코란의 2장 217절의 내용은 또한 다음과 같다. "그들은 성스러운 달 동안에 살생에 관하여 그대에게 물으니 그 기간에 살생은 죄악이라 하지만, 하나님의 길을 방해하고 하나님과 하람 사원에 가까이 있는 것을 방해하는 것과 그곳으로부터 그의 주민들을 추방하는 것은 더 큰 죄악이며, 교사하고 박해하는 것은 살생보다 더 나쁜 죄악이라. 그들은 너희가 너희의 종교를 배반할 때까지 너희들과 투쟁을 포기하지 않을 것

[무함마드의 언행을 기록한] 하디스Hadith(이슬람의 전승 기록이며 일종의 옛 이슬람 법전)는 정복을 위한 전쟁을 체계적으로 정리했다. 이 경전은 무용한 폭력과 수탈을 배제한다. 정복자와 협약을 맺은 피정복자에게 가해지는 규제는 인간적이어야 했고, 특히 피정복자가 경전을 지닌 다른 종교인(기독교도, 유대인, 조로아스터교인)일 경우에는 더욱 그러했는데, 그들에게는 오직 세금만이 부과되었다. 마찬가지로 하디스는 경작, 삼림, 관개시설을 위한 작업들은 존중되어야 한다고 명하고 있다.[61] 그러나 "이슬람 공동체의 [지도자인] 이만은 '이슬람 지대'와 직접적으로 이웃해 있는 '전쟁 지대'의 이교도들에 맞서서 지하드jihad(성전聖戰)를 수행해야 한다. 군의 지휘관들은 이교도들이 이슬람교의 교리들을 잘 알고 있는지 확인해야 하며, 그들이 이슬람교의 교리를 거부한다면 그들과 싸워야 하는 것이다. 따라서 성전은 이슬람의 국경 지대에서 항상 끊이지 않고 발생하는 일이었다. 그러므로 이슬람교도와 이교도 사이에 진정한 평화란 결코 있을 수 없었다. 이러한 성전의 개념은 저항할 수 없는 이론적이고 절대적인 통념이었다. 그러므로 교리를 벗어나지 않으면서도 전

이며, 배반자가 되고 믿음을 갖지 않고 죽는다면 그들의 일은 현세와 내세에서 아무 열매도 맺지 못하고 불지옥의 거주자가 되어 그곳에서 영원히 기거할 것이라."

60) 〔원주〕『이슬람의 제도들*Les institutions musulmanes*』, 3판(1946), 120쪽.

61) 〔원주〕 같은 책, 121쪽.

쟁을 피하기 위해서는 힐라hila라는 법적인 방책을 찾아야만 했는데, 그때 교리는 이슬람 국가가 극복할 수 없는 쇠약한 상태에 있다거나 국가적 이익을 위해 필요한 것이라고 판단될 때에는 이슬람 군주들이 최대한 10년 동안 이교도와 휴전협정을 맺을 수 있도록 허락하고 있었다. 하지만 이슬람교 지도자들은 그러한 휴전의 맹세를 어기는 일에 속죄하면서 마음대로 그러한 협약 자체를 파기하기도 했다."[62] 그렇기 때문에 원칙에서든 그 효과에서든 또한 그 효과의 지속에서든 동시에, 어떻게 이러한 가르침 안에서—무한한 성장을 추구하는—이보다 더 완벽한 확장의 방법을 발견하지 않을 수 있겠는가?

데르멩겜의 다른 몇몇 시각들 역시 다소 정체불명의 모호함에서 벗어나지 못한다. 하지만 명백한 물음은 다음과 같다. 자신의 존재이유를 초과해 살아남은 한 제도의 의미를 어떻게 포착할 것인가? 이슬람교는 정복이라는 방법적 노력에 전념했던 규율이다. 그러나 그렇게 완수된 기획은 텅 빈 틀에 불과했다. 그러므로 이슬람교가 유지하는 도덕적 풍요로움은 인류 공동의 풍요로움이지만, 그 외적 결과는 더 특징적이고 덜 불안정하며 더 형식적인 것이다.

62) [원주] 같은 책, 121~122쪽.

2. 헤지라 이전 아랍인들의 소진/소모 사회

우리가 선지자의 율법인 이슬람이 지닌 의미를 정확하게 알아야 한다면, 우리 곁에서 죽음과 폐허의 아름다움을 간직한 채 존속하고 있는 그러한 율법에만 머무르는 것으로는 부족하다. 이슬람교는 아랍 세계 자체와는 다른 것인데, 이슬람은 그때까지 이리저리로 흩어져 있던 아랍의 요소들을 하나로 모아 제국을 이루기로 결정한 것이기 때문이다. 우리는 당시 부족 단위의 한계를 넘지 않았던 여러 작은 아랍 공동체들이 존재했음을 상대적으로 잘 알고 있다. [메카에서 메디나로 천도遷都한 사건인] 헤지라Hégire 이전 시대에 이 부족들은 어려운 삶을 살고 있었는데, 그 공동체들이 언제나 유목생활만 해온 것은 아니었다. 이들은 유목민과—메카 또는 (나중에 메디나가 되는) 야트리브Yatrib와 같은—부락의 정주민 사이를 오갔는데, 그 둘 사이의 차이는 상대적으로 미약했다. 이러한 공동체들은 자신들 부족의 엄격한 규칙을 지키는 와중에서도 시詩와 중요한 관계를 유지하는 격렬한 개인주의를 유지했다. 개인 또는 부족 사이의 경쟁관계, 용맹함, 정중한 태도, 헤픈 낭비성, 웅변술, 시적인 문재文才를 겨루는 일 등이 거기에서 가장 중요한 역할을 맡았다. 증여와 과시적 낭비가 만연했고, 이슬람 사회에 일종의 포틀래치 의식의 형식이 있었음을 보여주는 "더 많이 갖기 위해 주지 말라[필요 이상의 것을 주지 말라]"(74장 6절)는 코란의 구절도 있었다. 여전히 다신교를 믿고 있던 많은 부족들(물론 그중에는 기독교인들도 있었고 유대교인들도 있었지만, 종교에 대한 선택권은 부족에 있지 개인에 있지 않았는데, 그 결과 그들의 생활방식이 크게 변화했는지는 의심스럽다)이 피를 바치는 희생제의의 형식을 갖고 있었다. 그리고 살해된 자의 부모가 살해자의 부모에게 복수하는 것을 의무로 하는 피의 복수는 이러한 낭비적 폭력의 큰 틀을 완성했다.

강력한 군사 조직을 가진 이웃 지역이 확장의 가능성에 닫혀 있던 경우에는, 이러한 비용이 많이 드는 생활방식은 안정된 평형상태를 확보할 수 있었다(빈번했던 여성 신생아 살해는 인구의 과잉을 피할 수 있게 해주었다). 반면에 이웃 부족이 약해졌을 경우에는, 일관된 군사력의 구성을 방해하는 생활방식을 유지하는 것으로는 어떤 이득도 기대할 수 없었다. 관습의 사전 개혁이나 정복의 사전 원칙의 수립이나 군사력 통합의 기획 등은 아무리 쇠퇴중인 약한 국가들을 공격할 때라도 반드시 필요한 것이었다. 일견 무함마드가 주변 국가들의 쇠약함에서 얻을 수 있는 가능성이 무엇인지에 대해 가르침을 주려는 의도는 갖고 있지 않았던 것 같다. 그럼에도 불구하고 그의 가르침은 그가 그러한 기회를 이용할 생각을 명백히 갖고 있었던 것에 못지않은 영향력을 발휘했다.

정확히 말하자면, 이슬람 이전의 아랍인들은 아즈텍인들에 비할 때 군사적 기획 사회의 단계에 다다르지 못했다. 오히려 그들의 생활방식은 원칙상 소진/소모 사회의 원리에 상응한다. 하지만 같은 단계의 민족들 사이에서 아즈텍인들은 군사적 헤게모니를 행사했던 반면, 사산왕조 이란과 비잔틴제국을 이웃으로 뒀던 아랍인들은 그 발전이 느릴 수밖에 없었다.

3. 탄생하는 이슬람 또는 군사적 기획으로 환원되는 사회

[핀란드의 외교관이자 아시리아학자였던] 하리 홀마Harri Holma는 "초기 이슬람교의 경건주의는 더 심도 있게 연구하고 조사해 볼 가치가 있는데, 특히 막스 베버Max Weber와 베르너 좀바르트Werner Sombart에 의해 자본주의의 기원과 발전에 경건주의가 미친 영향의 중요성이 명백히 밝혀진 이후에는 더욱 그렇다"[63]고 쓰고 있다. 사실 유대인과 개신교의 경건주의는 자본주의와 무관한 의도들로 활성화되는 것인데, 그럼에도 불구하고 그러한 경건주의의 효과로 인해 자본 축적이 지배하는 경제(이는 중세에 관례적이었던 소진/소모를 희생시켜 얻은 결과인데)가 탄생하

63) [원주] 『무함마드, 아랍인들의 선지자*Mahomet, prophète des Arabes*』(1946), 72쪽.

게 된 것이라는 점에서 홀마의 의견은 더욱 근거 있는 것이다.[64] 아마도 무함마드가 당시 아랍인들에게서 상실되고 스러져가고 있던 흥분을 정복 사업의 효과적인 도구로 의도적으로 변화시키기를 원했더라도 이보다 더 잘할 수는 없었을 것이다.

이슬람적인 엄격주의의 행동은 무질서가 횡행하는 어떤 공장의 감독관과 비교해볼 수 있다. 그러한 감독관처럼 이슬람교도 또한 에너지를 쓸데없이 흘려보내거나 생산효율을 무위로 돌리게끔 만드는 모든 결함들을 바로 그 설비/배치 안에서 현명하게 고쳐나간다. 무함마드는 반이슬람 부족들이 개인적이고 영광스러운 '남성성'의 이상으로 생각하던 무루와muruwa라는 가치에 대해 복종의 교리와 믿음을 뜻하는 딘din을 대립시켰다(결투duel라고 하는 봉건적인 명예의 전통과 싸웠던 리슐리외Richelieu 역시 타산적으로 무함마드와 같은 방향을 따랐다). 무함마드는 이슬람 공동체 안에서는 피의 복수를 금지시켰지만, 이교도에 대한 복수는 허용했다. 또한 그는 유아 살해, 음주, 경쟁적 증여를 단죄했다. 그는 이러한 순수한 영광의 증여를 사회적으로 유용한 적선積善으로 대체했다. 코란은 다음과 같이 말한다. "가까운 사람과 불쌍한 사람과 여행자에게도 적선을 베풀되 낭비하지 말라. 실로 낭비는 악마의 형제이니 악마는 알라의 은혜에 감사할 줄

64) [원주] 같은 책, 111쪽과 그 이하를 보라.

모르니라."(17장 28~29절)[65] 관대함은 아랍 부족들의 중요한 미덕이었지만 [무함마드에 의해] 과도한 관대함은 돌연 혐오의 대상이 되었으며 개인의 자만심 역시 저주를 받았다. 호사스럽게 낭비하고 길들일 수 없는 야성적 이미지를 갖고 여성들의 흠모를 받으며 부족들의 시 속의 주인공으로 등장했던 아랍의 전사는 교리와 의식을 엄격히 따르는 신심 깊은 군인에게 자리를 양보했다. 공동의 기도 관습도 그러한 변화를 밖으로 확인시켜주는 역할을 했다. 정확히 공동의 기도는 심신을 통합하고 기계화하는 군사 훈련에 비유할 수 있을 텐데, 코란(또는 하디스)이 변덕스러운 시적 세계에 대해 세웠던 대립각은 그러한 [시적 세계에 대한] 거부를 상징적으로 드러낸다. 시적 전통이 겨우 재개될 수 있었던 것은 신실한 이슬람 군대가 행했던 거스를 수 없는 정복의 물결이 한차례 휩쓸고 지나간 이후였다. 이제는 이슬람 정복자들이 이전처럼 엄격한 교리만을 주장하지는 않았고, 이슬람 제국이 지배력을 공고화한 이후로, 그에 대한 향수가 계속 있어왔던 관대한 낭비는 더이상 불편함 없이 행해질 수 있었다.

축적하는 엄격성과 탕진하는 헤픈 낭비성이 서로 번갈아 등장하는 일은 에너지의 사용에서 볼 수 있는 일상적인 리듬이다.

65) 〔역주〕 원문에는 28~29절로 표시되어 있지만 이는 오류로 보인다. 정확히는 17장의 26~27절에 나오는 내용이다.

상대적 엄격성과 낭비의 부재만이 생물 또는 사회를 이루는 힘의 체계를 성장시킬 수 있지만, 적어도 어느 시기에 이르게 되면 그러한 성장은 한계를 마주하게 되는데, 그때 더이상 축적이 불가능한 과잉은 탕진되어야만 한다. 이러한 운동 안에서 이슬람을 따로 특징짓는 것은 이슬람이 애초부터 외견상 힘의 무한한 성장을 향해 열려 있었다는 사실이다. 이것이 이슬람 사회가 따르는 목표나 계획은 전혀 아니었지만, 운運, chance[66]은 그 자체로

66) 〔역주〕 "운"은 바타유가 자신의 여러 책에서 매우 빈번하게 사용하고 있는 핵심 개념들 중의 하나이다. 특히 『니체에 대하여*Sur Nietzsche*』(『전집*Œuvres complètes*』 6권에 수록된 "내적 경험/비非신학" 삼부작의 마지막 책으로서, 이 책의 부제 자체가 "운의 의지volonté de chance"이기도 하다)에서 그가 직접 쓰고 있는 표현을 빌리자면, 운이란 인간이 "의미의 극단적 순간le moment extrême des sens"에 그 자신의 "한계의 부재l'absence de limites"를 인식할 때 작용하게 되는 무한한 "불가능성l'impossible"에 다름 아니다(*Œuvres complètes*, tome VI, Gallimard, 1973, 57쪽, 381쪽 참조). 특히 "운의 의지"라는 바타유만의 표현에서 그가 이 개념에 부여하고 있는 핵심적 역설의 성격이 적나라하게 드러나는데(이는 물론 니체의 "힘의 의지Wille zur Macht/volonté de puissance" 개념에 대한 뒤틀린 패러디이다), 의지라고 하는 의도적/이성적 결정성과 운이라고 하는 무의식적/비이성적 우연성이 하나의 표현 안에 기이하게 공존하고 있기 때문이다. 결국 운이란, 비결정적인 사건이라는 결정적/내적 경험에 대한 어떤 '비의지적 의지'를 의미하는 하나의 역설로서, 오직 현재적 순간만을 순수하게 추구하는 불가능성의 입장을 대변한다. 그래서 이는 더욱 중요하게 바타유적 의미에서의 악惡(le mal)과 자유를 대변하는 개념으로 작용하는데, 바로 그러한 이유로 운은 또한 미래에 대한 목적론적 세계관을 대변하는 선善(le bien)에 결정적으로 대립한다. 이것이 또한 바타유가 '신의 부재' 앞에서 터지는 웃음rire의 주제와 함께 "선악의 저편Jenseits von Gut und Böse/Par-delà le bien et le mal"이라는 니체적 문제의식을 그 자신만의 용법으로 전유하고 있는 또다른 역설의 방식이기도 하다. 이렇듯 운은 불가

모든 가능성을 실행했다. 게다가 운chance은 최소한의 필연성에 의해서만 지탱되는 것이다. 영감을 불러일으키는 열광을 구실 삼아 사람들을 모으는 것은 비교적 쉬운 일이다. 하지만 그들에게 무언가 할 일을 주어야 한다. 사람들이 함께 모여 열광에 빠지게 되면 그때까지 사용하지 않았던 힘이 우선 발산되는데, 그 힘은 가용 상태가 되자마자 우리가 사용할 때에만 충동을 따르고 속박에서 풀려날 수 있다. 애초부터 이슬람은 자신이 탄생했던 아랍 세계에 폭력적으로 맞설 수밖에 없는 운chance을 지녔는데, 무함마드의 가르침이 아랍 부족의 전통을 모독하여 그들과 대립하게 되었기 때문이다. 그 때문에 부족은 그를 추방하겠다고 위협했는데, 이는 죽음의 선고와 동등한 것이었다. 무함마드는 부족과의 연결 관계를 그렇게 부정할 수밖에 없었는데, 당시 아무런 연결 관계가 없는 삶은 생각할 수 없는 것이었기에, 무함마드와 그 추종자들 사이에 전혀 다른 성격의 연결 관계를 수립해야만 했던 것이다. 이것이 바로 결정적으로 이슬람교 시대의

능성의 순간적이고 현재적인 내재성immanence과 우연성hasard을 드러내는 개념이기에, 목적론적인 미래가 대변하는 초월성transcendance과 필연성nécessité에 강렬하게 대립되면서, 그 자체가 소비와 탕진의 위반transgression이라는 즉각적 작용에 천착하는 악이라는 의미에서, 또한 '저주받은 몫'의 주요한 특질/술어들 중의 하나로 이해되어야 한다. 이하 이 책에서도 이러한 "chance"에 대한 바타유만의 어법이 여러 차례 등장하고 있음을 확인할 수 있는데, 그때마다 가능하면 원어를 병기함으로써 이러한 용법의 의미를 더욱 강조하고자 한다.

기원이 되는 헤지라의 의미다. 무함마드가 메카에서 메디나로 도주한 것은 혈연관계와의 단절을 의미하면서 동시에 이슬람의 종교적 형식을 받아들인 선택된 신자들의 형제애에 근거하는 새로운 공동체의 수립을 의미했던 것이다. 기독교가 구세주救世主/대속자代贖者 신의 개인적 탄생을 그 기원으로 삼아 시작된다면, 이슬람은 어떤 혈연이나 장소에도 얽매이지 않는 새로운 성격의 국가, 새로운 성격의 공동체라는 세계의 도래를 그 기원으로 삼아 시작되는 것이다. 그러므로 이슬람교는 기독교나 불교와는 차이를 보이는데, 이슬람은 헤지라 때부터 이미 그 이전에 형성된 사회(혈연이나 지역 공동체)라는 틀 속에서 이루어지던 산발적인 가르침과는 다른 [무함마드의 새로운] 가르침에 바탕을 두고 세워진 것이었기 때문이다.

이러한 원리는 어떤 의미에서 완벽했다. 모호한 것이나 타협의 여지는 남아 있지 않았다. 종교 지도자는 법제정자인 동시에 판관이었으며 군사의 통솔자였다. 이보다 더 엄격히 통일된 공동체는 상상할 수 없을 것이다. 의지volonté는 사회적 연결 관계의 기원에 있는 유일한 것이었으며(하지만 의지가 그러한 사회적 연결 관계를 깨뜨릴 수는 없었다), 이슬람 사회의 깊은 도덕적 통합을 보장하는 강점을 제공했을 뿐만 아니라 무한한 확장을 벌여나갈 수 있는 힘을 열어젖혔던 것이다.

이슬람 사회는 실로 경탄스러운 기구/조직machinerie이었다.

군사적 질서가 경쟁 관계에 있던 부족들의 무정부 상태를 대체했고, 개인적 자원들은 더이상 헛되게 낭비되지 않고 군사적 공동체를 위해 사용되었다. 이전에 성장을 방해하던 어려움(부족이라는 한계)이 제거되자, 개인적 힘들은 군사적 병영의 관점에서 비축되었다. 마침내 하디스가 방법적으로 확장의 수단으로 삼았던 정복은 눈에 띄는 큰 파괴 없이 새로운 자원들을 닫힌 힘의 체계 안으로 투자할 수 있었는데, 그러한 힘의 체계는 점점 더 방대해졌고 점점 더 급속히 성장하게 되었다. 이러한 운동은 자본 축적에 의한 산업 발전을 떠올리게 하는 것이다. 만약 낭비에 어떤 제동이 걸린다면, 달리 말해서 발전이 더이상 형식적 제한을 받지 않는다면, 그때 에너지의 급증은 성장을 명하게 되며 그러한 성장이 축적을 증대시키는 것이다.

그럼에도 불구하고 이토록 드문 완전성에 그 대가가 없는 것은 아니다. 기독교나 불교의 발전과 이슬람교의 정복을 비교해 볼 때 우리는 이슬람 쪽이 상대적으로 무능했음을 바로 알아차릴 수 있다. 능력을 구성하기 위해서는 그 능력의 사용을 포기하는 일이 요구되는 것이다. 산업의 발전은 소진/소모의 어떤 제한을 요구하는 것이다. [산업 발전 초기에는] 즉각적으로 발생할 수 있는 이익을 포기하고 설비에 투자하는 일이 일차적으로 중요했다. 이슬람의 원리 자체도 이와 같은 가치의 질서를 내포하고 있었다. 더 큰 능력을 얻기 위해서 삶은 사용의 즉각적 힘을 잃기도 하는 것이다. 이슬람은 기독교나 불교의 공동체(변하지 않는 정치적 체제에 대한 복무로 귀착되는 공동체)의 도덕적 취약함을 면하기는 하지만 결국에는 이와 다른 더 큰 취약함에 빠지게 되는데, 이슬람은 종교적 삶을 군사적 필요성에 완전히 종속시키게 되는 결과를 가져오는 것이다. 신실한 이슬람교도는 부족 사회의 낭비를 거부할 뿐만 아니라 이교도 적敵에 대항하기 위한 외적 폭력이 아닌 모든 힘의 소비를 일반적으로 거부하는 것이다. 종교적 삶의 근거가 되고 희생제의를 통해 그 절정에 달하는 내적 폭력은 초기 이슬람 사회에서는 단지 이차적인 역할만을 했을 뿐이다. 우선 이슬람 사회가 소진/소모의 사회가 아니라 자본주의 사회처럼 사용 가능한 힘을 축적하는 사회였기 때문이다. 이슬람 사회는 가장 본질적으로 극적인 과장과도 거리가 멀었고 또한 극적인 사건에 대한 소심한 성찰과도 거리가 멀었다. 그렇기에 이슬람 사회에서는 십자가에 못 박혀 죽은 예수나 부처의 적멸寂滅, anéantissement이 지니는 법열法悅, ivresse에 해당되는 어떤 이야기도 찾을 수가 없는 것이다. 적에 대해서 언제라도 폭력을 행사할 준비가 된 이슬람의 군사적 주권자는 그러한 폭력을 참아낼 수 있는 종교적 주권자와는 대립된다. 군사적 주권자는 결코 죽음에 처하지 않으며, 오히려 희생을 끝내고 싶은 마음에 폭력을 바깥으로 돌려서—파괴의—내적 소진/소모로부터 공동체의 생생한 힘을 보존하려고 하는 것이다. 이슬람은 그렇게 애초부터 점령, 정복, 계산된 소비의 길로 접어들었으며 그 길의 최종 목적은 바로 성장이었다. 이슬람은 어떤 의미로 그 통합적 형태에서 종교적 형식과 군사적 형식의 종합과도 같은 것이었지만, 군사적 왕은 그 다른 한편에 [군사적 형식과 무관한] 순수한 종교적 형식의 자리를 남겨둘 수는 있었다. 이슬람은 그러한 종교적 형식을 군사적 형식에 종속시켰는데, 종교를 도덕이나 적선 또는 기도의 준수 등으로 한정하면서 희생제의를 축소시켰던 것이다.

4. 후기 이슬람 또는 안정성으로의 회귀

설립과 정복 안에서 주어졌던 이슬람의 의미는 이슬람제국의 건설로 상실된다. 승리했다는 이유로 이슬람이 그 생생한 힘들을 완전히 성장에 바쳤던 일을 멈추게 되자마자, 이슬람은 그저 텅 비어 있는 완고한 틀로만 남게 되었다. 이슬람 세계 바깥에서 이슬람 세계로 온 것은 이러한 이슬람 사회의 엄격한 응집력 안에서 그저 변형된 채로 녹아들어 통용될 뿐이었다. 하지만 만일 이러한 응집력을 제외한다면 이슬람에는 이전의 그 무엇도 더 이상 남아 있지 않았다. 이슬람은 자신이 정복한 국가들의 영향력에 재빨리 스스로를 개방해 그 국가의 모든 부를 이어받았던 것이다.

일단 정복이 안정화되자, 처음에는 이슬람의 성립을 위해 부정되었던 아랍 문명의 근간이 다시금 이전과 동일하게 활발히 회복되었다는 점은 이상하지 않다. 아랍 부족들이 따랐던 가치인 '무루와'와 같은 것은 처음에는 무함마드에 의해 코란의 엄격한 가르침으로 대체되었지만, 어떤 부분에서는 계속 아랍 세계 안에 살아남아서 폭력과 낭비, 사랑과 시를 한데 묶을 수 있는 기사도적 전통과 가치를 유지하며 되살아날 수 있었던 것이다. 이뿐만 아니라 우리가 원래 이슬람의 속성으로 알고 있는 것도 사실 무함마드에게서 온 것이 아니라 정확히는 그가 단죄했던 이러한 [기존 아랍 부족들의] 가치인 것이다. 비록 무훈시를 통해 드러나는 기사 제도와 이슬람의 세계는 너무나 이질적임에도 불구하고 우리의 기사도적 '종교' 안에서 아랍적인 영향을 인지할 수 있다는 것은 신기한 일이다. 기사도적chevaleresque이라는 표현 자체가 새로운 시적인 의미를 얻게 된 것도, 또 그것이 열정passion이라는 가치와 관계를 맺게 된 것도, 모두 십자군 전쟁 때의 일이다. 12세기 서양에서 무장武裝이라는 의식儀式의 통상적 해석은 이슬람적인 것이었다. 그 시기에 남프랑스에 탄생했던 열정의 시는 외견상 그 전통을 거슬러갈 때 안달루시아를 거쳐 아랍 부족들의 시 경연까지 연장되는데, 이러한 시 경연은 [앞서 살펴보았듯] 선지자[무함마드]의 엄격한 [거부]반응을 유

발했던 것이었다.[67]

67) 〔원주〕 앙리 페레스Henri Pérès는 안달루시아의 영향이라는 문제에 관해서 괄목할 만한 논문인 「안달루시아의 아랍 시와 중세 음유시인들의 시 사이의 가능한 관계들La poésie arabe d'Andalousie et ses relations possibles avec la poésie des troubadours」을 써서 『이슬람과 서양*L'Islam et l'Occident*』지(107~130쪽)에 기고했다. 저자에 따르면 이 문제는 결코 서로 분리되어 있는 것이 아니며 둘의 관계가 아주 명확하다. 그 관계는 시의 근본적 내용과 주제들뿐만 아니라 시의 형식에서도 나타난다. 〔이 논문이 말하고 있는〕 안달루시아 아랍 시의 위대한 시대(11세기)와 오크어로 된 궁정시의 탄생 시기(11세기 말) 사이의 일치는 놀라운 것이다. 다른 한편으로 〔이 논문을 통해〕 스페인의 이슬람교 세계와 스페인 북부 또는 프랑스의 기독교 세계 사이의 관계 역시 매우 정확하게 구성될 수 있다.

II. 비무장 사회: 라마교

1. 평화로운 사회

어떤 의미에서 그 성향을 다소 과장하자면, 이슬람은 평범한 군사 기획 사회와는 다르다. 우리는 이슬람 사회 안에서 고전적 고대[희랍/로마]나 중국의 제국적 기획에서는 그리 뚜렷하게 드러나지 않던 경향들이 극단적으로 나타나는 것을 볼 수 있다. 사실 우리는 거기에서 하나의 도덕이 새롭게 탄생하는 일은 찾아볼 수 없는데, 이슬람은 그 이전의 도덕을 그대로 수용했기 때문이다. 하지만 이슬람이 자신이 출현했던 사회와 행했던 단절은 고대의 제국들이 갖지 못한 어떤 뚜렷한 형상을 띠게 만들었다. 정복을 도덕에 종속시킨다는 사실이 그러한 이슬람 사회를 특징적으로 만들고 또 그 의미를 잘 요약해준다.

문명이라는 하나의 형태를 잘 설명하기 위해 보다 더 오래된 로마나 중국 대신에 이슬람을 선택한 것이 어쩌면 역설적으로 보일지도 모르겠다. 더구나 비무장 사회의 형태를 기술하기 위해 기독교 교회 대신에 라마교를 끌어들이는 것 역시 기이하게 보일 수 있다. 하지만 극단적인 예를 들 때 그 대립관계가 보다 뚜렷해지고 그 요소들의 작용을 더 잘 이해할 수 있다.

언제라도 전쟁을 일으킬 준비가 되어 있는 모든 인간 사회에 비해서, 티베트는 역설적이게도 공격만큼이나 방어에도 부적절한 평화로운 문명을 지닌 고립된 내륙국이다. 경제적 빈곤, 자연적 광대함, 지형적 험준함, 기후적 추위 등이 별다른 군사력이 없는 이 나라의 유일한 방어수단이다. 훈족이나 몽골족과 거의 차이가 없는 인종인 티베트인들은 (게다가 한때 티베트인들은 중국을 침략하여 중국 황제들에게 조공을 요구한 적도 있었다) 20세기 초에는 군사적으로 싸울 수 있는 능력이 부족해져서, 영국(1904년)과 중국(1909년)으로부터 두 차례에 걸친 침공을 받았을 때는 단 하루도 버티기가 힘들 정도로 무력했다. 사실 극복할 수 없는 군비의 열세가 그리 잘 일어나지도 않는 침략 상황에서도 패배를 초래했던 것이다. 그러나 이렇듯 잘 조직되지 못한 군대도 다른 곳에서는 심지어 중무장한 군대에 대항해서 유리하게 맞서기도 했다. 게다가 티베트는 접근이 어렵다는 지리적 이

점이 있었다. 사실 여기서 문제는 어떤 의식적 결단이다. 왜냐하면 인종, 지리적 상황, 물질적 문명 등의 측면에서 티베트인과 큰 차이가 없는 네팔인은 반대로 큰 군사력을 갖고 있었기 때문이다(그들은 심지어 수차례 티베트를 침략하기도 했다).

일견 티베트가 이렇게 평화적인 성격을 가졌던 이유를 찾아내기란 쉬운 일이다. 그 기원에 신도들에게 살생을 금지하는 불교가 있었기 때문이다. 그에 비해 전쟁국가 네팔은 정치적으로 구르카Gourkha족이라는 힌두교를 믿는 호전적인 귀족층의 지배를 받고 있었다. 하지만 티베트 불교도들은 신심이 깊었고, 그들의 주권자는 또한 고위 종교지도자이기도 했다. 그럼에도 불구하고 이러한 설명만으로는 그리 명확하게 이해되지 않는 부분이 있는데, 아무리 그렇다 한들 침략 앞에서 너무도 나약했던 그들의 대응에는 이상한 점이 많은 것이다. 다른 종교들 역시 전쟁을 단죄하고 있지만, 그러한 종교를 표방하는 민족들이 여전히 적지 않은 살생을 하고 있음은 명백하다. 따라서 이 점을 좀더 면밀히 살펴볼 필요가 있다. 이에 관해서는 영국의 관리였던 찰스 알프레드 벨Charles Alfred Bell 경이 사후에 출간한 책이 있는데, 이 책은 13대 달라이 라마(1876~1934) 치하에서의 티베트 역사뿐만 아니라 그의 개인적인 생애도 다루고 있어서 티베트 체제의 물질적 기제를 충분히 이해하는 데 도움을 준다.[68]

2. 근대 티베트와 그 티베트를 분석했던 한 영국인

찰스 알프레드 벨의 이 책은 단순한 전기나 역사물 이상의 것이지만, 그리 잘 구성된 작품은 아니다. 하지만 이 책은 그가 손수 쓴 하나의 기록이고, 그렇기에 정돈되지 않은 연대기이지만, 실제로 그에게 일어난 일들을 그때그때 바로 이야기하고 있는, 여러 사건들이 섞여 있는 하나의 증언이다. 이 책에서 저자는 그가 직접 알고 있지 못했던 것들에 대해서는 아주 짤막하게 드러내지만, 그 자신의 삶에 대해서는 아주 자질구레한 사실들까지 다 쓰고 있는데, 예를 들어 그가 티베트에 체류했던 일이나 인도에 머물면서 달라이 라마와 만났던 일 등에 관해서 토씨 하나 빼지 않고 자세히 말하고 있는 것이다. 그의 저작은 그리 잘 쓰인 것은 아니지만 매우 생생하며 오히려 체계적인 연구를 넘어서는 측면이 있다. 뒤죽박죽인 경향이 있지만 그리 큰 문제는 아닌데, 아직까지 우리는 티베트 문명에 관해 이만큼 체계적이며 이보다 더 충실한 기록을 갖고 있지 못하기 때문이다. 찰스 알프레드 벨은 달라이 라마와 일종의 우정에 기초한 지속적인 관계를 이어갔던 최초의 백인이다. 매우 훌륭했던 이 외교관은 자국의 이

68) 〔원주〕『달라이 라마의 초상*Portrait of the Dalai-Lama*』, 런던(1946), 8절판 in-8°.

익만큼이나 티베트의 국익에도 똑같이 마음을 썼고, 티베트어에도 매우 능숙했다. 그와 별로 관계를 맺고 싶은 마음이 없던 인도 정부조차 어느 정도의 망설임은 있었지만 가끔씩 그의 도움에 의지했던 것으로 보인다. 벨의 마음속에는, 티베트인들이 중국의 지배를 벗어나 독립을 유지할 수 있도록 영국인들이 도와줘야 한다는 생각이 있었다. 결국 영국인들은 그러한 정책을 취했고, 조심스럽게 티베트를 자신들의 영향권으로 만들고자 했다. 영국인들은 티베트를 [영국령 인도와 중국 사이의] 일종의 완충국으로 보았기 때문에 티베트가 자율적인 강국이 되는 것을 열망했지만, 그렇다고 잠재적인 불안요소 때문에 심각한 위험을 무릅쓰고 성벽을 쌓는 대가를 치를 필요는 없었다. 영국인들은 중국인들과 이웃하는 것을 피하고 싶었지만, 그렇다고 해서 간접적으로 중국과 적대적 관계를 감내해야 한다면 굳이 피하고자 하지는 않았던 것이다.

영국과 티베트 사이의 우호관계가 충분히 공고했던 1920년경만 해도, 벨은 한 세기 이상 백인들에게 문을 굳게 닫아걸고 있었던 한 나라[티베트]에서 여유롭게 체류하며 정치적인 활동을 할 수 있었다. 벨의 저작이 등장하기 전에도 사람들이 티베트의 제도들에 관해 몰랐던 것은 아니지만, 그 이전에 티베트 내부에서 직접 티베트인들의 삶과 그 고락을 포착할 수 있었던 것은 아니었다. 우리가 하나의 체계를 속속들이 알기 위해서는, 그 체계가 안고 있는 동요와 실제로 그 체계 안에서 작동하고 있는 요소들의 상호작용을 인식할 수 있어야 한다. 벨은 1년 동안 라싸에 머물면서 티베트 정부로 하여금 군사 정책을 추진하게 하도록 힘썼다. 티베트가 군대를 가지지 못했던 것은 경제력 때문이었을까? 티베트가 앞으로 마주하게 될 어려움은 정확히 우리에게 하나의 경제적 역설을 보여준다. 그로부터 인간사회의 다양한 가능성들과 균형의 일반적 조건들이 뚜렷이 드러나는 것이다.

3. 달라이 라마의 순수하게 종교적인 권력

벨(1950년 사망[69])의 마지막 책이 다루는 특별한 대상은 바로 13대 달라이 라마의 생애이다. 그 주제는 교황 제도와도 부득이하게 유사성을 지니고 있는 어떤 제도의 유명한 기원을 우리에게 상기시켜준다. 나는 이러한 역사적 여건들을 요약해보려 한다. 불교가 티베트에 전래된 것은 640년이었다. 당시 티베트는 왕들이 통치하고 있었는데, 초창기에는 불교의 발전이 이 나라를 유약하게 만들지 않았기에 8세기까지만 해도 티베트는 아시

69) 〔역주〕 이는 원문의 오류로 보이는데, 실제로 찰스 알프레드 벨 경이 사망한 연도는 1945년이며, 바로 이듬해인 1946년에 그의 유작으로 『달라이 라마의 초상』이 출간되었다.

아의 주요한 군사 강국들 중 하나였다. 하지만 불교 사원 제도가 확장하면서 그러한 사원의 영향력이 커져 왕들의 통치 영향력 내부까지 위협하는 정도에 이르렀다. 11세기의 종교개혁가였던 총카파는 승려들이 독신생활을 엄수해야 하는 보다 엄격한 종파를 세웠는데, '황모파黃帽派'라고 불리는 이 개혁 종파[거루파]는 "홍모파紅帽派[닝마파]"라고 불리는 보다 느슨한 구舊종파와 대립했다.[70] 사람들은 개혁 종파인 황모파의 승려들에게 신성함, 심지어 신성의 성격까지 부여했는데, 이는 그들의 계승자들로까지 이어지며 그들에게 영적 능력과 종교적 주권을 주었다. 그들 중 하나였던 라싸 인근의 '볏단' 사원[드레풍 사원]의 한 대大라마[영적 스승]가 몽골족의 한 족장[알탄 칸]의 힘에 기대어 '홍모파'였던 마지막 왕을 몰아냈다. 이러한 방식으로 티베트는 '달라이 라마'의 지배 체제로 들어서게 되었는데, 달라이 라마는 이때 이 초인적인 인물의 다섯번째 육화incarnation에 붙여진 몽골식 칭호였다.

이러한 달라이 라마가 티베트의 육화된 신들 중 가장 중요한

70) [역주] 티베트어로 '닝마파' 자체가 '오래된 이들의 종파'를 가리키는 말로서 주로 붉은색의 모자와 가사를 착용했기에 (노란색의 모자와 가사를 착용하는 '황모파'인 거루파에 대비하여) '홍모파'라 불리기도 하는데, 이는 '연꽃에서 태어난 자蓮華生' 혹은 '소중한 스승Guru Rinpoche' 등으로 불리는 유명한 파드마삼바바를 기원으로 하는 티베트 불교의 가장 오래된 종파들 중 하나이다.

지는 확실하지 않다. 오히려 이러한 화신들의 기원에 관한 반半전설적인 이야기들에 따르면, 어떤 의미에서는 (라싸 서쪽에 위치한) 타쉬룬포 사원의 판첸에게 최고의 권위가 부여된다. 사실상 [판첸과는 다르게] 달라이 라마의 영적 권위는 그 세속적 권위로 인해 더욱 성장하게 된 것이었다. 판첸 자체도 그 광범위한 종교적 위엄과는 별도로 한 지방의 세속 정부를 갖고 있었고, 그래서 [왕의 지배와 각을 세우며] 완강한 지방 토호로서 자신만의 개별적 정치를 펼치기도 했다. 이러한 상황은 다른 대라마들의 경우에도 대동소이했는데, 왜냐하면 하나의 중요한 사원은 중앙집권이 약한 왕국에서는 일종의 [독립된] 봉토였고 그래서 마치 국가 안의 또다른 국가와 같았기 때문이다. 하지만 달라이 라마가 자신의 주권을 공고히 할 수 있었던 것은 바로 이렇게 과거에 라마에게 부여되었던 역할에 더이상 안주하지 않게 되면서부터였다. 우리 시대에 티베트 정부의 수장이 '볏단' 사원의 대라마가 되는 경우는 너무도 적은데, 때로는 저항적이었던 이 사원은 친중 정책을 추진하며 라싸의 친영 정책을 저지하기도 했다.

이러한 지역적 제도의 우유부단한 성격은 티베트가 중국과 맺고 있는 관계에서 그 이유를 찾아볼 수 있다. 아무런 군사력도 받쳐주지 못하는 달라이 라마의 권위는 [티베트를 둘러싼] 세력 다툼을 통제하기에는 너무도 약했기에 그에 대항할 수 있는 실제적 제재를 전혀 할 수 없었다. 종교적으로 국민의 마음을 사로잡음과 동시에 자금력에 의해서든 국민 정서에 의해서든 군대를 지배하지 않고서는 주권이 허약할 수밖에 없다. 바로 이러한 이유로 얼마 지나지 않아 신정神政 국가 티베트는 중국과의 주종관계 아래에서 복속국이라는 지위로 떨어지게 되었던 것이다. 사실 이러한 주종관계의 기원은 분명하지 않다. 티베트인들은 중국인들이 설명하는 기원에 이의를 제기하며, 반대로 중국인들은 티베트인들이 설명하는 기원에 이의를 제기하기 때문이다. 티베트는 이미 고대부터 종종 중국에 복속되었지만, (양쪽이 모두 인지하는 어떤 전통에 근거한 법에 따르는) 봉건 군주에게 귀속된 봉토와 같은 형태는 아니었다. 문제는 힘이었는데, 그 힘은 바로 그 힘 자체가 수립한 것을 금방 뒤집었다. 중국은 17세기부터 티베트에 개입하게 되는데, 중국이 달라이 라마의 선출을 계속 통제하기 시작했던 것도 이때쯤이다. 그렇게 티베트의 주둔군을 이끄는 고위관리 암반[71]이 티베트의 실질적인 세속 권력을 갖게 되었다. 일반적으로는 이러한 [청나라] 주둔군의 세력은 그다지 크지 않았고, 티베트는 보호국이 아니었다(식민지는 더더욱 아니어서, 행정권은 순수하게 티베트에 속한 것으로 남아 있었다). 하지만 중국이 주도권을 쥐고 있었으며, 중국의 정치적 대

71) [역주] 암반은 청淸나라가 티베트나 몽골 등 번부藩部라 불리는 간접 통치 지역으로 파견했던 관리를 가리키는 명칭이다.

리자들에 의해 달라이 라마의 주권이란 그저 허구적인 것일 뿐이었다. 달라이 라마의 주권은 신성했지만, 그렇게 신성한 만큼 무력했다.

달라이 라마의 대를 잇는 이 기이한 양식[환생을 통해 다음 달라이 라마를 선출하는 방식]은 권력의 공백기를 낳았고 그 때문에 티베트는 주기적으로 섭정에 넘겨질 수밖에 없었으므로, 그만큼 달라이 라마의 권력을 무력화시키기란 아주 쉬운 일이었다. 티베트인들의 눈에 달라이 라마는 불사의 존재, 또는 겉으로만 죽고 곧바로 다른 몸을 입어 다시 태어나는 존재이다. 달라이 라마는 그 기원에서부터 어떤 신화적 존재의 육화로 여겨졌는데, 그 신화적 존재란 불교도들의 제신諸神 중에서 티베트의 수호자 신으로 받들어지는 첸레지[72]였다. 인간은 죽음 후에 일반적으로 환생réincarnation한다는 것(이는 동물이든 인간이든 생물이라면 모두 마찬가지인데)이 불교도들에게는 근본적 믿음의 대상이다. 달라이 라마의 사망은 언제나 죽고자 하는 욕망에 의한 것으로 생각되는데, 그 사망 후에는 그로부터 얼마 지나지 않아 달라이 라마가 다시 몸을 입고 태어날 남자아이를 찾는 일에 착수해야 한다. 공식적 예언이 한 지역을 지정하고, 그 지역에서 이

72) 〔역주〕 첸레지 혹은 첸레직은 티베트 불교에서 관세음보살을 의미하는 이름이다.

전 달라이 라마의 죽음과 일치하는 기간에 태어난 아이들 중에서 조사가 이루어진다. 결정적 징표는 이전 몸의 달라이 라마가 쓰던 물건을 알아보는 것인데, [달라이 라마의 환생으로 생각되는] 아이는 비슷한 여러 물건들 중에서 바로 그 물건을 정확히 골라야 했다. 새로운 어린 달라이 라마는 4세 이전에 발견되고 인도되어 옹립되지만, 19세 이전에는 권력을 행사하지 못한다. 그렇게 하여 이 환생의 기간을 고려할 때 필요한 20년 정도의 섭정 때문에 필연적으로 이전과 이후의 두 달라이 라마 통치 사이에 공백이 생길 수밖에 없다. 또한 이러한 공백기는 종종 더 연장되기도 했는데, 어린 달라이 라마가 너무 일찍 죽게 되는 경우에 특히 그러했다. 사실 13대 달라이 라마 이전에 네 명의 달라이 라마가 그렇게 권력을 잡기 전이나 그 직후 얼마 되지 않아 죽었다. 중국 암반들의 개입이 이러한 죽음과 전혀 무관해 보이지 않는다. [중국의 입장에서] 섭정관은 더 고분고분했고, 게다가 그 섭정관 자신도 달라이 라마를 독살하는 것이 더 용이했기에 그로부터 어떤 이득을 얻을 수 있었다.

4. 13대 달라이 라마의 무력함과 저항

[이러한 상황에서] 예외적으로 13대 달라이 라마는 살아남았다.

아마도 한편으로 중국의 영향력이 현저히 쇠퇴했던 시대적 이유도 있었을 것이다. 이미 중국 암반이 아이의 선택에서 물러나 있었다. 이 새로운 신[13대 달라이 라마]은 1876년에 태어나서 1895년이 되던 해에 동시에 종교적이고 세속적인 전권을 맡게 되었다. 티베트는 그 당시 이전보다 더 무장이 잘 되어 있는 것은 아니었지만, 일반적으로 지극히 어려운 그 접근성 덕분에 방어되고 있는 형편이었다. 달라이 라마의 실질적 권력은 언제나 첫째로 중국의 주의가 느슨해질 때 가능해졌지만, 그래서 그 권력은 또한 불안정한 것이었다. 이 젊은 주권자는, 무엇보다 모든 것에서 멀리 고립되어 있었고 명상에 전념하는 승려이자 종교적 우상이 되는 교육을 받았음에도 불구하고, 이러한 정세를 재빠르게 간파했다. 그 와중에 그는 첫번째 실수를 저지르게 되는데, 그것은 힌두교인[인도인]들에게 티베트 시장을 개방할 것을 요구하는 [영국 식민지였던] 인도 총독의 편지를 개봉도 하지 않고 다시 돌려보낸 일이었다. 이 사건은 그 자체로는 그리 중요하지 않았지만, 영국인들은 그들 입장에서 자신들에게는 문호를 닫는 반면 러시아의 영향력 아래 놓이게 될 위험이 보이는 한 나라를 그대로 내버려둘 수 없었으며, 심지어 당시 중국인들이 티베트를 러시아에 양도한다는 소문도 돌고 있었다. 이에 인도 정부가 라싸와 만족스러운 관계를 수립하려는 목적으로 정치 사절단을 파견했으나, 티베트인들은 사절단이 자신들의 영토에 들어오는 일을 반대했다. 이렇게 하여 영국 사절단의 임무는 군사적인 것으로 바뀌게 되었는데, 파견군의 선두에 선 영허스밴드Younghusband 중령[73]은 티베트의 저항을 쳐부수고 라싸로 진격했다. 중국인들은 이에 반응하지 않았고 달라이 라마는 도망칠 수밖에 없었는데, 그는 도피 전에 성직과 학문으로 명망이 높은 한 종교인에게 티베트 정부의 국새를 넘겨주었다. 영국인들은 티베트의 세 도시를 영국과의 무역을 위해 개방할 것과 티베트의 국경지방인 시킴Sikkim을 영국의 보호령으로 승인할 것만을 강요한 채 라싸에서 물러났는데, 이러한 조치는 결국 영국 외의 다른 외국 세력이 티베트에 개입하는 것을 금지하는 것이었다. 이 조약으로 인해 영국의 영향권은 확정되었지만, 한편으로 티베트의 주권도 암묵적으로나마 인정되었는데, 이는 중국과의 주종관계를 폐지하는 것이었다. 이에 중국인들은 포고령을 통해 티베트의 몇 개 도시에서 달라이 라마의 폐위를 선언했지만, 티베트 국민들은 그 포고령이 붙은 방榜에 오물을 투척했다. 달라이 라마는 4년 동안의 망명 생활 동안 몽골을 거쳐 중국 산시성으로 간 후 다시 베이징에 도착했는데, 이 기간 동안 내내 살아 있는 부

73) 〔역주〕 원문에는 '롱허스밴드Longhusband 대령'으로 표기되어 있는데, 이는 분명한 실수로 보인다. 해당 인물의 정확한 이름은 프랜시스 영허스밴드Francis Younghusband(1863~1942) 중령으로서 1903~1904년 영국의 티베트 원정을 이끌었다. 이에 원문과는 다르게 이 오류를 바로잡아 표기한다.

처[달라이 라마]와 중국의 천자天子는 애매하고도 긴장된 관계를 유지했다(중국인들은 달라이 라마의 폐위 선언을 잊은 듯했다). 그러다 돌연 달라이 라마는 다시 티베트로 돌아가는 길을 택했지만, 그가 라싸에 도착했던 날 달라이 라마의 대신들을 죽이고 달라이 라마를 사원에 감금하려고 전속력으로 쫓아온 중국 군대와 맞닥뜨릴 수밖에 없었다. 이에 그는 다시 이번에는 남쪽으로의 망명길을 택했다. 혹한의 겨울, 말을 타고 눈길을 돌아 기진맥진한 채로 측근들을 데리고 국경 초소에 다다랐는데, 거기에서 달라이 라마는 밤에 자고 있던 두 영국인 전보 기사를 깨워 영국에 보호를 요청했다. 이는 지고의 종교 권력이 군대의 무력을 등에 업은 실제적 권력에 의해 얼마나 좌지우지될 수 있는가를 잘 보여주는 사례였다. 그는 자신의 지친 몸과 부득이하게도 이웃 나라들의 호의밖에는 기댈 것이 없었다. 영국인들은 달라이 라마가 실질적 통치 능력은 없지만 그 없이는 권위도 없었기에 이 망명자를 기꺼이 받아들였다. 이러한 쓰디쓴 경험에서 교훈을 얻은 달라이 라마는 영국령 인도와 중국 사이의 적대관계를 이용해서 그로부터 얻을 수 있는 해결책이 있다고 보았다. 하지만 이는 그의 과대평가일 뿐이었다. 티베트와 이웃한 이 두 나라 사이의 적대관계와 달라이 라마의 주권적 권위는 티베트 국가의 자율성에 유용하기는 했지만 그것만으로는 독립을 보장받을 수 없었다. 영국인들의 지원은 이러한 망명자의 초조한 기대에 한

참 못 미치는 것이었다. 영국은 티베트가 언젠가 강력한 나라가 되어 중국의 속박으로부터 해방되기를 간절히 소망한다고 하면서도, 그 이상의 지원은 거부했다. 그러다 결국 중국 내부의 난국(1911년 청 제국의 몰락)을 통해서만 겨우 이러한 상황이 뒤집혔다. 티베트인들은 라싸에서 중국 주둔군을 몰아냈고 그 수장들은 권위를 잃게 되었다. 중국의 암반과 중국군의 지휘관들은 그렇게 다시 중국으로 돌아갔다. 달라이 라마는 7년 동안의 망명생활을 끝내고 수도 라싸로 돌아와 권력에 복귀했고, 그렇게 그는 죽을 때까지(1934년[74]) 정권을 능란히 유지할 수 있었다.

이러한 일들을 통해 이 13대 달라이 라마는 특별해졌고, 그렇게 살아남아 권력에 대한 경험을 획득했다. 하지만 그것은 가장 불리한 조건에서 그러했다. 그를 인도해줄 수 있는 그 어떤 전통도 없었던 것이다. 달라이 라마의 스승들은 그에게 승려가 되는 지식만을 전수했으므로, 그는 정교한 사변, 신화, 심원한 형이상학 등으로 특징지어지는 라마교의 매혹적이며 평화로운 명상밖에는 거의 배우지 못했다. 티베트 라마교 승원에서 추구되는 수행은 최고의 박학다식함을 요구하는 것이기에, [이를 통해 길러진] 승려들은 특히 난해한 논쟁에 탁월하다. 하지만 이러한 교육으로부터 우리가 기대할 수 있는 것은 정치적 필요성의 감각을

74) 〔역주〕 원문의 오류와는 다르게, 그의 정확한 사망연도는 1933년이다.

일깨우기보다는 그저 차라리 잠재우는 것이다. 이러한 상황은 자발적으로 외부 세계에 문을 닫았기에 그 접근 자체가 불가능했던 티베트에서 특히 두드러졌다. 특히나 때는 티베트가 용인하는 유일한 외국이 중국인 시기였고, 중국인들에게는 티베트인들에게 바깥 상황을 알려주고자 하는 욕망도 가능성도 없었다.

13대 달라이 라마는 그렇게 천천히, 그러나 꾸준하게 열심히 그리고 명민하게, 세상을 알아갔다. 그는 자신의 망명 시기를 잘 이용하여 정부의 운영에 유용한 지식들을 습득할 수 있는 기회를 결코 놓치지 않았다. 그는 인도 총독의 영접으로 콜카타에 머무르는 동안 선진 문명의 자원들을 접하게 되었고, 그때부터 다른 세계에 대한 무관심을 거두고 그 안에서 자신이 맡아야 할 역할을 찾기 시작했다. 달라이 라마라는 한 인물을 통해 티베트는 [이전처럼] 그저 무시하거나 부정할 수 없는 외부 강대국들의 권력 작용을 [드디어] 의식하게 되었던 것이다. 더 정확히 말하자면, 달라이 라마의 종교적이고 신성한 힘이 지닌 한계, 즉 군사력 없이는 아무것도 할 수 없다는 사실을 깨닫게 된 것이었다. 그의 권력이란 너무나 명백하게도 내부적 주권, 곧 성스러운 의식과 고요한 명상의 제국에만 제한되어 있었기에, 너무나 순진하게도 그는 티베트의 외교에 관계되는 결정권인 외부적 주권의 책무를 영국인들에게 이양할 것을 제안했다. [이 제안에 따르면] 영국인들은 그저 티베트 내에 있지 않기만 하면 되었다. (부탄의 경우에도 이와 같은 조건들을 수락하고 받아들였지만, 인도 북쪽의 이 작은 나라는 그다지 큰 중요성이 없는 국가였다.) 영국인들은 이러한 제안을 검토하지 않았는데, 그들은 티베트에서 자신들의 영향력 외의 다른 영향력이 개입하는 것을 바라지는 않았으나, 외교권의 책무를 떠맡는 것이 아니라 그저 티베트에 대한 다른 나라들의 권리를 제한할 수 있는 권리를 원했기 때문이다. 이렇게 달라이 라마는 힘도 없고 도움을 구할 곳도 없이 다른 세계와 맞닥뜨려야 했고 이러한 과제는 그에게 중압감으로 다가왔다.

그런데 "그 어느 누구도 두 명의 주인을 섬길 수는 없다." 티베트 국민들은 그 시대에 승려들을 선택했고 [세속적] 왕들은 무시했다. 모든 위엄은 전설과 신성한 의식의 분위기가 감싸는 라마들에게로 돌아갔고, 이러한 체제는 군사력을 포기하게 만들었다. 아니, 차라리 군사적 권력은 죽어 있었다고 해야 하는데, 라마가 왕의 위엄과 맞먹는 위엄을 갖고 있다는 사실이 왕으로부터 외부 압력에 저항할 수 있는 권력을 빼앗아갔던 것이다. 왕은 외부 세력에 저항할 목적으로 충분한 군대를 결집시키는 데에 필요한 [티베트 국민들로부터의] 매력을 더이상 가질 수 없었다. 이러한 조건에서도 왕위를 이은 주권자는 겉으로는 군대를 결집시킬 수 있었지만, 이미 파괴된 이러한 군사적 권력을 계승해갈 수는 없었던 것이다. 이렇듯 [종교적] 기도의 세계는 [군사적] 무기의 세계에 대해 우월한 지위를 갖고 있었지만, 기도의 세계는 힘을 획득하지 못한 채 그저 파괴하고만 말았다. 그래서 그 기도의 세계는 이기기 위해서 외국의 힘에 호소할 수밖에 없었다. 그렇게 티베트는 내부적으로 저항하던 힘을 이미 파괴했기에 외부의 힘에 좌지우지될 수밖에 없었던 것이다.

바로 뒤이어 외부의 압력이 있긴 했으나, 이렇게 13대 달라이 라마의 지속을 가능하게 했던 일시적인 긴장 완화가 있었는데, 이는 궁극적으로 그 자신의 초라함을 증명할 뿐이었다. 그가 처했던 상황으로 볼 때 그는 사실 달라이 라마로 존재할 수 있는 권력마저 갖지 못했다. 권력의 가능성이 그에게 주어졌던 바로 그 순간 사실 그는 본질적으로 사라질 운명에 처했기 때문이다. 그 운명은, 모두 성년이 될 때 살해되었던 9대, 10대, 11대, 12대 달라이 라마에게도 아마도 다르지 않았던 것 같다. 그래서 [성년에도 살해되지 않았던] 13대 달라이 라마의 운은 겉으로 보기에 어쩌면 그의 불행이었다. 그럼에도 불구하고 13대 달라이 라마는 그 운을 충실하게 받아들였다. 실행될 수 없는 한 권력, 곧 본질상 외부에 열려 있으며 또 그래서 그 외부로부터 오직 죽음밖에는 기대할 것이 없었던 이러한 권력의 책무를 그는 충실하게 받아들였던 것이다. 그렇게 그는 자신의 본질을 포기하기로 결심했다.

5. 군사 조직화의 시도에 대항하는 승려들의 저항

(피로감과 뒤이어 일어난 중국의 [신해]혁명으로 인한) 일종의 유예기 덕분에 지속하고 극복할 수 있었던 달라이 라마는, 결국 라마교가 앗아갔던 힘[군사력]을 티베트로 되돌리겠다는 생각에 이르게 되었다. 이러한 과제를 실천하기 위해 그는 자신의 영국인 전기 작가인 찰스 알프레드 벨의 조언에서 도움을 얻었다. [영국 식민지] 인도 정부의 외교관으로서 벨은 사실상 결국 영국이 티베트와 우호적인 외교 관계를 맺게 했다. 직접적인 군사 원조는 여전히 거부되었고 심지어 단순한 무기의 제공조차도 고려되지 않았지만, 1년 동안의 공식 임기 동안 벨은 "자신의 개인 명의로" 군사 조직화를 위한 달라이 라마의 노력을 지원했다. 이러한 노력은 점진적으로—20년 안에—육천 명에서 만 칠천 명에 이르는 군대를 육성하려는 것이었다! 세속은 물론이고 사원에서 거둔 재산세로 이러한 군의 운영비를 충당할 계획이었다. 달라이 라마의 권위가 유력자들에게 이러한 양보를 강제했지만, 개인적으로 [자신의 재산을] 포기하는 것이 쉬운 일일지라도, 혹은 고관대작들을 그렇게 [포기하게] 이끄는 것이 여전히 가능한 일일지라도, 급작스럽게 한 사회로부터 그 기존의 본질을 제거할 수는 없는 것이다.

이러한 조치에 전체 승려들뿐만 아니라 국민들 역시 당혹해

했다. 군대의 증강은, 아무리 가벼운 수준이어도, 승려들의 중요성을 축소시키는 일이었다. 그런데 티베트는 언어, 제의, 축제, 인식의 영역 등, 한마디로 인간 삶의 모든 부분에서 사제들에 의존하지 않는 것이 없는 나라였다. 나머지는 그에 비해 주변적인 것이었다. 만에 하나, 어떤 이가 [이러한 사회 분위기의] 방향을 바꾸려고 해도, 그는 여전히 승려들에게서 그 의미/방향과 표현의 가능성을 끌어와야만 했다. 국민들 앞에 어떤 새로운 요소가 도래해 더이상 그저 존속하는 데에 그치지 않고 증대되는 일은, 승려들의 목소리 외에 다른 목소리로 정당화될 수 없었다. 이 정도로 어떤 행동이나 가능성이 지닌 의미/방향이 오직 승려들에 의해서 그리고 승려들을 위해서 주어지는 것이었으므로, 군대를 지지하는 소수의 사람들조차 군대가 종교를 유지할 수 있는 유일한 수단임을 강조해야 했다. 1909년에 중국인들은 티베트 사원들을 불태웠고 라마교인들을 죽였으며 그 경전들을 파괴했다. 하지만 티베트라는 나라는 본질적으로 그 자체가 사원과 같은 것이었다. 투쟁한다는 것이 무엇보다 이러한 원리의 폐기를 의미하는 것이라면, 원리를 유지하기 위해 투쟁한다는 것이 도대체 무슨 소용이란 말인가? 라싸의 한 주요한 라마는 벨에게 이를 다음과 같이 설명했다. "티베트 군대를 증강하는 건 쓸데없는 짓이오. 실상 경전들은 이렇게 말하고 있소, 티베트가 이따금씩 외국의 침략을 받을 테지만 그러한 외세는 결코 오래가지 못할 것이라고 말이오." 승려들이 자신들의 위치를 지키기 위해 (외세와 싸워야 할) 군대의 유지에 반대했던 이러한 우려 때문에, 심지어 그들은 다른 계획으로 투쟁하는 데까지 이르렀다. 1920년과 1921년 사이 겨울은 소요와 내전의 위협으로 무거운 분위기였다. 어느 날 밤, 벨을 죽이자고 국민을 선동하는 벽보들이 라싸 거리 곳곳에 붙었다. 이어 2월 22일에는 라싸에서 오만에서 육만 명에 이르는 승려들이 운집하는 대법회 축제가 시작되었다. 이 군중의 일부는 도시를 돌아다니며 다음과 같이 외쳤다. "우리와 함께 싸우러 가자. 우리는 목숨을 바칠 준비가 되어 있다." 축제는 이러한 긴장 속에서 거행되었다. 군대 지지자들과 벨 자신도 이러한 동화 같은 의식에 참여해 거리에서 민중과 섞여들었는데, 그들은 갑자기라도 형체를 갖춰 일어날 것만 같은 흥분에 휘둘려 격정을 최대로 표출하고 있었다. 사실 이에 뒤따라 예외적으로 이러한 격정이 아주 가볍게 순화되는 순간도 있었지만, 반항의 불길은 오래 타올랐다. 달라이 라마의 군사 정책은 신중했는데, 기본적 상식이 그 정책을 뒷받침하고 있었기에 그에 대한 일반적 적의를 갖고 있는 이들이 달라이 라마를 대놓고 반대할 수는 결코 없었다. 승려들의 대의명분은 티베트라는 나라뿐만 아니라 사원제도 자체에 대한 배반의 방향으로 흘러갔다. 그래서 그러한 승려들의 대의명분은 내적으로 강력한 정부의 확고함과 충돌하게 되었고, 거기서 이미 그들은 길을 잃었던 것이다. 여기서 놀라운 것은 그러한 대의가 실패했다는 사실이 아니라 최초의 군중 운동이 그럼에도 그러한 대의를 그토록 열렬하게 유지하고 있었다는 사실이다. 그 심오한 이유를 찾아야 하는 것은 바로 이러한 역설이다.

6. 라마들에 의한 과잉 전체의 소진/소모

나는 우선 피상적인 설명은 피하기로 하겠다. 찰스 알프레드 벨은 불교가 폭력을 금지하고 전쟁을 단죄한다는 사실을 강조한다. 하지만 다른 종교들 역시 이러한 원칙들을 갖고 있으며, 교회의 계율에서도 이러한 원칙의 적용은 동일하다는 사실을 우리는 잘 알고 있다. 어떤 사회적 행동은 그저 도덕적 규칙으로부터 도출될 수 없는 것인데, 사회적 행동이란 한 사회의 구조, 즉 그 사회를 움직이는 물질적 힘들의 작용을 표현하기 때문이다. [달라이 라마의 군사 정책에 대한 티베트 승려들의] 적의에 찬 이러한 운동을 명백히 추동했던 것은 도덕적 가책 같은 것이 아니라 오히려 더욱 중대하게는 승려들의 이해관계였던 것이다. 더구나 벨 역시 이러한 요소를 놓치지 않고 이에 관해 값진 정보를 제공해주고 있다. 물론 벨 이전에도 사람들은 라마교의 중요성을 이미 알고 있었다. 티베트에서는 성인 남성 셋 중 하나가 라마교 승려였고, 어느 동시대에는 라마교 사원들이 각각 수용하는 승려의 수가 칠팔천 명에 달하기도 했으며, 전체적으로는 티베트 삼사백만의 총인구 중 이십오만 명에서 오십만 명에 이르는 사람들이 승려였던 것이다. 하지만 벨은 이러한 사원제도의 물질적 의미를 예산자료들을 통해 정확하게 보여주고 있다.

그에 따르면 1917년 한 해에 라싸 정부의 총수입은 대략 (이는 소비물자와 부역 등에 할당된 가치를 화폐의 가치에 합산한 것인데) 72만 파운드였는데, 이 중에서 군대 예산은 15만 파운드였고 행정 예산은 40만 파운드였다. 그 나머지에서 상당 부분은 달라이 라마에 의해 정부의 종교 관련 비용으로 쓰였다. 하지만 벨의 산정에 따르면, 이러한 정부의 지출과는 별도로, 연간 승려 집단이 소비하는 비용(이는 사원의 재산 수입, 증여, 종교 행사 비용 등인데)은 100만 파운드를 크게 웃돌았다. 이렇듯 원칙적으로 종교의 전체 예산이 국가 행정 예산의 두 배 이상에 달했고 군대 예산의 여덟 배 이상에 달했던 것이다.

개인적 산정에 근거한 이러한 수치가 공식적 성격을 띠는 것은 아니지만, 이러한 수치가 달라이 라마의 군사 정책이 맞닥뜨렸던 반대의 이유를 밝혀주기는 한다. 한 민족이 자신의 활력을 거의 아낌없이 사원 조직에 쏟아부으면서 동시에 군대를 가질 수는 없다. 다른 나라에서는 아마도 종교적 삶과 군사적 형태 사이에 어떤 [적절한] 분배가 가능할 테지만, 티베트의 예산자료를 통해 드러나는 것은 단지 [종교에만] 배타적으로 치우친 봉헌이다. 군대의 창설은 어쩌면 합리적으로 강제될 수도 있을 테지만, 그것만큼 티베트인들의 삶을 근거짓는 감정과 상반되는 것도 없을 것이다. 군대는 티베트인들 삶의 본질을 위협하는 것이며 그만큼 불편함을 야기하는 것이었다. [군대를 도입하는] 이토록 전적인 결정을 하게 된다는 것은 자기 자신을 부인하는 일이 될 것이며 마치 비를 피하기 위해 물에 빠져 죽는 것과 같은 일이 될 것이다. 이제 남은 것은, 이러한 [종교 우위의] 감정이 처음에 어떻게 주어지게 되었는지를 말하는 일이 될 것이며, 또한 일찍이 한 나라 전체가 사원이 되기를 바랐던 근본적인 이유가 무엇이었는지, 그래서 현실 세계 한가운데서 형성되었던 이 나라가 종국에는 바로 그 세계 속에서 부재하게 되었던 근본적인 이유가 무엇이었는지를 보여주는 일이 될 것이다.

7. 라마교에 대한 경제적 설명

이 경우에 우리는 우선 경제의 일반적 법칙을 파악하지 않고서는 그 진정한 원인에 다다를 수 없을 것이다. 언제나 그 총체 안에서 한 사회는 그 자신의 존립에 필요한 것보다 더 많이 생산하게 되기에, 사회는 이렇듯 가용한 과잉을 갖고 있다. 한 사회를 결정짓는 것은 바로 그 사회가 행하는 이러한 과잉의 사용인데, 바로 이러한 잉여야말로 동요의 원인이자 구조적 변화의 원인이며 또한 모든 역사의 원인이기 때문이다. 하지만 이러한 잉여는 하나 이상의 돌파구를 갖고 있는데, 그중 가장 공통적인 것은 바로 성장이다. 그리고 이러한 성장 자체도 여러 다양한 형태를 갖고 있는데, 그 각각의 형태 역시나 시간이 지나면서 결국 어떤 한계에 봉착하게 된다. 그렇게 한계에 부딪힌 인구의 성장은 군사적인 것으로 전환되면서 억지로 정복으로 향할 수밖에 없는 것이다. 그리고 이러한 군사적 한계 역시 불안정한 것이어서, 잉여는 다시금 종교라는 사치스러운 낭비의 형식을 그 돌파구로 삼고, 또 그로부터 파생된 유희나 공연의 형식 혹은 개인적 사치마저도 그러한 돌파구로 삼게 된다.

역사는 끊임없이 정체와 그에 이어지는 성장의 반복으로 점철되어 있다. 물론 사치스러운 낭비의 삶이 늘어나고 그에 반해 전쟁 활동은 줄어들면서 가장 인간적인 방식으로 과잉에 돌파구를 마련하는 균형의 상태들이 있기는 하다. 하지만 이러한 균형 상태 자체가 점점 사회를 와해시키며 결국 다시금 사회를 불균형 상태로 만들게 된다. 그때부터 어떤 새로운 성장의 운동이 [다시] 유일하게 받아들일 수 있는 해결책으로 등장한다. 이러한 불안의 조건들 속에서 한 사회는 자신의 힘을 할 수 있는 한 최대한으로 증대시키고자 하는 기획으로 접어든다. 그렇게 다시금 그 사회는 자신의 도덕적 법칙들을 새롭게 할 준비가 되는 것인데, 이번에는 새로운 목적들을 위해 잉여를 사용하며 그에 따라 돌연 다른 돌파구들은 배제된다. 이슬람은 전쟁 활동에 득이 되기 위해 헤픈 낭비적 삶의 모든 형태들을 단죄했다. 이웃나라들이 어떤 균형 상태를 누리던 때에 이슬람은 증강된 군사적 형태를 사용했기에 이에 그 어느 것도 저항할 수 없었다. 모든 형태의 사치/낭비에 대한 [서구의] 새롭게 갱신된 비판—이는 일단은 개신교적인 것이었고 그 이후에 혁명적인 것이 되는데—은 기술적 진보에 내포된 산업 발전의 가능성과 맞아떨어졌다. 잉여의 가장 중요한 몫은 [서구의] 근대 시기에 이르러 자본주의적 축적을 위해 비축되었다. 이슬람은 아주 빠르게 자신의 한계들에 맞닥뜨리게 되었던 반면, 산업의 발전은 그 자신의 한계들을 이제 막 예감하기 시작한 것이다. 이슬람은 어려움 없이[75] 그 자신이 정복했던 세계의 균형 형태로 되돌아갔지만, 반대로 산업경제는 무질서한 혼란에 빠지게 된다. 산업경제는 오직 성장하기만을 강제당하는 것으로 보이나 이미 그 성장의 가능성은 그러한 산업경제에 결여되어 있는 것이다.

75) 〔원주〕 이렇듯 균형 상태에 이르러 도시 문명을 누렸던 이슬람교 나라들은, 그럼에도 오랫동안, 여전히 유목민이었던 다른 이슬람교 나라들의 먹잇감이 될 수밖에 없었다. 이러한 다른 유목민 이슬람교 나라들이 도시화되었던 것은 그 초기 정복자들의 제국이 전복되고 나서였던 것이다.

이러한 그림에서 본다면, 어떤 의미에서 티베트의 위치는 이슬람의 입장과도 반대되고 근대 세계의 입장과도 반대된다. 아득한 옛날부터 중앙아시아의 광대한 고원지대로부터 밀려온 연속적인 침략의 물결은 삶이 더욱 용이한 지역들인 동쪽, 서쪽, 남쪽을 향해 퍼져나갔다. 하지만 15세기 이후 이렇듯 넘쳐났던 고원지대의 야만족들은 대포를 앞세운 효율적인 저항에 직면하게 되었다.[76] 티베트의 도시 문명은 이미 중앙아시아에서 다른 방향으로 잉여에 돌파구를 마련하려는 시도를 잘 보여주고 있었다. 아마도 몽골의 정복자 유목부족들은 그들 당시에 쓸 수 있었던 침략(공간적 성장)의 모든 가능성들을 써버렸는지도 모른다. 그런데 티베트는, 몽골인들 자신은 16세기에 이르러서야 채택하게 되었던 다른 해결책을 이미 받아들이고 있었다. 빈곤한 고원지대의 민족들은 풍요로운 지역들로 주기적으로 강하할 수밖에 없었는데, 그렇게 하지 않으면 그들의 성장은 멈추고 말 것이었기 때문이다. 그렇게 하지 않으면 그들은 야만적인 전쟁 활동이라는 배출구를 포기하고서 자신들의 에너지의 넘침을 새롭게 사용할 방안을 찾아내야만 했던 것이다. 티베트의 사원제도는 이러한 과잉을 소비하는 하나의 방식인데, 그것은 티베트

76) 〔원주〕 르네 그루세René Grousset, 『역사 편람*Bilan de l'histoire*』, 플롱Plon 출판사(1946), 8절판: '침략들의 기원에 대하여A la source des invasions' 장, 273~299쪽 참조.

가 창안했던 것은 아니었지만 다른 나라에서 이는 다른 돌파구들 곁에서 그와 어깨를 나란히 했던 하나의 또다른 돌파구였던 것이다. 중앙아시아에서 극단적 해결책이란 이러한 과잉의 전체를 사원에 부여하는 것이었다. 오늘날 이러한 원리를 명확히 포착하는 것이 필요한데, 그러한 원리란, 에너지의 체제를 그 어떤 방식으로도 발전시킬 수 없거나 (새로운 기술이나 전쟁의 도움으로) 그 총량을 증대시킬 수 없는 민족은 그 자신이 필히 생산할 수밖에 없는 잉여의 전체를 순수한 소멸로 소비해야 한다는 것이다. 이러한 필요성에 대한 응답이 바로 라마교의 역설이었는데, 이는 화기의 발명 이후로 가장 완벽한 형태에 도달한 소비였다. 이것은 다른 분출구가 없이 결국 외부와의 관계를 두절한 채 밀폐된 한 나라가 취했던 근본적/급진적 해결책이다. 스스로를 방어할 필요성에서 그러한 목적으로 인간의 삶이나 부를 사용하는 것조차 해결책이 되지 못하는데, 한 나라가 너무나 가난하면 그러한 일을 진정 시도조차 할 수 없기 때문이다. 이런 나라는 점령되지 않고서도 침략당할 수 있는 것인데, 이는 한 승려가 벨에게 말했던 경전의 내용이 거짓이 아니었음을, 곧 티베트는 이따금 침략당하겠지만 그 침략자들 중 아무도 티베트에 남지는 않을 것이라는 말이 거짓이 아니었음을 보증하는 것이다. 이렇듯 더 부유하고 잘 무장된 어떤 세계의 한가운데서 외부와의 관계를 끊고 고립된 가난한 나라는 과잉의 문제에 대해 그 자신의 폭발적 폭력을 내부에서 해소할 해결책을 마련해야 했다. 티베트의 내부 구성은 너무도 완벽히 반향으로부터 벗어나 축적과는 아예 담을 쌓은 것이었기에 그 체제에서는 최소한의 성장도 고려할 수 없었던 것이다. 승려 집단의 독신생활 때문에 심지어 인구 감소의 위험도 있었다. (이는 실제로 군대의 수장이었던 지휘관이 벨에게 털어놓았던 우려였다.) 사원들의 수입은 이렇듯 생산력 없는 소비자 집단의 삶을 유지시키는 부의 소비를 보장했다. 만약 이러한 승려 집단이 애초부터 이렇게 비생산적이지도 않고 자식도 없지 않았다면, 그 균형은 곧바로 위협받았을 것이다. 세속인들의 노동만으로도 이 승려들을 부양하기에 충분했으며 자원 역시 거의 증대시킬 필요가 없었던 것이다. 대부분의 승려들의 삶은 고된 것이었다(아무것도 하지 않는 특혜를 갖는 데에 불편이 따르지 않을 수는 없는 것이다). 하지만 라마들의 이러한 기생적인 삶이 상황을 어찌나 잘 해결했던지, 벨에 따르면, 티베트 노동자의 생활수준은 인도나 중국 노동자들의 생활수준을 상회하는 것이었다. 더불어 티베트에 관한 여러 저자들은 티베트인들이 노동중에 노래를 부르며 항상 잘 웃고 품성이 명랑해서 사는 데 큰 어려움을 느끼지 않는(비록 겨울의 추위는 매섭고 창문이 없는 집들은 불도 땔 수 없지만) 낙천적인 기질을 지녔음에 공통적으로 주목하고 있다. 승려들의 신앙심은 다른 문제이다. 이는 부차적인 중요성을 갖지만, 이러한 신앙심 없는 티베트 체제는 상상할 수 없는 것이다. 그리고 우리가 의심할 수 없는 것은, 어쨌든 라마교의 깨달음이 계산적인 것과는 동떨어진 개방, 증여, 상실이라는 소진/소모의 본질을 도덕적으로 실현시킨다는 것이다.

이러한 티베트의 체제는 16세기 말에 몽골로 전파되었다. 종교의 변화라기보다는 경제의 변화인 이러한 몽골인들의 전환은 중앙아시아의 역사에서 독특한 대단원을 이룬다. 침략이라는 세속적 돌파구가 막혀 있던 중앙아시아에서 이러한 극적 전환의 조치는 라마교가 지닌 의미를 정확히 말해준다. 사회 전체적인 사원제도가 닫힌 체제의 성장을 정지시켜야 할 필요에 부응했던 것이다. 이슬람은 과잉 전체를 전쟁에 투여했고, 근대 세계는 과잉 전체를 산업시설에 투여했다. 그와 마찬가지로 라마교는 그러한 과잉 전체를 사변/명상적인 삶에, 곧 세계 속에서 지각하는 인간의 자유로운 유희에 투여했던 것이다. 만약 이렇듯 서로 다른 측면을 지닌 사례들을 한 장의 도표 위에 전체적으로 배치해본다면, 라마교는 다른 체제들[이슬람과 근대 세계]의 반대편에 위치하게 될 텐데, 오직 라마교만이 언제나 획득하고 성장하고자 하는 목적을 지닌 **활동**에서 벗어나 있기 때문이다. 라마교가 삶을 삶 그 자체 외의 다른 목적에 종속시키는 것을 거부한다는 것은 명백한 사실이다. 직접적으로 그 어떤 유예도 없이, 삶은 삶 그 자체의 목적이 되는 것이다. 티베트의 제의에서 군사적 형식, 왕정 시대에 대한 환기 등은 여전히 춤이라는 찬란한 형태로 체현되기는 하지만, 그것은 그저 지나가버린 형식에 대한 제의인데, 바로 그 제의적 재현의 대상이 되는 것이 그러한 [군사적 형식과 왕정의] 쇠퇴이기 때문이다. 라마들은 폭력을 외부로 거칠게 분출하는 세계에 대해 얻은 승리를 이러한 방식으로 기렸다. 그들의 승리는 그렇게 폭력을 내부로 분출시켰다. 하지만 내부로 분출되는 이러한 폭력 역시 폭력적인 것은 마찬가지이다. 중국에서보다 훨씬 더 분명하게 티베트에서는 군사적 직업이 멸시를 받는다. 심지어 13대 달라이 라마의 개혁 이후에도 귀족 가문에서는 아들자식이 군인으로 임관되는 것을 그리 달갑게 여기지 않았다. 벨이 영국에서는 군인보다 더 명예로운 직업이 없다고 아무리 이야기해도 소용없었고, 부모들은 오히려 벨이 달라이 라마에게 영향력을 행사해 아들을 군대에서 제명해주기를 간청했다. 사실 사원제도는 순수한 소비이자 동시에 소비에 대한 단념인데, 어떤 의미에서 이는 해결책으로부터 완벽하게 등을 돌리는 조건에서 얻을 수 있는 완벽한 해결책인 것이다. 하지만 최근의 역사가 그 역설적 가치를 강조하고 있는 이러한 과감한 돌파구에 너무 많은 관심을 할애할 수는 없다. 이러한 돌파구는 경제적 균형이라는 일반적 조건들에서 봤을 때 하나의 명백한 사례를 보여주는데, 그러한 해결책이 인간의 활동을 바로 그 활동의 한계들 앞에 서게 하고 군사적이거나 생산적인 활동을 넘어서 그 어떤 필요성에도 종속되지 않는 하나의 세계를 드러내고 있기 때문이다.

4부

역사적 여건들 III

산업사회

I. 자본주의의 기원들과 종교개혁

1. 개신교의 도덕과 자본주의의 정신

막스 베버는 분석의 방법뿐 아니라 통계의 방법을 통해서도 자본주의 경제의 조직화에서 개신교가 행했던 특권적 역할을 잘 보여주었다.[77] 심지어 오늘날에도 어떤 지역 안에서 보통 개신교도들은 사업으로 향하는 반면 가톨릭교도들은 보다 일반적으

77) 〔원주〕 베버의 저명한 연구 『프로테스탄트 윤리와 자본주의 정신*Die protestantische Ethik und der Geist des Kapitalismus*』은 처음에 『사회학/사회정치학 논총*Archiv für Sozialwissenschaft und Sozialpolitik*』 20/21권(1904/1905)에 발표되어 후에 그의 『종교사회학*Religionssoziologie*』 1권(튀빙겐Tübingen, 1921, 전3권, 8절판)을 구성하게 된다.

로 자유 직종을 향하는 경향이 있음을 보게 된다. 이렇듯 노동에 더 집중하며 이익의 계산에 더 정확히 밝은 기업가의 정신상태가 개신교의 세속적 엄격성과 어떤 유사성을 띠고 있는 것으로 보인다. 이러한 경향성에서 가장 큰 역할을 했던 것은 루터Luther의 교리들이 아니었다. 하지만 칼뱅주의의 영향권에 있던 지역들(네덜란드, 영국, 미국)이 보다 이른 시기에 산업 발전을 이룬 지역들과 대체적으로 일치하는 것은 사실이다. 루터가 대부분 농민사회에 기초한 순박한 혁명을 정식화했던 것이라면, 반대로 칼뱅Calvin은 상업도시 중간계층의 열망을 대변했던 것인데, 이는 법률가다운 반응이었으며 그래서 그에게는 사업이 더 익숙했던 것이다.

빠르게 명성을 획득한 베버의 테제들은 그만큼 많은 비판의 대상이 되었는데, 그중에서 리처드 헨리 토니Richard Henry Tawny[78]는 베버의 테제들이 당대의 다양한 경제 학설들에 대한 칼뱅주의의 대립만을 너무 강조했다고 주장했는데, 그렇게 함으로써 칼뱅주의가 초기 가르침에서 후기 이론으로 넘어가는 변화를 무시하게 되었다는 것이다. 토니에 따르면, 17세기 후반부까지도 청교도와 자본주의의 결합은 완결된 것이 아니었다. 게

78) [원주] 『종교와 자본주의의 발흥*Religion and the Rise of Capitalism*』, 2판, 뉴욕New York(1947), 8절판.

다가 그러한 결합 또한 경제적 여건들의 원인이라기보다는 그 효과였다. 하지만 토니 스스로도 기꺼이 인정하듯, 그의 이러한 유보적인 입장이 꼭 베버의 생각과 반대되는 것은 아니다. 그러면서도 토니는 어느 정도는 편협할 정도로 이 문제에 관해 그 근본적 반응의 사실보다는 경제 문제로 정식화된 학설들에 더 많이 매달리고 있다.

어쨌든 베버의 장점은 근대 세계의 탄생 배경이 된 종교적 위기와 경제적 전복 사이의 관계를 엄밀히 분석해냈다는 것이다. 엥겔스Engels를 포함한 다른 이들 또한[79] 베버에 앞서 이러한 관계들을 예감했지만, 그 관계들의 본성을 정확히 파악하지는 못했다. 그 논점이 명확해진 것은 더 나중에 이르러서였는데—토니의 저작에서 그러하듯—베버가 바로 그 본질적인 부분에 강조점을 찍게 되었던 것이며, 그 이후로 여러 사람들이 도달했던 더 상세하게 분석된 결과들은 아마도 [베버의 분석에 비해] 부차적인 중요성을 가질 것이다.

79) 〔원주〕 같은 책, 27쪽, 주석 11.

2. 중세의 교리 속 경제와 실천 속 경제

다른 두 개의 종교적 세계[가톨릭과 개신교]는 서로 대립되는 형태의 두 경제[전근대 경제와 근대 경제]에 상응했다. 전前자본주의적 경제가 가톨릭과 맺고 있 관계는 근대 경제가 개신교와 맺고 있는 관계만큼이나 강력한 것이기 때문이다. 하지만 베버는 다음과 같은 사실을 강조했다. 근대 경제는 본질적으로 자본주의 산업인데, 가톨릭교회와 그 교회가 유지했던 정신상태가 이러한 자본주의 산업의 발전에는 그리 용이하지 않았던 반면, 개신교의 세계에서는 반대로 칼뱅주의가 그러한 산업 발전에 적합한 점을 갖고 있었다는 것이다. 게다가 우리가 무엇보다 베버의 방식과도 거리가 멀고 토니의 방식과도 거리가 먼 어떤 다른 방식[일반경제의 방식]을 따라 가용한 자원의 사용 방식이라는 문제를 들여다보게 된다면, 이러한 두 경제 영역의 대립을 보다 쉽게 드러낼 수 있을 것이다. 중세 경제가 자본주의 경제와 구별되는 점은, 정태적인 중세 경제가 과잉된 부의 상당 부분을 비생산적 소진/소모에 썼던 반면, 자본주의 경제는 축적을 통해 생산 장치의 역동적 증대를 꾀한다는 것이다.

토니는 경제적 관점에서 중세의 기독교적 사고방식에 대한 심화된 분석을 행했는데, 이러한 중세 경제의 본질은 생산적 활동을 기독교적 도덕법칙에 종속시키려는 원칙에 있다는 것이다.

중세의 사고방식에서 사회는, 동질적이지 않은 부분들로 이루어진, 즉 여러 다른 위계를 갖는 기능들로 이루어진 모든 살아 있는 유기체와 같이, 복합적으로 구성된 하나의 신체였다. 즉 성직자, 군사귀족, 노동자가 하나의 통합된 신체를 형성하며,[80] 이 셋 중 마지막 항[노동자 계급]을 구성하는 부분들은 [성직자와 군사귀족 계급이라는] 다른 두 항에 (마치 몸통과 사지가 머리에 종속되듯) 종속되는 것이었다. 생산자들은 귀족들과 사제들의 필요를 보조해야 했고, 그 반대급부로 귀족들로부터는 보호를 얻어내고 사제들로부터는 종교적 삶에 참여할 수 있는 기회와 함께 행동이 엄격하게 종속되는 도덕 규칙을 받았던 것이다. 성직자들과 귀족들에 대한 봉사에서 벗어나 자연의 일부분으로서 자율성과 고유의 법칙을 갖는 경제 세계라는 관념은 중세의 사고방식에서는 매우 낯선 것이었다. 판매자는 상품을 적정한 가격에 넘겨줘야 하며, 그 적정한 가격이란 상품 공급자의 생계를 보

80) [역주] 이는 보다 일반적으로는 조르주 뒤메질이 일찍이 인도-유럽 신화 분석에서 추출했던 저 유명한 "세 개의 이데올로기les trois idéologies"라는 원형적 테제, 즉 '기도하는 자, 싸우는 자, 일하는 자'의 삼분법이 신화와 현실 둘 모두의 위계를 구성한다는 이론에서 직접적인 영향을 받은 것이며, 이러한 삼분법의 구조는 이후 역사학에서도 조르주 뒤비Georges Duby의 기념비적 저작 『세 위계 혹은 봉건제의 상상계*Les trois ordres ou l'imaginaire du féodalisme*』를 통해 중세의 역사와 사회구조를 분석하는 심성사l'histoire de la mentalité 연구의 결정적인 이론으로 부상하고 기능하게 된다.

장할 수 있는 가능성에 의해 결정되는 것이다. (이는 어떤 의미에서 마르크스주의에서 말하는 노동 가치인데, 그렇기에 토니는 마르크스Marx에게서 "마지막 스콜라철학자"의 초상을 보았던 것이다.) 빌려준 돈은 그 대가를 바랄 수 있는 대상이 될 수 없으며, 고리대금은 교회법에 의해 형식적으로 금지되어 있었다. 대부 사업 자체가 목적이기에 돈을 빌려준 것만으로 받는 이득의 도덕적 권리를 채권자에게 인정하는 대부업貸付業과, 돈을 빌려간 이의 소비에만 쓰이는 것이기에 돈을 빌려준 것만으로는 그로부터 어떠한 이익을 얻는 것도 정당화될 수 없는 [단순한] 금전 대여 사이에 존재하는 차이를, 신학박사들은 매우 신중하고도 뒤늦게 인정하게 되었다. 부자는 충분한 비축분이 있고 빈자는 먹을 것도 모자라 부자가 그를 굶어죽지 않게 하려고 부자 자신에게는 그리 무리가 가지 않는 양의 재화를 빌려줬다고 한다면, 부자가 빈자에게서 이를 되돌려 받을 때 그가 줬던 것보다 더 많이 요구할 수 있는 일일까? 이는 시간을 지불할 것을 요구하는 일일 테고, 공간과는 다르게 시간이란 신에게 속한 것이지 인간에게 속한 것이 아니라고 당시 사람들은 말했다. 하지만 시간은 자연 속에서 주어지는 것이다. 만약 여전히 어떤 곳에서 이윤을 낼 수 있는 기업에 돈이 출자된다면, 이는 자연법이 '돈+시간'이라는 요소에 이득(가능한 이윤의 일부분)이라는 추가적 가치를 부여하는 것에 동의하는 것이다. 이렇듯 [시간이라는 요소에서 얻을 수 있는 추가적 이득을 부정하는] 도덕적 사고는 [시간으로부터의 추가적 이득을 인정하는] 자연법에 대한 부정이 되는 것이다. 그래서 이러한 문제에 대한 교회의 간섭은 생산력의 자유로운 발전에 대립되는 것이다. 기독교적 도덕에 따르자면, 생산은 일종의 봉사인데, 그러한 봉사의 양태(의무, 책무, 특권 등)는 그 목적에 따라(결국 그러한 목적을 판정하는 성직자들에 의해) 결정되는 것이지 어떤 자연적 운동에 의해 결정되는 것이 아니다. 이는 경제적 질서에 대한 합리적이고 도덕적인—그러나 정태적인—개념화인데, 이렇듯 [기독교적 도덕이 말하는] 신적이며 목적론적인 우주론은 [자연법이 말하는] 힘의 작용에 의해 결정되는 진화론의 관념과 대립적인 관계를 맺고 있다. 중세에 있어 세계란 사실 다시없을 최종적인 형태로 우리에게 주어져 출현한 것이었다.

하지만 이러한 형식적 판단들은 유일한 것이 아니다. 중세 경제의 본성은 신학자나 법률가의 글 속에서는 충분히 드러날 수 없었을 것이다. 그러한 본성은 사실 실제적인 실천 속에서도 정의될 수 없었는데, 실천이 이론의 엄격성과는 너무도 괴리되어 있었기 때문이다. 아마도 한 사회가 부富에 부여하는 의미에서 한 가지 변별적 요소를 찾을 수 있을 텐데, 그 의미는 부를 가졌던 이들에게서 공통적으로 드러나는 정신의 관점과는 다른 것이기에, 실제와 이론적 규칙의 대립 속에서 이러한 의미를 찾으려 하는 것은 아마도 헛된 일이 될 것이다. 그러한 의미는, 비록

말로 정식화할 수는 없더라도 한 경제적 체제의 본성을 결정짓는 강력하고 명확하게 드러난 운동과 관계가 있다.

부는 우리가 부의 소유에서 기대하는 이점에 따라 그 의미가 변하는 것이다. 그것은 아무개 장Jean이라는 사람에게는 결혼의 가능성을 의미하고, 또 아무개 로베르Robert에게는 무위도식의 삶을 의미하며, 아무개 에드몽Edmond에게는 사회적 서열의 변화를 의미하는 것이다. 하지만 주어진 어떤 시간 안에는 변하지 않는 상수들이 있다. 자본주의 시대에 중요한 이점은 투자 가능성이다. 이는 딱히 특별한 관점이 아닌데, 아무개 장, 로베르, 에드몽 등은 각기 다른 의도로 저축할 수도 있고, 또 반대로 아무개 장은 땅을 매입하고자 하는 아무개 자크Jacques와 똑같은 의도를 가질 수도 있다. 하지만 가용한 자원의 어떤 본질적인 몫은 생산력의 증가를 위해 비축된다. 이는 그 어떤 개인에게도 특별히 최종적 목적이 되지는 않겠지만, 집단적으로 봤을 때 어떤 결정적 시기에 사회는 이러한 최종적 목적을 선택했던 것이다. 사회는 가용한 자원들을 우선적으로 기업이나 설비의 확장에 투자한다. 말하자면 사회는 부의 즉각적 사용보다는 부의 증대를 선호하는 것이다.

하지만 종교개혁 전까지는 상황이 아직 이렇지 않았다. 어떤 성장의 가능성은 주어지지 않았다. 발전이라는 말은 미개척의 영토를 열어젖히거나 기술적 변화가 생기거나 새로운 필요를 창출하는 새로운 생산물이 나왔을 때 쓸 수 있는 말이다. 하지만 한 사회는 또한 그 사회의 모든 생산물들을 소비하는 방향으로 나아갈 수도 있다. 그럴 때 그 사회는 가용할 수 있는 자원의 과잉을 어떻게든 파괴해야 할 것이다. 무위도식은 이러한 파괴의 가장 간단한 방법이다. 아무 일도 하지 않는 사람은 자신의 생존에 필요한 생산물들을 마치 불태우듯 완전하게 파괴하는 것이다. 하지만 피라미드를 건설하는 일에 종사하는 노동자 또한 이러한 생산물들을 헛되이 파괴하는 것일 텐데, 이윤이라는 관점에서 보자면 피라미드는 실패의 기념물일 뿐이기 때문이다. 이는 커다란 구멍을 뚫고 나서 그 구멍을 다시 메우고 그 위에 다시 흙을 덮는 것과 같이 헛된 일인 것이다. 우리는 이와 같은 효과를 음식물을 섭취할 때도 발견하게 되는데, 예를 들면 알코올이 그러하다. 알코올의 소비는 우리를 더 많이 일하게 하는 것이 아니라 일정 시간 동안 오히려 우리에게서 생산력을 제거해 가는 것이기 때문이다. 무위도식, 피라미드 또는 알코올은, 생산적 활동, 작업실 또는 빵에 비할 때, 그것들이 사용하는 자원들을 아무런 보상 없이—곧 아무런 이득 없이—소진/소모한다는 이점을 갖고 있다. 이런 일들은 단순히 우리를 즐겁게 하는 것이며, 우리가 행하는 그 어떤 필요성도 없는 선택에 상응하는 것이다. 생산력이 전혀 증대되지 않는—또는 거의 증대되지 않는—어떤 사회에서는 이러한 즐거움이 집단적 형식 아래에서 부의 가치를 결정하며 또 이러한 방식으로 경제의 본성을 결정하는 것이다. 협소한 측면으로(하지만 때로는 완전히 외부적인 방식으로) 생산이 종속되어 있는 원리들과 도덕적 규칙들은, 생산물들의(곧 생존에 필요한 것을 넘어서 최소한 여전히 가용한 것으로 남은 것들의) 사용을 결정하는 이러한 즐거움에 비했을 때, 그 의미가 별로 크지 않다. 경제적 사회를 정의했던 것은 신학박사들의 이론이 아니라, 그 사회가 이러한 즐거움 때문에 대성당과 수도원과 사제들과 무위도식하는 종교인들을 필요로 했던 욕구인 것이다. 달리 말하자면, 신이 보시기에 즐거운(중세 사회의 즐거움이란 명목상 인간의 것이 될 수 없었다) 자선의 과업이 지닌 가능성이 바로 가용한 자원들의 소진/소모 방식을 일반적으로 결정했던 것이다.

경제에 대한 이러한 종교적 결정은 그리 놀라운 것이 아니지만, 오히려 종교를 규정하는 것은 경제이다. 종교란 한 사회가 과잉된 부의 사용에 부여한 즐거움이다. 혹은 종교란 그렇게 사회가 최소한 유용한 가치의 사용에 부여한, 아니 차라리 그 파괴에 부여한 즐거움인 것이다. 이 때문에 바로 종교가 물질적으로 부유한 측면을 갖게 되는 것인데, 이러한 측면은 그저 초췌한 영적 삶이 생산에 사용될 수 있을 시간을 노동으로부터 떼어내어 종교에 할당할 때에는 잘 눈에 띄지 않는 것이긴 하다. 여기서 유일하게 중요한 점은 유용성의 부재l'absence d'utilité이자 이러한 집단적 결정이 지닌 **무상성**gratuité이다. 인간이 이러한 무상의 행동에 초자연적인 효력의 영역에서 일어나는 결과라는 의미를 부여하는 한에서, 저 집단적 결정이 또한 어떤 의미에서는 **봉사한다**는 것은 사실이다. 하지만 그러한 집단적 결정이 이러한 맥락에서 봉사하게 된다면 이는 오직 무상적이라는 조건에서만, 무엇보다 부의 무용한 소진/소모라는 조건에서만 그러한 것이다.

종교적인 활동들—희생제의, 축제, 사치스러운 비품들—은 한 사회의 과잉된 에너지를 재흡수하는 것이지만, 통상 사람들은 오히려 효용적인 행위들과의 연결을 단절시키는 데에 그 근본적인 의미가 있는 것에 그저 부차적인 효용성만을 부여하는 경향이 있다. 그 결과로 거대한 불안감—실수했다는 느낌, 기만당했다는 느낌—이 종교적 영역을 가득 채운다. 추잡한 [경제적] 결과를 바라고 행해지는 희생제의는, 마치 들판의 비옥함[이 지닌 생산성]처럼, 종교가 작동시키는 [비생산적] **신성함, 성스러움**이라는 척도에 비춰봤을 때 일종의 진부함으로 경험된다. 기독교에서 **구원**이란 원칙적으로 생산적 활동의 영역으로부터 종교적 삶의 목적을 해방시키는 것이다. 하지만 어떤 신자의 구원이 그가 지닌 공덕에 대한 보상이라고 한다면, 그래서 그가 자신이 이룬 업적들을 통해 그러한 구원에 다다를 수 있다고 믿는다면, 이는 결국 그 자신이 그저 비천한 속박으로 여겨 떨쳐내려던 유용성의 노동을 [무용성의] 종교의 영역 안으로 더욱 깊숙하게 끌고 들어오고 만 결과가 될 뿐이다. 다시 말하자면, 이렇듯 어떤 기독교인이 그 자신이 이룬 업적들을 통해 구원을 얻고자 하는 것은 결국 거꾸로 기독교 자체에 대한 신성모독/세속화 profanation가 되는 결과를 낳을 수도 있는 것이다. 그저 구원을 하나의 목적으로 삼는다는 단순한 사실조차도 은총의 진리에 반대되는 것으로 보인다. 왜냐하면 오직 구원은 신성과의 합일을 행하는 것이며, 그저 여느 사물들처럼 [목적이라는] 인과관계의 연결고리에 종속될 수 없는 것이기 때문이다. 신성 그 자체가 신실한 영혼에게 베푸는 증여는 그 어떤 것으로도 값을 치를 수 없는 것이다.

3. 루터의 도덕적 입장

중세적 자선의 실천, 종교적 공동체와 탁발 수도승들, 축연과 순례 등이 남발되고 있다는 이유만으로 루터가 그토록 분개한 것은 아니었다. 루터가 무엇보다 먼저 거부했던 것은, 이러한 수단들을 통해 공덕을 얻을 수 있다는 관념이었다.[81] 그는 성서에서 드러나는 부에 대한 적개심의 원칙과 사치에 대한 적개심의 원

81) [원주] 같은 책, 99쪽.

칙 사이에 모순이 있다는 사실로부터 사치스러운 경제 체제를 단죄했다. 하지만 그는 사치 그 자체보다는 오히려 개인적인 부를 사치스럽게 사용함으로써 천국의 지복을 얻을 수 있다는 가능성에 이의를 제기했다. 루터는 한 가지 점에 자신의 사상을 집중시켰는데, 그것은 신적인 세계가 현세의 속박과 일말의 타협도 없이 완벽하게 무관한 세계라는 점이었다. 극단적인 예로, 로마 가톨릭 신자들은 면죄를 구입함으로써 자신의 자원을 이용해 천국의 시간을 살 수 있는 권리를 갖게 되었던 것이다(사실 이러한 자원은 성직자들의 호사스러움과 무위도식에 기여하게 되었다). 바로 이러한 점에 대해 루터는 철저히 반대하는 입장에 섰던 것인데, 그의 견해는 유용성에서 부를 분리하여 그 부를 영광스러운 세계의 것으로 돌려주는 방법은 (죄악을 제외하고는) 없다는 것이다. 루터의 제자는 이 아래 세상[현세]에서 헛될—또는 죄가 될—일이라고는 전혀 행할 수 없었던 반면, 로마의 추종자는 교회를 신이 지상에 임한 광채의 장소로 만들기를 종용받았다. 하지만 그렇게 신성을 이 땅[현세]의 업적 속으로 끌어들여 비춤으로써 로마는 그러한 신성을 비참한 수준으로 강등시켰던 것이다. 루터파가 보기에 유일한 방책은, 신앙 내적인 심오한 삶과 관계없는 모든 것을 신과 결정적으로 분리시키는 것, 다시 말해 우리가 행하고 현실적으로 실현시킬 수 있는 모든 것을 신과 결정적으로 분리시키는 것에 있었다.

따라서 부는 생산적 가치를 벗어나게 되면 그 의미를 잃어버렸다. 명상하는 성직자들의 무위도식, 가난한 이들에게 베푸는 증여, 전례의식과 교회의 화려함 등은 최소한의 값어치도 없는 것이며 악마의 징표로 여겨졌다. 루터의 교리는 자원의 강렬한 소진/소모의 체제에 대한 명백한 부정이다. 세속적이고 일상적인 거대한 성직자 집단은 유럽의 과잉된 부를 낭비했으며, 이는 귀족들과 상인들 역시 경쟁적으로 낭비하게끔 부추겼다. 루터를 떨쳐 일어나게 했던 것은 바로 이러한 추문이었는데, 루터는 이에 반대하는 방법으로 세계를 더욱 완전히 부정하는 방법 외에는 알지 못했다. 교회는 거대한 탕진을 통해 인간에게 하늘나라의 문을 여는 수단을 행사함으로써 고통스러운 감정을 불러일으키게 되었는데, 교회는 이 땅을 천상의 것으로 만들지도 못했고 천상을 세속의 것으로 만들지도 못했던 것이다. 교회는 그렇게 그 두 가능성 각각에 동시에 등을 돌렸던 것이다. 하지만 교회는 상대적 안정 속에서 경제를 유지했다. 한 중세의 도시[로마]가 그 자신이 창조한 세계에 남겼던 이미지 속에서, 로마 교회가 부의 즉각적 사용의 효과를 행복한 것으로 형상화했다는 점은 기이한 일이다. 이러한 효과는 실타래처럼 복잡하게 얽힌 여러 모순들 속에서 일어난 것이지만, 그 빛은 우리에게까지 이르고 있다. 즉, 이러한 중세에 뒤이어 나타난 순수한 유용성의 세계[근대]를 통해 그 빛은 여전히 우리의 눈에도 미치고 있는 것인데, 그때 부는 그 즉각적 가치를 잃고 원칙적으로 생산력의 증대 가능성만을 의미하게 되었던 것이다.

4. 칼뱅주의

루터의 반응은 그렇게 엄격히 부정적인 것으로 남아 있었다. 루터가 생각하기에, 인간이 이 땅 위에서 활동하는 한 그 활동이 무엇이든 간에 신에게 응답하는 데에는 무력할 수밖에 없지만, 그러한 인간의 활동은 최소한 도덕법칙에 종속되어야 하는 것이었다. 그래서 루터는 고리대금업에 대해 교회에서 전통적으로 부여하던 저주를 [똑같이] 부여하며 반대했던 것이고, 상거래에 대해서도 오직 고대적인 경제 개념에 입각한 내적 혐오감만을 표했던 것이다. 하지만 칼뱅은 이익을 얻는 대부업에 원칙적으로 가해졌던 단죄를 철폐하고 일반적으로 상업의 도덕성을 인정했다. 칼뱅은 다음과 같이 말했다. "왜 사업이 토지 소유보다 더 많은 이득을 얻을 수 없다는 것일까? 그 자신의 근면과 수완을 통해서가 아니라면 상인은 어디에서 이득을 얻을 수 있다는 말인가?"[82] 이러한 이유 때문에 베버는 칼뱅주의를 자본주의 정

82) [원주] 토니에 의한 인용, 같은 책, 105쪽.

신의 형성에 있어서 결정적인 가치를 지닌 사상으로 평가하는 것이다. 그렇기에 애초부터 칼뱅주의는 제네바나 네덜란드의 사업가 부르주아지의 종교였다. 칼뱅은 경제적 발전의 조건과 중요성에 대한 감각을 갖고 있었고, 이 때문에 그는 법률가이자 실생활인의 입장에서 발언했던 것이다. 베버의 뒤를 이어 토니 역시 칼뱅주의 사상의 전파가 부르주아 세계에서 의미했던 바를 강조했으며 그러한 칼뱅주의 사상 자체가 부르주아 세계의 표현임을 역설했다. 토니에 따르면,[83] 당시 칼뱅이 부르주아지에게 의미했던 바는 마치 우리 시대에 마르크스가 프롤레타리아에게 의미하는 바와 같은 것인데, 왜냐하면 칼뱅은 부르주아지의 조직과 학설을 정립한 이였기 때문이다.

근본적인 층위에서 칼뱅의 교리는 루터의 교리와 그 의미/방향이 같다. 칼뱅 역시 루터만큼이나 공덕과 자선[에 의한 천국]이라는 생각을 거부하지만, 조금 다른 결로 인해서 칼뱅의 원칙들 또한 더 많은 여파를 불러왔다. 칼뱅이 보기에, 목적은 개인의 구원이 아니라 신을 영광스럽게 하는 것이어야 하는데, 이는 단지 기도를 통해서만 추구될 것이 아니라 행동을 통해서, 곧 투쟁과 노동에 의한 세계의 신성화神聖化를 통해서 추구되어야 하는 것이다. 왜냐하면 개인적인 공덕에 대한 그의 모든 단죄에

83) 〔원주〕 같은 책, 112쪽.

도 불구하고 칼뱅은 명백히 실천적이기 때문이다. 자선이 구원의 수단이 될 수는 없지만, 그러한 자선은 구원에 실제적으로 이르렀다는 증거로서는 필수불가결한 것이다.[84] 교회가 [전통적으로] 자선에 부여했던 가치는 박탈됐으나, 어떤 의미에서 그러한 자선은 재도입되었던 것인데, 이는 완전히 다른 종류의 자선이다. 칼뱅에게 있어서 부의 헛된 소비 실천에 대한 부정은 루터의 교리에서만큼이나 확고한 것인데, 칼뱅이 사변/명상적인 무위도식, 과시적인 사치, 비생산적인 빈곤 등에 주어졌던 가치를 거두어 유용성에 기초한 미덕들에 가치를 부여했다는 점에서 그렇다. 이런 이유로 종교개혁 이후의 기독교인이란 검소하고 절약하며 노동하는 자여야 했다(그래서 또한 그러한 기독교인이란 상업적이든 산업적이든 자신의 직업에 혼신의 힘을 쏟아붓는 자여야 했다). 그렇기에 생산적인 활동을 규범으로 삼는 [이러한 새로운 기독교인의] 원칙에 반대되는 구걸행위는 심지어 배척되기까지 해야 했던 것이다.[85]

84) [원주] 같은 책, 109쪽.

85) [원주] 토니가 구걸행위와 부랑생활의 배척에 대해 말하고 있는 모든 부분(같은 책, 265쪽 참조)은 매우 놀랍다. 이보다 더 이데올로기에 잘 기반하고 있는 경제적 이익의 행동을 발견하기란 매우 드문 일이다. 비생산적 빈곤을 제거하기로 결정한 사회의 이러한 난폭성은 곧 권위적인 도덕의 가장 가혹한 형식으로 이어진다. 이후 버클리Berkeley 주교는 심지어 "고집스러운 걸인들은 체포하여 몇 년 동안 노예나 공적인 소유물로 삼아야" 한다는 생각을 제안하기도 했다.

칼뱅주의는 어떤 의미에서 루터가 행했던 가치의 전복을 그 가장 극단적인 결과까지 밀고 간 것이다. 칼뱅은 교회가 요구했던 신적인 아름다움의 인간적 형식들을 단순히 부정하는 데에만 머무르지 않았다. 인간의 가능성을 오직 유용한 작업에만 한정하면서, 인간이 그 스스로 신을 영광스럽게 하는 수단으로 쓰일 수 있는 것은 바로 인간 그 자신의 영광을 부정할 때라는 것이다. 칼뱅주의에서 행동이 갖는 진정한 신성함sainteté이란 결국 신성함에 대한 포기, 곧 이 땅 위의 삶 속에서 누릴 수 있는 모든 화려한 후광에 대한 거부에 있는 것이다. 이렇게 하여 신을 신성화하는 일은 인간적 삶의 탈성화脫聖化, désacralisation로 연결된다. 이는 현명한 해결책이었는데, 왜냐하면 [루터처럼] 일단 행동이 무상하다는 점을 확실히 말한다고 해도, 권력을 가진 자는 여전히 있을 것이고 [공덕을 위해] 행동하고자 하는 필요성 역시 여전히 존재할 것이기에, 그에 대고 모든 행동이 그저 무상하다고 말하는 것만으로는 충분하지 않기 때문이다. 사회의 복잡성이 개인에게 부여하는 직업과 직무에 대한 애착이야 딱히 새로울 것이 전혀 없지만, 칼뱅주의가 등장하기 전까지는 노동에 그만큼의 심오한 의미와 확고한 가치를 부여했던 것은 일찍이 없었다. 그리하여 교회가 만들어놓은 타협으로부터 신적인 영광을 떼어냈던 칼뱅주의의 이러한 결정은, 인간으로 하여금 영광 없는 행동에 헌신하게 되는 보다 전적인 결과를 가져올 수 있었다.

5. 종교개혁의 간접적 효과: 생산 세계의 자율성

우리가 베버의 논의에 따라 이러한 칼뱅주의의 입장을 자본주의 정신과 관련하여 고찰해본다면, 무위도식과 사치의 측면에 대한 단죄에서부터 기업의 가치에 대한 또다른 긍정에 이르기까지, 칼뱅주의만큼 산업의 비약적 발전에 유리했던 다른 조건을 상상할 수 없다. 우주라는 무한한 부의 즉각적 사용이 엄밀히 신에게만 남겨진réservé 것이라면, 인간은 그 자신을 남김없이sans réserve 노동에, 부의―곧 시간과 물자와 모든 자연 자원의―확립에, 생산 장치의 발전에 바치게 되는 것이다.

그럼에도 불구하고 토니는 자본주의가 여기에 한 가지 요소를 더 요구한다는 사실을 강조한다. 그것은 바로 비개인적인 경제력의 자유로운 성장이고, 또한 경제의 자연적 운동의 해방인데, 이러한 것들이 일반적으로 도약하는 데에 있어 이득의 개인적인 추구가 매우 중요하다는 것이다. 자본주의란 단순히 상업적, 재정적, 산업적 기업의 관점에서 이루어지는 부의 축적만이 아니라, 일반적인 개인주의이자 기업의 자유를 의미한다. 도덕적 원칙이 기업을 사회에 종속시키고 가격을 통제하며 노동자들과 싸우고 이자 대부업의 실행에 심각한 규제를 두는 등의 낡은 경제적 법제들은 자본주의와 함께 공존할 수 없을 것이다. 토니는 칼뱅주의가 지배했던 나라들(칼뱅과 테오도르 드 베즈

Théodore de Bèze가 이끌었던 제네바, 그리고 존 녹스John Knox가 이끌었던 스코틀랜드가 그러한 경우이다)에서 집단적 독재의 경향이 있음을 관찰했다.[86] 하지만 "어떤 적대적인 정부에 대해 의심스러운 눈초리를 띠고 방어태세로 살아가는 사람들이 아주 소수"만 있더라도, 극단적인 개인주의로 이행하게 된다. 사실 청교도들이 자유로운 이윤 추구의 원리를 칼뱅주의의 전통에 연결시켰던 것은 기껏해야 17세기 후반부의 영국에서였다. 사람들이 경제법칙들의 독립성을 제기하면서 종교적 세계의 도덕적 주권을 생산의 영역으로 이양시키기 시작했던 것은 그토록 늦은 시기에 이르러서였던 것이다. 하지만 우리는 이러한 때늦은 발달의 중요성을 과장할 위험이 있다. 그러한 발달이 처음 일어났을 때 그것은 근본적인 난점을 해결해줄 것만 같았다. 경제의 관점에서 볼 때, 종교개혁에서 결정적인 역할을 했던 것은 원칙의 표명이라기보다는 정신의 성향이었는데, 이러한 성향은 우선은 감춰질 수밖에 없었던 한 가지 조건에 의해서만 효과적으로 발생할 수 있었다. 오직 흠잡을 데 없는 도덕적 권위를 가진 사람이 세속적 이익을 넘어서는 심급의 이름으로 말할 때에만 변화는 의미를 가진다. 단지 상인들의 자연스러운 충동에 전적인 자유를 부여하는 일보다는, 그러한 충동을 모종의 지배적인 도

86) 〔원주〕 같은 책, 113쪽.

덕적 입장과 연결시키는 일이 더 필요했던 것이다. 우선은 중세의 경제를 떠받치고 있던 권위를 파괴하는 일이 급선무였다. 이는 그저 직접적으로 자본주의적 이익의 원리를 표명하는 것으로는 이루어질 수 없는 일이었다. 종교개혁의 교리들이 지닌 여파[즉, 자본주의적 이익의 원리]가 이토록 뒤늦은 시기에 드러나게 되었던 것은, 바로 이렇듯 거의 변호하기가 어려운 자본주의의 태생적 성격 때문이다. 자본주의의 정신과 도덕이 결코 그 순수한 상태로는 거의 표출될 수 없었을 것이라는 사실에 주목할 필요가 있다. 베버가 이미 이야기했듯, 우리는 이러한 [자본주의적] 원리들이 예외적으로 18세기 중반에 이르러서야 겨우 미국인 벤저민 프랭클린Benjamin Franklin에 의해 표명되었다고 말할 수 있는데, 그의 말 속에서 그러한 원리들은 거의 고전적인 순수함을 띠고 자본주의 정신을 표출했던 것이다. 하지만 그의 말을 아래에 인용하면서, 나는 이러한 자본주의적 원리의 표명이 그 어떤 전조도 없이—즉, 먼저 어떤 범접할 수 없는 신성의 가면을 씌우지 않고서는—그저 아무렇게나 이루어지기는 불가능했을 것이라는 사실을 정확하게 지적하고자 한다.

프랭클린은 이렇게 쓰고 있다. "시간이 돈이라는 사실을 기억하십시오. 하루에 자신의 노동으로 10실링을 벌 수 있는 사람이 그 하루의 반을 그저 집밖으로 나다니거나 앉아서 빈둥거리는 데에 썼다면, 그는 그렇게 자신이 기분전환하거나 빈둥거리는 동안 단지 6펜스짜리 은화 하나 정도만 쓰는 거라 생각하겠지만, 그걸 유일하게 낭비된 비용이라 여겨서는 안 됩니다. 그뿐만 아니라 그는 사실 5실링을 써버렸거나 차라리 그저 던져버린 것이나 마찬가지이기 때문입니다. 돈은 알을 까고 새끼를 낳는 본성을 지녔음을 기억하십시오. 돈이 돈을 낳을 수 있고, 또 그렇게 낳은 돈이 다른 돈을 낳을 수 있으며, 계속 그렇게 이어집니다. 5실링을 불리면 6실링이 되고, 그걸 다시 불리면 7실링 3펜스가 되고, 계속 그렇게 불리다보면 100파운드에까지 이르게 되는 것입니다. 돈이 많으면 많을수록 그만큼 불릴 때마다 더 많은 돈이 생겨서, 이득은 점점 더 빨리 늘어납니다. 종자용 암퇘지를 죽이는 사람은 그 모든 새끼들을 수천 대에 이르기까지 죽이는 것이나 마찬가지입니다. 그와 같이, 5실링짜리 동전을 내다버리는 사람은 그 돈이 불려줄지도 모르는 모든 돈을, 심지어 수십 파운드를 내다버리는 것이나 마찬가지입니다."[87]

종교적 희생정신에 이보다 더 이기적으로 대립하는 생각도 없을 텐데, 종교개혁 전에는 바로 그러한 종교적 희생정신이 거대

87) [역주] 해당 인용 부분은 바타유의 본문 내 프랑스어 번역을 따르지 않고 벤저민 프랭클린이 쓴 「젊은 상인에게 보내는 조언Advice to a Young Tradesman」의 영어 원문을 직접 번역한 것이다.

한 비생산적 소진/소모와 함께 자신의 삶에 대해 자유로운 선택을 했던 모든 이들의 무위도식을 계속 정당화해주었던 것이다. 물론 프랭클린의 원리는—비록 정식화가 거의 이루어지지 못한 것이나—여전히 경제를 이끄는 원리로 기능한다(이러한 원리는 경제를 막다른 길로 이끄는 것이다). 하지만 루터의 시대에는 교회의 원리에 공개적으로 반대되는 이러한 경제의 원리를 표명하는 것이 불가능했을 것이다.

추문을 일으켰던 루터의 로마 여정으로부터 고통스럽게 까발려진 프랭클린의 원리에 이르기까지, 이러한 정신의 운동이 여러 교리와 학설의 굴곡을 거치면서 걸어온 느린 진전을 현재 고찰해보면서, 우리는 이로부터 하나의 특정한 방향을 포착해야 한다. 그렇다고 이러한 방향에 대한 인상이 결정적으로 확고한 운동으로부터 기인하는 것은 아니며, 설령 그러한 방향 속에 어떤 불변의 항구성이 있다고 하더라도, 그것은 외부로부터 생산력에 대한 요구 안으로 주어지는 것으로 보인다. 정신은 더듬거리는 암중모색 속에서 이러한 요구에 응답하고자 노력하며, 또한 심지어 그러한 망설임이 이런 노력을 돕기도 하지만, 어떤 망설이는 발걸음을 목표로 이끄는 것은 오직 객관적인 요구뿐이다. 이러한 생각은, 아마도 잘못하여 결정권을 종교에 넘겨줬던 막스 베버의 정신과는 다소 반대되는 것이다. 하지만 물론 베버가 잘 보았듯, 종교개혁이라는 혁명은 확실히 심오한 의미를 갖고 있었는데, 그 의미란 곧 새로운 경제 형태로의 이행이다. 위대한 종교개혁자들의 정서로 되돌아가 생각해보자면, 우리는 심지어 그러한 종교개혁이 그 자신의 극단적 결과들을 종교적 순수성의 요구에 부여함으로써 성스러운 세계le monde sacré, 곧 비생산적 소진/소모의 세계를 파괴하게 되었고, 그래서 결국 이 땅을 생산의 인간들hommes de la production에게, 곧 부르주아들에게 넘겨주게 되었다고 말할 수 있을 것이다. 그렇다고 해서 종교개혁이 애초에 지녔던 근본적 의미에서 제거된 것은 아무것도 없다. 종교개혁의 결과들은 종교의 영역 안에서 [여전히] 어떤 극단성의(이미 불가능한 어떤 극단성의) 가치를 띠고 있다. 경제적 질서 안에서 그러한 종교개혁의 결과들은 단지 하나의 기폭제로서의 역할만을 했던 것이다. 그럼에도 불구하고 우리는 그러한 결과들이 경제적 인간성의 완성인 부르주아지 세계의 도래를 불러일으켰다는 점을 부인할 수 없을 것이다.

II. 부르주아 세계

1. 활동 안에서 내재성을 추구한다는 것의 근본적 모순

상품의—즉 사물의—우위와 자율성에 근거한 산업사회의 기원에서, 우리는 본질적인 것을—즉 우리를 두려움과 희열로 떨게 만드는 것을—활동의 세계 바깥에, 곧 사물의 세계 바깥에 위치시키려는 상반되는 의지를 발견하게 된다. 하지만 우리가 이를 어떤 방식으로 보든 간에, 이는 자본주의 사회가 일반적으로 인간을 사물로(즉 상품으로) 환원한다는 사실에 배치되지 않는다. 종교와 경제는 서로를 서로에게 복종시키는 것으로부터 벗어나는 어떤 동일한 운동 안에 있는데, 이를테면 종교는 세속적인 계산에서 벗어나는 것이고 경제는 외부로부터 주어지는 한계에서 벗어나는 것이다. 하지만 이러한 근본적 대립(이러한 예상치 못한 모순)이 단지 우리가 우선적으로 그에 부여할 수 있는 피상적인 관심사만을 갖고 있는 것은 아니다. 칼뱅주의가 가장 과감하게 풀었던 문제는, 종교적 사실에 대한 역사적 연구가 통상적으로 드러내는 관심사에만 한정되지 않는다. 우리를 지배하는 것은 사실 여전히 바로 이러한 문제인 것이다. 종교는 일반적으로 인간이 그 스스로를 발견하고자 하는 욕망, 곧 항상 기이하게 방황하는 내재성을 회복하려는 욕망에 대한 응답이었다. 하지만 모든 종교가 지닌 착각은 오직 인간에게 **내재성의 외재적** 형태라는 모순적인 답변만을 안겨줄 뿐이며, 이렇게 [여러 종교들의] 뒤이은 해결책들은 이러한 문제를 그저 심화시키기만 했을 뿐이다. 결코 내재성은 외재적 요소들로부터 진정으로 벗어날 수가 없는데, 그러한 외재적 요소들이 없다면 내재성은 **의미될** 수조차 없기 때문이다. 거기에서 우리는 성배를 움켜쥐었다고 믿지만, 우리가 움켜쥔 것은 그저 **사물**일 뿐이고, 그렇게 우리 손에 남는 것은 그저 굴러다니는 솥단지에 불과한 것이다…….

인간들이 현재 행하고 있는 추구도, 그 대상에 의해서든 그 의외의 발견에 뒤따르는 실망에 의해서든, [성배를 구했던] 갤러해드Galahad나 칼뱅의 추구에서 그리 멀리 떨어져 있지 않다. 하지만 근대 세계는 이에 대해 다른 방식을 취한다. 근대 세계는 허상을 지닌 그 어떤 것도 추구하지 않으며, 그 대신 **사물들**이 제기하는 문제들만을 직접적으로 해결하는 데에서 본질의 획득을 확보하고자 한다. 아마도 이에 관해서는 근대 세계가 절대적으로 옳을 수도 있는데, 이렇듯 [관념과 사물 사이의] 완벽한 분리가 필요한 것처럼 보이는 상황이 빈번하게 발생하기 때문이다. 우리가 어떤 선善을 추구한다고 해도, 오직 사물들만이 활동의 원동력이며 또한 그러한 추구가 우리를 계속 그 활동에 관여시키기에, 우리는 그저 사물들만을 추구하기를 바랄 수 있을 뿐이다. 그러므로 (사실 자선이라는 관념에 의한 활동의 추구로 요약될 수 있을) 로마 교회에 대한 개신교의 비판은 그저 기이한 양심의 가책이라는 사실 때문이 아니었다. [자선이라는] 더 먼 것을 목표로 삼지 않고 그저 사물들의 질서 안에서 행할 수 있는 것만을 배타적으로 하는 일에만 인간성을 결부시켰던 개신교의 최종적(간접적) 선택의 결과는, 실로 유일하게 옳은 해결이었던 것이다. 인간이 종국에 스스로를 되찾아야 한다고 해도, 인간은 오히려 그 자신에서 멀어지기만 했던 길을 따라 스스로를 헛되이 추구할 뿐이다. 하지만 그러한 길을 따르면서 인간이 기대할 수 있는 전부라고는, 그저 인간을 위해 사용될 뿐인 이러한 사물들을 정비하고 결국 사용하는 일밖에는 없다.

따라서 인간이 경제의 문제를 해결하지 않고서 그 자신의 진리를 되찾을 수는 없을 것이라 생각하는 것은 물론 합리적이다. 하지만 인간은 이러한 단순한 필요조건이 오히려 충분조건이라고 믿으면서 말할 수 있으며, 그래서 인간이 사물들로부터 주어지는 요구, 곧 그 없이는 인간의 요구가 만족될 수 없을 필수적인 사물들의 물리적 정비로부터 주어지는 요구에 답하게 되는 즉시 인간은 자유로워질 것이라고 단언할 수 있게 되는 것이다.

그럼에도 불구하고 하나의 난점이 인간을 멈춰 세울 것이다. 인간은 더욱 비난받을 만한 방법 이외에는 자신의 손아귀에서 빠져나간 것을 다시 움켜쥘 수 없을 것이며, 인간이 앞으로 움켜쥐게 될 그 어떤 것도 그에 앞서 그것을 추구했던 이들이 이전에 움켜쥐었던 것과 전혀 다르지 않을 것이다. 언제나처럼 인간은 그저 사물들만을 움켜쥐게 될 것이며, 인간은 그렇게 자신이 애써 사냥했던 먹잇감에서 그 사물들의 그림자만을 손에 쥐게 될 것이다.

나는 물론 이러한 물질적 문제의 해결이 곧 충분조건이라는 테제가 무엇보다 가장 수용할 만한 것이라는 의견에 찬성한다.[88] 하지만 [더욱 근본적으로] 삶의 문제들의 해결이 지닌 열쇠는 바로 다음과 같은 점에 있다. 곧, 인간에게 문제가 되는 것은 단지 하나의 사물로 존재하지 않고 주권적으로souverainement 존재하는 것이다. 비록 물질적 요구를 만족시키는 응답이 불가피한 결과라

88) 〔원주〕 적어도 〔이러한 물질적 문제의 해결은〕 우리로 하여금 가능성의 극단까지 갈 수 있게 해주는 유일한 것이다.

고 할지라도, 그러한 응답과 때때로 혼동되기는 하나 그러한 [사물에 대한] 응답과는 근본적으로 구별되는 [주권적인] 것은 여전히 남는다.

이러한 이유로 해서, 나는 자본주의라는 결과를 낳은 칼뱅주의가 우리에게 다음과 같은 어떤 근본적인 문제를 고지하고 있다고 말할 수 있다. [내재성에 대한] **추구에 의해 인간이 참여하게 되는 행동이 오히려 인간을 그 스스로에게서 멀어지게 하는 상황에서, 인간은 어떻게 스스로를 찾을 수 있는가, 혹은 되찾을 수 있는가?**

이 혼란스러운 문제에 대한 근대의 여러 다른 입장들은, 현재 역사 안에서 작용하고 있는 것과 함께, 우리에게 이미 제시되어 완성된 것 또한 인식할 수 있게끔 도와준다.

2. 종교개혁과 마르크스주의 사이의 유사성

종교개혁자들의 발자취와 그 여파들을 고찰하면서, "그러한 발자취는 현재의 우리에 비해 인간이 자기 자신으로부터 멀리 떨어져 있지 않았던 세계의 상대적 안정성과 균형에 종언을 고했다"라고 결론짓는다면 역설적일까? 사실 희뿌연 지역, 변두리, 공장 지대 등 산업사회의 성격을 잘 보여주는 곳들을 벗어나 고딕 종탑들이 들어찬 몇몇 죽은 듯 고요한 도시들로 향해 거기에서 우리를 배반하지 않는 어떤 인간성의 형상을 찾을 때, 개인적으로 스스로를 깨닫게 되는 것은 쉬운 일이다. 하지만 우리는 현재의 인간성이 오늘날까지 간직했던 비밀을 이제는 상실했다는 사실을 부인할 수 없는데, 그 비밀이란 인간에게 어떤 얼굴을 부여했던 것이며, 그 얼굴에서 우리는 인간의 속성인 화려한 빛을 알아볼 수 있었던 것이다. 물론 어떤 의미에서 중세의 '행동/업적'이란 아마도 그저 사물들에 불과한 것인지도 모른다. 그러한 행동/업적들은 부富가 그 범접 불가능한 순수성 속에서 신에게 귀속된 것이라 여기는 이에게는 당연히 볼품없어 보일 것이다. 그럼에도 불구하고 중세 사회의 형상[89]은 오늘날 '잃어버린 내재성'을 환기시키는 힘을 지니고 있는 것이다.

교회는 어쩌면 하나의 사물이다. 그러한 의미에서 교회는 역시나 확실히 하나의 사물인 곳간과 거의 차이가 없다. 사물이란 우리가 외부로부터 인식하는 것이며 (남김없이 사용 가능한 물품이라는 한계에서) 물질적 현실로서 우리에게 주어지는 것이다. 우리는 이러한 사물을 통과할 수 없으며, 또한 사물은 그 말의 생산적 의미에서 연장된 이러저러한 유용성에 귀속되거나 말거나

89) [원주] 여기서 중세의 형상이라고 하는 것은 우리를 정확히 종교개혁과 분리시키는 가장 유사한 형식이자 그 경제적 결과들만을 의미하는 것이다. 하지만 우리가 보기에, 고대의 형상들, 동양의 형상들 또는 원시의 형상들 역시 이와 거의 같은 의미를 지니고 있거나 그보다 더 순수한 의미를 갖고 있다.

그저 물질적 속성이라는 의미만을 갖고 있는 것이다. 하지만 교회는 어떤 내재적 느낌을 표현하며 동시에 그러한 내재적 느낌에 호소하는 것이다. 교회는 건물이라는 측면에서 어쩌면 사물이겠지만, 수확물을 집하하는 데에 사용되는 정말 그저 사물일 뿐인 곳간과는 다른 것인데, 왜냐하면 곳간은 우리가 그로부터 기대되는 이익의 비용을 계산하면서 그 사용에만 귀속하여 부여하는 물질적 속성으로만 환원되기 때문이다. 이에 비해 교회가 지닌 내재성의 표현은 반대로 노동의 무상한 소진/소모에 대한 응답인 것이다. 애초부터 교회라는 건축물의 목적은 노동으로부터 그 물질적 유용성을 제거하는 것이며, 그 기본적인 작용은 쓸모없는 교회 장식의 낭비에서 두드러지게 나타난다. 교회의 건축은, 가용한 노동을 이익이 발생하는 방향으로 사용하는 것이 아니라, 바로 그 유용성을 파괴하고 소진/소모하는 것이다. 내재성은 오직 하나의 사물에 의한 조건에서만 표현될 수 있는데, 그 조건이란 바로 이 사물이 그 근본에서 오히려 한 사물에 반대되는 것이라는 점, 곧 생산물과 상품에 반대되는 것이라는 점이다.[90] 그것은 곧 하나의 소진/소모이자 또한 하나의 희생제의인 것이다. 그렇게 내재적 느낌이란 하나의 소진/소모이기에,

90) 〔원주〕 이러한 사물은 또한 생산자와 상인이 무한정 사용할 수 있는 물질과도 반대되는 것이라는 점이 여기에 덧붙여져야 한다.

그러한 내재성을 표현하는 소진/소모는 사물 자체가 아니라 바로 그 사물의 부정이 된다. 자본주의 부르주아지는 교회 건축을 부차적인 것으로 치부했고 그에 비해 공장 건설을 선호했다. 하지만 중세의 전 체제를 지배한 것은 교회였다. 교회는 사람들이 공동의 작업을 위해 모인 곳이라면 그 어디든 종탑을 드높였다. 그렇게 하여 우리는, 가장 비루한 노동의 작업이 그 물질적 관심을 제거한 더욱 드높은 목적을 갖게 되었음을, 오래전부터 명백하게 볼 수 있었다. 이러한 목적이란 신의 영광이었지만, 여기서 신이란 어떤 의미에서 심연을 느끼는 불안 속에 빠진 인간을 가리키는 또다른 먼 표현이 아니겠는가?

말은 이렇게 하지만, 지나간 과거의 세계에 대한 향수는 그저 단견에 그치는 것이다. 동물의 막연한 내재성이 세계의 거대한 흐름과 거의 구별이 가지 않던 시절에 대해 가질 수 있는 회한은 우리가 실제적으로 잃어버린 어떤 힘을 가리키고 있는 것이지만, 그 회한은 사실 그보다 더 중요한 것을 인식하지 못하고 있다. 인간이 동물성으로부터 떠나면서 세계를 잃어버렸는지는 모르지만, 인간은 그렇게 함으로써 자신이 세계를 잃어버렸다는 이러한 의식conscience을 갖게 된 것이다. 그러한 의식은 바로 우리 그 자체이고, 이는 어떤 의미에서 동물이 의식할 수 없는 소유 그 이상이다. 따라서 내게 유일하게 중요한 것, 동물이 이룰 수 없는 것, 그것은 한마디로 인간이다. 마찬가지 이유에서, 중세에 대한 낭만적 향수는 사실상 그저 어떤 포기에 불과하다. 그러한 향수는 부의 비생산적 사용과 반대되는 산업의 비약적 발전에 대한 항의라는 의미를 띠고 있으며, 그렇기에 또한 그 향수는 (근대 사회가 귀속되어 있는) 자본주의적 관심사에서 성당에 주어지는 [과거에 비해 부차적인] 가치들에 대한 반대를 표명하고 있기 때문이다. 따라서 이러한 감상적 회한은 특히나 반동적 낭만주의의 산물에 불과한데, 그러한 낭만주의는 인간이 그 자신의 내적 진리로부터 완전히 분리된 사태에 대한 책임을 근대 세계의 탓으로만 돌리기 때문이다. 그렇기에 이러한 향수는, 산업의 비약적 발전의 기저에 이의제기와 변화의 정신이 존재하고 있음을 외면하는 것이며, 그래서 그러한 산업 발전이 모든 부문에서 세계의 가능성이 지닌 극단에 다다르고자 했던 필요성 또한 외면하는 것밖에는 안 된다. 우리는 물론 **성사**聖事, œuvres saintes에 대한 개신교의 비판이 세계를 그저 속사俗事, œuvres profanes에 넘겨주었으며 그 때문에 신성의 순수함에 대한 요구가 결국 바로 그 신성을 배제시키고 인간을 그로부터 떼어놓게 되는 결과를 낳았다고 말할 수는 있다. 그로부터 우리는 또한 결론적으로, 인간이 기획/노동을 위해서만 살게 되고 현대에 그 존재가 점점 더 미미해짐에 따라서, 이제는 **사물**이 인간을 지배하게 되었다고 말할 수는 있다. 하지만 **사물**의 지배라고 하는 것은 결코 완전하지 못한 것이며, 더 깊은 의미에서는 그저 한 편의 희극에 불과한 것이다. 그러한 사물의 지배는 그저 부분적으로만 기만할 뿐이며, 그 반대편에서 어둠을 틈타 어떤 새로운 진리가 폭풍우로 돌변한다.

신성을 인간의 손이 닿지 않는 곳에 위치시킨 개신교는, 행위에 매몰된 정신으로만 환원될 수 없는 것이기에, 더이상 [자본주의에 대해서] 결정적인 의미를 갖지 않는다. 우리는, 마치 개신교의 그러한 입장이 자신이 정의하는 신성에 그 스스로 닮아가야만 하는 것처럼, 심지어 그러한 입장이 이 세상으로부터 부재하는 것이라고까지 말할 수 있을 것이다. (그래서 [초기 개신교의] 타협하기 힘든 이러한 요구와는 아예 다른 것이 되어버린 현재 개신교의 길은 차라리 더욱 **인간적인** 것이다.) 하지만 이러한 부재란 아마도 기만적인 것일 텐데, 이는 마치 아무도 배반자를 고발하지 않는다고 해서 도처에 존재하는 배반자가 부재한다고 말하는 것과 비슷한 것이기 때문이다. 어떤 제한적인 의미에서 보면, 종교개혁의 근본적인 원리는 물론 그 행위의 실천을 멈췄다. 하지만 그 원리는 의식의 엄격함 속에서, 순진함을 가장한 부재 속에서, 즉 근대 세계의 성숙 속에서 여전히 살아남았다. 조금도 만족될 수 없었고 그 스스로도 전혀 만족할 수 없었던 완전성에 대한 칼뱅의 예민한 요구, 그 이성의 날카로운 긴장, 그 사유의 **극단적**이고 **반항적**인 성격은, 민중의 정신적 마비상태 안에서 마치 헛되이 청승맞은 철야 기도를 하는 것과 같다. 민중은 생산이라는 무기력에 빠진 채 그저 사물의—반은 우스꽝스럽고 반은 꼴불견인—기계적 생존만을 살아가고 있을 뿐이다. 하지만 그에 반해 그와 동일한 운동 안에서 의식적 사유는 그 각성의 최종 단계에 도달하는 것이다. 한편으로, 이러한 사유는 기술적 활동의 지속 속에서 사물들에 대한 점점 더 명석하고 점점 더 판명한 인식으로 이끄는 탐구를 추구하기도 한다. 그러나 학문은 그 자체로 의식을 그저 대상들에 한정시킬 뿐이며 자기의식conscience de soi으로 나아가지 못한다(학문은 그렇게 주체를 그저 하나의 대상, 하나의 사물로 파악함으로써만 오직 주체를 인식할 수 있을 뿐이다). 하지만 학문은 그렇게 우리를 기만하면서도 동시에 정확성에 길들이게 하여 어떤 각성에 기여하기도 하는데, 왜냐하면 학문은 그 스스로 자신의 한계들을 인정하며, 그 자신이 자기의식에 도달할 수 없다는 무력함을 고백하기 때문이다. 또다른 한편으로, 이러한 사유는 산업의 비약적 발전 속에서 인간이 그 스스로 자기 자신을 찾고자 하는(즉, 주권적 실존을 갖고자 하는) 근본적 욕망을 전혀 폐기하지 않는데, 이는 인간이 피할 수 없는 유용한 행위 너머에 있는 것이다. 이러한 욕망은 오히려 더욱 끈질긴 것이 되었다. 개신교가 인간이 그 자신의 진실과 만날 수 있는 계기를 다른 세계로 밀어놓았기 때문이다. 이러한 개신교적 엄격함을 물려받아 그 무질서한 생각들에 어떤 분명한 형태를 부여했던 마르크스주의는, 칼뱅주의에서 한 걸음 더 나아가, 인간이 행동할 때 직접적으로 그 자신을 추구하고자 하는 경향을 배제했고, 다시 말해 이러한 **감상적 행위**l'action sentimentale의 어리석음을 단호히 배제했다.[91] 행위를 물질적 조직의 변화라는 의미에 국한함으로써, 마르크스는 칼뱅주의가 단지 그 밑그림만을 그렸던 생각, 즉 다른 (종교적인, 또는 일반적으로 감정적인) 관심사들에 대해 (경제적인) **사물**이 지니는 근본적인 독립성을 분명하게 제시했다. 역으로 말하자면, 마르크스는 인간이 그 자신에게로(즉 인간 존재의 깊이와 내재성으로) 회귀하려는 운동이 행위에 대해 독립적이라는 사실을 함축했던 것이다. 이러한 회귀의 운동은 오직 해방이 실현되고 나서야 일어날 수 있는 일이며, 또한 행위가 일단 완성되고 나서야 시작될 수 있는 일인 것이다.

통상적으로 사람들은 마르크스주의가 지닌 이러한 명확한 측면을 무시하곤 하는데, 심지어 사람들은 내가 위에서 말했던 [자기의식과 행위 사이의] 혼란을 마르크스주의의 책임으로 돌리기도 한다. 마르크스에게는 "물질적 문제의 해결이 **충분조건**"이지만, 반대로 인간에게는, 원칙적으로 "불가피한 결과"로 주어지는, "단지 하나의 **사물**로서만 **존재하는** 것이 아니라 **주권적으로 존재**

91) 〔원주〕 여기서 내가 정확히 말하고자 하는 것은 감성적/미학적 행위l'action esthétique인데, 이러한 행위는 감정에 의해 움직이면서 감정적인 만족을 추구하는 것, 한마디로 **행해질** 수 없는 것을 **행하고자** 하는 것이지만, 이는 칼뱅주의의 견해에서는 오직 은총으로 받아들이는 것으로만 경험되고 수용될 수 있는 것이다.

한다는" 사실이 그저 "물질적 요구를 만족시키는 응답"과는 다른 것으로 남게 되는 것이다. 바로 이렇게 파악된 지점에서 마르크스가 지니는 독창성은, 오직 물질적인 장애물들을 제거하는 부정성의 방법을 통해서만 어떤 도덕적 결과에 도달하고자 했던 그의 의지에 있는 것이다. 이러한 독창성이 마르크스를 오히려 물질적 재화를 배제하는 관심사로 이끌게 만드는 것인데, 사실 사람들은 인간의 진리가 모종의 은폐된 목적들에 종속되어 있는 종교적 형식들에 대해 마르크스가 도발적인 명료함으로 유지했던 반감과 그 대단한 신중함을 잘 깨닫지 못한다. 마르크스주의의 근본적인 명제는 바로 **사물들**에(즉 경제에) 외적인 모든 요소로부터 **사물들**의(즉 경제의) 세계를 완전히 해방시키는 데에 있는 것이다. 곧 그러한 **사물들** 속에 내포된 가능성의 극단까지 도달함을 통해서(다시 말해 그러한 사물들의 요구에 남김없이 복종함을 통해서, 개별적 관심사들에 대한 통치를 '사물들의 통치'로 대체함을 통해서, 인간을 **사물**로 환원하는 운동을 그 최종적 귀결까지 이행시킴을 통해서), 결정적으로 마르크스는 **사물들**을 인간에게로, 그리고 또한 인간을 자기 자신의 자유로운 사용으로 귀속시키기를 원했던 것이다.

이러한 시각에서, 우리가 인간이 그 자신을 **사물**에 결정적으로 완벽히 일치시킴으로써 비로소 행위로부터 해방되기를 원할 때, 인간은 어떤 식으로 사물을 자신의 뒤에 두게 될 것이며, 사물은 더이상 인간을 노예화하지 않을 것이다. 그렇게 된다면 하나의 새로운 장이 시작될 텐데, 그때 인간은 결국 그 자신만의 내재적 진리로 돌아갈 자유를 얻을 것이고, 오늘날 인간이 노예 상태로 속박되어 있는 현재에서 벗어나 인간이 미래에 될 존재를 자신의 의지대로 사용할 자유를 얻게 될 것이다.

하지만 (내재성의 층위에서는 아무것도 제시하지 못한 채 몸을 빼는) 이러한 입장에 서 있다는 사실 자체 때문에, 마르크스주의는 칼뱅주의가 그려놓은 밑그림의 완성이라기보다는 자본주의에 대한 하나의 비판이라고 할 수 있는데, 마르크스주의가 자본주의를 비난하는 것은, 우연—그리고 사적 이익—외의 다른 목적이나 다른 법칙도 없이, 그 어떤 엄격함도 갖추지 못한 채 그저 사물들을 해방시켰다는 사실에 있는 것이다.

3. 근대 산업의 세계 또는 부르주아 세계

어떤 의미에서 자본주의란 모든 것을 남김없이 사물에 넘겨주는 것이며, 그 여파에 대해 신경을 쓰지도 않고 또한 그 너머에 있는 아무것도 보지 않는 것이다. 청교도에게 그러한 것처럼, 보통의 자본주의에 있어서도 사물(생산물과 생산)은 자본주의 그 자체가 아니며 또한 자본주의가 그 스스로 되고자 하는 바도 아니다. 사물이 자본주의 안에 있다면, 그리고 자본주의가 그 자체로 사물이라면, 그것은 마치 사탄이 마귀 들린 자의 영혼을 점령하고도 이를 모르는 것과 마찬가지이거나, 마귀 들린 자가 스스로 그렇게 된지도 알지 못한 채 사탄 자신이 되는 것과 마찬가지이다.

칼뱅주의에서 신에 대한 긍정과 동일시됐던 자기부정은 어떻게 보면 하나의 도달할 수 없는 이상이었다. 이는 그러한 자기부정이 뚜렷한 인격의 반증일 수 있었기에 그러한 인격과 동일시되는 가치들을 관철시킬 수도 있기 때문이지만, 매번 예외적인 상황은 작동했다. 사물과 생산에 부여되는 자유는 그와 반대로 그저 보편적인 가능성을 의미했다. 거기에는, 사물에 대해 모든 신체와 활동이 지닌 종속성의 균형을 잡기 위해서 처음에는 유일하게 매우 엄격한 수단이었던 가장 순수한—그리고 가장 빈곤한—정신성을 유지할 필요가 전혀 없었던 것이다. 하지만 이러한 노예상태의 원리가 일단 부여되고 나면, 사물들의 세계(근대 산업의 세계)는, 부재하는 신에 대해 더이상 생각하지 않고, 그 자체로 발전해갈 수 있었다. 언제나 그 즉시 지체 없이 실제적 대상을 포착할 수 있고 그래서 언제든 각성된 의식 바깥으로 내재성을 배제할 수 있는 정신의 소유자들에게, 이익은 명확했다. 사물의 지배는 게다가 이러한 노예상태의 자연적 성향에 의해 더욱 뒷받침되었다. 그와 동일한 운동 속에서, 사물의 지배는 또한 (성장이라는 목적 이외의 다른 목적을 가지지 않는 성장 그 자체의) 이러한 순수한 능력의 의지에 대한 응답이었는데, 그러한 의지는 표면상 노예근성에 반대되는 것처럼 보이나 그 근본에서는 그저 이러한 노예근성의 보완물일 뿐이다. 사용되지 않았던 어떤 힘의 쓰임—성장 안으로 자원을 흡수하는 완벽한 형식—속에서 가장 안정적인 삶에 대한 진정한 폐기이자 거부를 찾을 수 있는 것이다. 하지만 이러한 태도는, 심지어 칼뱅주의와 대립되는 것임에도 불구하고, 순수한 칼뱅주의자의 태도와 구별하기가 종종 어렵다.

최소한 칼뱅주의자는 각성과 긴장의 절정에 있었다. 그와 반대로, 산업적 성장—곧 이러한 성장이라는 목적만을 갖는 성장—의 인간은 [그러한 각성에 반대되는] 잠의 상태[무기력]의 표현이다. 성장의 인간 주위에는 그 어떤 긴장도 없고, 한 세계를 자신의 척도에 맞추려는 그 어떤 욕망도 없다. 근대 산업이라는 결과를 위해 행동했던 인간들은, 이러한 긴장과 욕망에 대한 관념을 생각하지 못하기에, 그러한 세계가 불가능하리라는 사실조차 알지 못한다. 그들은 자신들을 이끌어가는 운동, 그러나 세상을 그러한 운동 자신의 법칙으로 환원시킬 수 없었던 운동이 지닌 무력함에 완전히 무관심한 것이다. 심지어 그들은 그들 자신의 운동과 반대되는 다양한 운동들의 존속으로 유지되는 여러 판로들을 기업의 발전에 사용하기도 한다. 자본주의 세계에서는 생산수단의 생산에 주어지는 여러 원리들 중 어떤 특정한 원칙에 대한 선호가 따로 없다(그러한 선호는 공산주의적 축적에서만 나타나는 종류의 것이다). 부르주아지는 성장의 우위와 그러한 성장에 반대되는 원리들 사이의 대립, 곧 성장의 우위와 모든 종류의 비생산적 소비 또는 소비의 제도나 그 창조적 가치 사이의 대립에 대한 의식을 따로 갖고 있지 않은 것이다. 그러한 반대는 오직 (그리고 오직 사실상) 그저 소비의 양에만 관계된 것이었다. 부르주아 자본주의가 사치/낭비에 적대적이었던 이유란 이토록 빈약하고 비논리적인 것이었다. 사실 이러한 부르주아 자본주의의 인색함과 그에 기반한 행동이 사치/낭비를 저하시켰지만, 그러한 행동의 계산되지 못한 효과들을 고려하지 않았기에, 부르주아 자본주의는 결코 자유방임주의laisser-faire를 포기하지 못했던 것이다.

이렇게 하여 부르주아지는 혼란의 세계를 창조했다. 그 세계의 본질은 **사물**이지만, 인간을 사물로 환원하는 일이 [칼뱅주의에서처럼] 신 앞에서 인간의 존재를 무화시키는 일과 더이상 서로 연결되지 않았기에, 성장의 잠[무기력]이라는 상태에 들어가지 못한 모든 것은 이 세상 너머의 것에 대한 추구가 포기된 것을 목격하며 고통스러워했다. 그럼에도 불구하고 그 길이 닫힌 것은 아니었다. [오히려] 정확히 **사물**의 우세가 민중의 운동을 지배하고 있다는 바로 그 사실로 인해서, [이 세상 너머에 대한]

모든 유산된 꿈들은 여전히 유효한 것으로 남아 있었다. 삶(삶의 전 지구적 운동)은 물론 그러한 꿈들로부터 멀어졌지만, 그 꿈들은 어찌할 바를 몰라 하는 존재들에게 여전히 위안을 주었다. 그렇게 심지어 서로 가장 반대되는 방향들 속에서도 모든 것들이 똑같이 가능해진 하나의 혼돈이 시작되었다. 사회의 통일성은 확고부동한 중요성과 지배적인 활동의 성공에 의해 유지되었다. 이러한 불명확한 상황 속에서, 과거의 여러 경향들 또한 그 몰락에서 쉽게 살아남을 수 있었다. 현실이 더욱 혐오스러우면 그렇게 혐오스러운 만큼 공적으로 인간의 기준 자체가 되어버린 한 세계 안에서, 그러한 과거의 경향들이 불러일으킨 모순들은 더 이상 감지되지 않았던 것이다. 하지만 이러한 모든 방향에서의 자유는, 우리가 문제삼고 있는 인간이 그 자신의 통일성 안에서 (곧, 무차별적인 대중 안에서) 그저 하나의 **사물**만이 되기를 받아들였다는 사실을 의미했다.

4. 물질적 곤궁의 해소와 마르크스의 급진주의

인간성이 부르주아지와 (한마디로 **전체** 안에서) 공모 관계에 있는 한에서, 그러한 인간성은 (바로 그러한 인간으로서) **사물들** 외에 그 어떤 것도 되지 않는 상태에 대해 어렴풋이나마 동의하고 있다. 그렇지만 바로 그러한 혼돈의 다중 한가운데에서, 또한 마치 식물이 땅에 연결된 것처럼 그러한 혼돈에 연결된 상태로, 엄격함을 지닌 어떤 정신이 사물의 완성—즉, (생산의) 사물들과 인간 사이의 일치—이라는 길을 따라 부상하게 되는데, 그러한 정신의 본질은 인간이 자기 자신에게로 접근하고 회귀하기를 원하는 것이다. 그리고 이러한 정신의 엄격함이 순수 학문과 기술의 발전을 목적으로 삼는 한에서, 부르주아 세계는 그러한 엄격함에게 자유로운 장을 열어주게 된다.

엄밀하게 경제적인 활동의 한계들 안에서, 이러한 정신의 엄격함은 하나의 분명한 대상을 갖는데, 이는 바로 과잉된 자원을 삶이 지닌 물질적 곤궁의 해소와 노동시간의 단축에 바치는 것이다. 인간을 사물에 일치시키는 일과 함께 발생하면서 인간이 그 자신을 [사물처럼] 완전하게 사용하는 가능성 자체가 목표인 행동의 부정적인 성격을 함유하고 있는 것은, 바로 유일하게 이러한 부의 사용이다. 그래서 학문과 기술의 발전에 연결되어 있는 저 엄격한 정신은 이러한 근본적인 작용을 위해 직접 무장하게 되는 것이다. 하지만 산업문명의 다양한 편의와 서비스의 사용은 소수의 특권층에만 한정될 수 없는데, 사치스러운 사용 역시 기능을 갖고 가치를 표현하기 때문이며, 이는 부가 바로 그러한 가치를 표현하는 책무와 연결되어 있다는 사실을 함축했던 것이다. 하지만 이러한 [부에 의한 사치/낭비의] 가치 표현은, 우리로 하여금 사물의 부정이라는 원리를 지닌 어떤 것을 마치 사물들처럼 포착하고 싶게 만드는 오류로부터 기인하는 것이다.[92] 이렇게 하여 엄격함의 정신은 고대 세계의 잔존을 파괴하는 데에 동참하게 된다. 자본주의의 법칙은 그러한 정신으로 하여금 그 자신 안에 갖고 있던 물질적 가능성을 자유롭게 발전시킬 수 있도록 해주지만, 동시에 그 정신은 이러한 발전에 장애가 되는 특성들을 감내하기도 하는 것이다. 이러한 조건 안에서 정신의 엄격성은 재빠르게 학문과 기술로부터 현재적 세계의 혼돈을 사물들 그 자체의 엄격성으로 환원시키는 결과를 도출해내는 데에 일조했던 것인데, 이러한 사물들 자체의 엄격성이란 곧 모든 작용들을 사물들에 합리적으로 속박시키는 것을 뜻한다. 그리하여 그러한 사물의 엄격성은 마르크스가 주권적으로 정식화했던 어떤 혁명적인 의미를 띠게 되는 것이다.

92) 〔역주〕 여기서 바타유는 근본적으로 사물에 대한 부정을 원리로 삼는 사치/낭비luxe가 오히려 자본주의적 정신 안에서 거꾸로 마치 사물들처럼 포착되는 역설적인 현상에 대해 비판하고 있다. 그러한 의미에서 자본주의 정신의 총아라 할 만한 학문의 엄격한 정신 자체가 이러한 오류의 기원에 있을 뿐만 아니라 동시에 소진/소모가 지닌 근본적 힘을 파괴하여 인간의 삶을 단지 사물의 지배로만 환원시켰다는 것이다.

5. 봉건제와 종교의 잔존

더불어 여기서 과거의 가치들을 일차적으로 제거할 필요성이 명확해져야 한다. 중세의 경제 체제 안에서 부는, 바로 그 가치들의 이름으로 노동이 낭비되면서 인정된 가치들을 표현했던 이들[성직자나 귀족]과 그렇게 낭비되는 노동을 공급했던 이들[농민이나 상인] 사이에서 불균등하게 분배되었다.[93] 그렇기에 농촌이나 도시의 노동은 그것이 표현하는 가치에 비해서 천한 성격을 지닌 것으로 생각되었으며, 비단 그 노동뿐만 아니라 바로 그러한 일에 종사하는 노동자들 또한 똑같이 성직자와 귀족에 비해서 천한 성격을 지닌 이들로 생각되었다. 성직자와 귀족들은 스스로 사물들이 아니라고 주장했으며, 따라서 이러한 사물의 성격은 구두 항의에도 불구하고 온전히 노동자의 몫으로 떨어졌다. 이러한 애초의 상황은 하나의 명확한 결과를 낳았다. [중세 사회는] 사물의 가능성을 그 극단까지 밀고가면서 인간을 해방시키기를 바랄 수도 없었고, 동시에 그럼에도 불구하고, 마치 자본주의가 그렇게 했던 것처럼, 인간을 인간 자신에게로 되돌아가게 할 수 있는 유일한 방법으로 인정된 고양된 [종교] 활

93) [원주] 모든 노동자들이 이렇게 낭비되는 노동을 제공했던 셈인데, 왜냐하면 대중은 바로 각자 자신의 생계수단을 통해, 사치재를 만드는 일에 종사하는 노동자들의 생계수단을 제공했기 때문이다.

동을 위해서, 그보다 낮은 위치에 있는 노동의 부정 외에는 다른 의미를 갖지 않는 이들을 그저 자유롭게 내버려둘 수도 없었던 것이다. 그래서 아마도 우리가 이렇게 말할 수 있다면, 자본주의가 무시하는 봉건제와 종교의 잔존은 사실 노동자를 하나의 사물로 만들고자 하는 확고부동한 무의식적 의지를 대변하는 것이다. 비교하자면, 우리가 우리 자신을 노동자의 노동을 부정하는 활동에 바치지 않고서는 스스로 해방될 수 있는 길이 없다고 할 때, 노동자는 그렇게 하나의 사물이 될 수밖에 없는 것이다. 사물의 완성(즉, 인간과 생산 사이의 완성된 일치)은, 마치 종교개혁이 로마 가톨릭의 가치들을 붕괴시켰던 것처럼, 오직 비생산적 소비와 연결된 과거의 가치들을 규탄하고 와해시킬 때에만 비로소 그 해방의 통로를 찾을 수 있다. 여기서 의심할 수 없는 사실은, 인간이 자기 자신으로 회귀하고자 하는 바람이 무엇보다 먼저 인간의 진정한 얼굴이 아니라 단지 사물들에 부여된 외양일 뿐인 특권계급과 종교가 쓰고 있던 기만적인 가면을 벗기기를 원하고 있다는 것이다. 인간이 자기 자신으로 되돌아가고자 하는 이러한 회귀는, 내재성을 마치 빵이나 망치를 움켜쥐듯이 포착할 수 있다고 주장하는 이들의 오류와 혼동될 수 없는 것이다.

6. 공산주의, 그리고 사물의 유용성과 인간의 일치

이로부터 노동의 세계가 정치적으로 중요한 의미를 부여했던 하나의 근본적/급진적 입장이 정립된다. 이는 어떤 의미에서 기이한 입장인데, 물질적이고 실제적인 힘은 근본적으로 긍정하면서 정신적 가치들은 그만큼이나 근본적으로 부정하는 입장이기 때문이다. 공산주의자들은 언제나 사물에 우위를 부여하며, 그렇게 사물에 종속된 성격을 갖지 않으려 하는 것에 반대한다. 이러한 태도는 프롤레타리아의 취향에 확고히 기반하고 있는 것인데, 이러한 취향은 정신적 가치들이 지닌 의미를 공통적으로 제거하면서, 그 스스로 인간의 관심사를 명석하고 판명한 관심사로만 환원시키며, 인간의 우주를 서로서로에게 종속되어 있는 어떤 사물들의 체계로 이해하는 것이다. 쟁기는 땅을 가는 것이고, 그 땅은 밀을 키우는 것이며, 그 밀은 대장장이를 먹이는 것이고, 다시 그 대장장이는 쟁기를 만들게 되는 것이다. 그렇다고 해서 이러한 입장이 고양된 열망들을 전혀 배제하는 것은 아니지만, 전통적이고 확고부동한 방식으로 그러한 열망들이 보다 일상적이었던 과거의 사람들에 반해서, 지금의 공산주의에서는 그 열망들이 유동적이고 막연하면서 더 개방적이다. 실상 프롤레타리아는 (자신들이 거의 접근하기가 불가능한 가치들을 지닌 한 세계가 그들을 사물로 환원시키는 것인데) 바로 이러한 사물에서부터 인간의 해방에 착수한다. 프롤레타리아는 인간을 어떤 야심에 찬 길로 들어서게 하지도 않으며, 고대 신화나 중세 신학의 이미지를 따라 어떤 풍요롭고 다양한 세계를 건설하지도 않는다. 프롤레타리아는 대체로 지금 여기 있음에 주의를 한정하지만, 그렇다고 자신들의 감정을 표현하는 [문학의] 고상한 문장들과 긴밀히 연결되어 있는 것도 아니다. 프롤레타리아의 우주 안에는, 사물들이 서로서로에게 종속되어 있는 일반적 속박의 연결과 반대되는 그 어떤 확고한 한계도 존재하지 않는다. 이성을 엄밀한 현실로만 환원하는 엄격하게 현실적인 정치, 그러한 엄혹한 정치야말로 여전히 프롤레타리아의 정념에 가장 잘 응답할 수 있는 것인데, 그래서 이러한 정치는 한 이기적인 집단[당]의 구상을 감추지 않고 드러내는 것이기에 그만큼이나 더 맹렬한 것이다. 따라서 이러한 노선을 따르는 프롤레타리아의 투사는 쉽게 엄밀한 종속관계로 환원된다. 그 투사는, [당의] 규율이 그에게 서로 모순되는 지령들을 연속적으로 하달한다고 해도 이미 그러한 종속관계에 있기에, 해방의 작업이 그 자신을 하나의 사물로 환원함으로써 완성된다는 사실을 쉽게 받아들인다. 이러한 근본적/급진적 태도는 다음과 같은 기이한 결과를 갖는다. 이러한 태도는, 노동자들이 부르주아를, 다시 말해 그 부르주아의 착취를 끝장내기를 원함에도 불구하고, 결과적으로 바로 그 부르주아에게 인간을 위해 자유를 유지해야 한다는 자각을, 곧 개인들을 사물들로 환원시키는 일을 피해야 한다는 자각을 갖게 했던 것이다. 그럼에도 여전히 오로지 문제가 되는 것은, 자유로운 사용을 목적으로 하는 어떤 거대한 노력이다.

사실상 부르주아는 현실적으로 그들 세계의 자유란 것이 결국 혼란의 자유라는 사실을 망각할 수 없다. 부르주아는 종국에 그러한 사실에 당황할 수밖에 없는 것이다. 노동자 정치의 거대한 성과, 그리고 그 확실하고도 유일한 결과인 일반화된 일시적 노예상태는, 부르주아를 두렵게 만들지만, 그들이 할 수 있는 일이라고는 그저 이러한 상황을 한탄하는 것밖에는 없다. 부르주아는 그들이 지닌 역사적 사명에 대한 자각을 더이상 갖고 있지 않은 것인데, 부상하는 공산주의자들의 운동에 대한 응답으로 그들은 최소한의 희망도 견지할 수 없다는 것이 바로 현실이다.

5부

현재적 여건들

I. 소비에트의 산업화

1. 비공산주의적 인간성의 고뇌

지금까지 "현재 세계의 도덕적 공허는 경악할 만한 수준이다"라고 말하는 것은 언제나 가능했다. 어느 정도로는, 자기 자신 앞에 그 어둠의 깊이를 가늠할 수 없게 놓인 하나의 밤이 현재를 규정하는 것처럼, 결코 확실한 보장이 없다는 사실이 미래를 규정하는 것이다. 그럼에도 불구하고 오늘날 우리가 고뇌를 강조하는 데에는 충분한 이유가 있다. 내가 생각하는 것은 어떤 재난으로부터 발생하는 위험이라기보다는—물론 그러한 재난의 위험은 보기보다 더 생생한 것이지만—믿음의 부재, 차라리 관념의 부재라고 말할 수 있는데, 이러한 부재는 근대의 사유를 무기력에 빠트리는 것이다. 30년 전만 해도 서로 충돌하는 수많은 사유들이 인간의 기준에서 어떤 미래를 밝혀주었다.[94] 무한한 진보에 대한 일반적인 믿음이 전 지구와 전 시대를 둘러싸고 남김없이 사용 가능하게 보이는 어떤 [새로운] 영역의 도래를 예고했던 것이다. 그러나 그 이후 상황은 급변했다. [전쟁의] 압도적인 승리가 불가피한 문제들 앞에서 평화의 귀환을 보장해주는 것처럼 보였던 때, 어떤 열패감의 감정이 점점 더 거대하게 엄습하게 되었다. 오직 공산주의 세계—소비에트 연방과 그 방계 당들—만이 예외였는데, 이는 일관성 없는 상황 속에서 불안에 빠져 그러한 불안 외에는 다른 일관성이 없었던 인류의 한가운데에 솟아난 거석과도 같았다.

하지만 불굴의 확실성으로 운용되는 이러한 공산주의 진영은 오늘날 취약한 낙관론을 유지하는 데에 도움을 주기는커녕

94) 〔역주〕 바타유의 『저주받은 몫』이 처음으로 출간된 때가 1949년이므로, 여기서 그가 "30년 전"이라고 말하고 있는 때는 1910~1920년대라고 볼 수 있다. 흥미로운 것은 죄르지 루카치György Lukács가 1910년대에 썼던 『소설의 이론 *Die Theorie des Romans*』의 도입에서도 이와 비슷한 문제의식이 드러난다는 사실이다. 이 책의 첫 장을 여는 저 유명한 구절, 곧 "별들이 총총히 빛나는 하늘 위로 우리가 갈 수 있고 또 가야만 하는 길의 지도가 놓여 있었고 또한 그 길을 별빛이 밝게 비춰주었던 시대는 얼마나 복되었던가Selig sind die Zeiten, für die der Sternenhimmel die Landkarte der gangbaren und zu gehenden Wege ist und deren Wege das Licht der Sterne erhellt"라는 문장이 바로 그것이다. 바타유의 위 문장은 어떤 의미에서 바로 이 문장과 30년 뒤에 공명하고 있다.

오히려 고뇌를 안겨주고 있다. 공산주의 진영은 그들 자신에게는 희망일지 몰라도, 그러한 공산주의의 법칙을 거부하고 그 원리에 맹목적으로 따르지 않는 이들에게는 동시에 공포인 것이다. 마르크스와 엥겔스는 1847년에 (이는 『공산당 선언』의 첫번째 구절인데) 다음과 같이 외쳤다. "유럽에 하나의 유령이 배회하고 있다, 공산주의라는 유령이Ein Gespenst geht um in Europa—das Gespenst des Kommunismus." 하지만 1949년인 오늘날, 공산주의는 더이상 하나의 유령이 아니다. 그것은 하나의 국가이자 (게다가 지상에서 가장 강력한) 하나의 군대가 되었는데, 이제 그렇게 공산주의는 조직된 운동으로 배가되어 모든 사적 이익의 형태를 가차없이 부정함으로써 그 스스로 하나의 응집된 거석이 된 것이다. 유럽만이 이에 유일하게 흔들렸던 것이 아니라 아시아 또한 그러했다. 군사적이고 산업적인 우위에도 불구하고 미국도 역시나 이에 경직되었고, 편협한 개인주의라는 이름으로 표현되는 공산주의에 대한 분노는 사실 그렇게 고조되는 [공산주의에 대한] 공포를 숨길 수 없었다. 오늘날 소비에트 연방에 대한 두려움은 끈질기게 우리 곁을 배회하며 공산주의가 아닌 모든 것으로부터 희망을 앗아간다. 소비에트 연방을 제외하고는 그 어떤 것도 해결될 수 없고 자신에 대해 확신을 가질 수도 없으며 타협 없는 조직화의 의지에 있어서도 뛰어나지 못하다. 본질적으로 그 나머지 세계는 소비에트 연방에 비할 때 그저 관성의 힘에 빠져 있게 되는 것이다. 그렇게 나머지 세계는 그 자신 안의 모순들에 대한 반응을 상실한 채 방치되고, 부유하든 가난하든 맹목적이고 의기소침해진 상태로 살아가며, 그 세계가 뱉는 말은—그 한탄 섞인 신음마저도—무기력한 항의가 될 뿐이었다.

2. 공산주의에 대한 지식인의 입장들

그후로는 서구 유럽과 미국에서, 부상하는 사상의 부재, 사람들을 통합하고 고양시키는 희망의 부재 때문에, 인간의 사유는 일차적으로 소비에트 세계의 교조적 원리와 현실에 대한 관계에서만 위치하게 된다. 이러한 소비에트의 교조적 원리는 프롤레타리아 독재와 자본주의의 철폐를 만족스러운 인간적 삶의 선결조건으로 삼는 많은 당원들을 거느리고 있다. 1918년에 제정된 혁명 헌법에 따르면, 소비에트 국가의 근본적 목표는 "인간에 의한 인간의 모든 착취를 일소하고, 사회를 사회주의적으로 해소하며, 모든 나라에서 사회주의의 승리를 구가하는 것"이다. 우선적으로 '일국一國 사회주의'를 실현시키고자 했던 의지 [러시아만의 혁명] 와 [1917년] 러시아혁명의 뒤를 따라 1918년 이후 일어났던 여러 다른 나라의 혁명의 노선들 사이에서는 몇몇 공산주의적 요소들에 대한 논쟁이 일어났다. 하지만 소비에트 연방과의 협력을 통해 자신들의 나라에서 혁명을 일으키고자 했던 그때까지의 충실했던 공산당원들만이 그들의 의견으로부터 노동자 대중을 통합하는 힘을 끌어낼 수 있었다. 그럼에도 이러한 공산주의 내부의 분열은 민주주의 체제의 한가운데에서 활발히 일어나던 여러 다른 경향들의 가능성을 고갈시키는 결과를 낳았는데, 그러한 분열은 그 자체의 해결을 통해 결연히 쟁취할 수 있는 희망이 아니라 혐오와 거부라는 의미/방향성을 갖고 있었기 때문이다.

이에 덧붙여, 반대자들의 반응은 두 가지 상반되는 기원을 갖고 있다.

한편으로, 소비에트 연방에 의해 그 원칙에 따라 주어진 결과들은 주어진 조건들의 제한을 받았다. 단지 사회주의의 영역은 그저 한 나라에만 제한적인 것이 아니라 산업적 후진국에도 역시나 제한적인 것이었다. 마르크스에 따르자면, 사회주의는 생산력의 극단적 발전의 결과로 출현하게 되는 것이었다. [이러한 논리에 따르자면] 1917년의 러시아 사회가 아니라 바로 현재의 미국 사회가 그러한 사회주의 혁명이 일어나기에 충분히 무르익은 상태가 될 것이어야 했다. 덧붙여, 레닌은 원칙적으로 러시아 10월혁명 속에서 세계 혁명의—우회된—첫 걸음을 보았다. 나중에 트로츠키와 대립하게 된 스탈린은 이러한 세계 혁명을 더이상 러시아 사회주의 건설의 선결조건으로 삼는 일을 그만두게 되었다. 소비에트 연방은 그때부터 그 스스로는 피하기를 원했던 [일국 사회주의의] 역할을 어쨌든 받아들이게 되었던 것이다. 하지만 트로츠키의 낙관적 바람에도 불구하고, 외면적으로 그러한 역할은 선택할 수 있는 성격의 것이 아니었다.

이러한 '일국 사회주의'가 낳은 여파는 무시할 수 없는 성격의 것이다. 세계 혁명을 통해 사회주의가 맞닥뜨리게 될 물질적 어려움은 말할 것도 없겠지만, 단지 하나의 국가 안에서만 그러한 어려움을 살펴보더라도 이는 혁명 자체의 성격을 바꿀 수도 있고, 또한 헤아리기 힘들며 기만적인 특성을 지닌 잡다한 형상을 혁명에 부여할 수도 있는 것이다.

하지만 여기서 이러한 대립을 선동하는 것이 바로 '스탈린주의'의 반동적인 측면이다. 그렇기에 또다른 한편에서, '반反스탈린주의자들'의 비판은 일반적인 반反공산주의의 비판과 합류하게 되는 것이다.

개인적인 이익과 사적인 사유, 편의, 권리 등에 대한 단호한 무시는 볼셰비키 혁명의 기원에서부터 발견되는 사실이다. 스탈린의 정책은 이에 대해 레닌의 정책을 비난하는 것이지만, 그 스스로 아무것도 혁신하지 못한다. '볼셰비키의 강철대오'는 '썩어빠진 자유주의'에 대립되는 것이다. 공산주의에 대한 증오는 오늘날 너무도 일반적이고 너무도 강력한 것이 되었는데, 그 증오는 원칙적으로 공산주의가 극단적으로 밀어붙여 완성했던 이러한 개인적 현실에 대한 부정에 근거한다. 일반적으로 비非공산권 세계에 있어 개인이란 것은 하나의 최종적 목적인데, 그것은 가치와 진리가 한 개인의 사적인 삶이 지닌 고독과 관련되어 있기 때문이며, 그러한 사적인 삶이 아닌 것에 대해서는 아무것도 보지 않고 아무것도 들으려 하지 않기 때문이다(그래서 더 정확히 말하자면, 그러한 가치와 진리는 이러한 사적인 삶이 지닌 경제적 독립성과 관련되어 있는 것이다). 개인이라는 민주주의적 관념의(따라서 부르주아적 관념의) 기저에는 확실히 속임수, 안이함, 인색함 등이 존재하며, 거기에서 인간이 지닌 운명(존재하는 것의 보편적 작용)의 요소라는 성격은 부정된다. 그렇기에 근대 부르주아의 인간상은 인간성이 지금껏 상정해왔던 여러 인간상들 중에서 초라하기 그지없는 형상으로 나타나는 것인데, 이렇듯 인간적 삶의 사적인 고립성—그리고 또한 그 진부한 범속성—으로 이루어진 이러한 '인간상'에 대해 공산주의는 어떤 목숨을 건 도약un saut dans la mort[95]을 제공하는 것이다. 물론 이러한 '인

95) 〔역주〕 "목숨을 건 도약"은 마르크스가 특히 『자본*Das Kapital*』의 1부 3장 2절 중 '상품의 변환die Metamorphose der Waren' 부분에서 사용했던 유명한 표현으로서, 마르크스는 이를 원문에서 직접 이탈리어로 "salto mortale"라고 쓰고 있다. 마르크스에게서 이 표현은 자본주의 경제 안에서 상품이 팔릴지 안 팔릴지 확신이 없는 불안정한 상태에도 불구하고 그 교환 과정에서 이루어지게 되는 상품의 어떤 비약적 작용을 묘사하기 위해 사용된 것이었는데, 바타유는 여기서 이 표현을 차용해 프랑스어로 "목숨을 건 도약/죽음으로의 도약saut dans la mort"으로 다시 번

간상'은 그러한 도약을 거부하겠지만, 그렇다고 이러한 사실 때문에 그러한 인간상이 [공산주의적 변형에 대해] 반항적인 어떤 희망이 될 수 있는 것도 아니다. 그러한 불안을 느끼는 혁명가들은 이러한 인간상에 대해 당혹스러워한다. 하지만 스탈린주의는 너무도 극단적이었기에 그 반대편에 선 공산주의자들은 결국 부르주아와 마음을 같이했던 것이다. 그러나 이러한 결탁은, 의식적이든 아니든, 스탈린 공산주의의 가혹함을 피하고자 했던 모든 것을 취약하고 관성적인 것으로 만드는 데에 현격히 기여했을 뿐이다.

애착, 반발, 증오와도 같은 단순한 감정들을 넘어서, 스탈린주의의 복잡성은 그 전개의 조건들이 부여했던 불가해한 형상으로 인해서 그 성격상 가장 혼란스러운 지적 반응들을 불러일으키기에 충분했다. 의심할 여지없이, 현재 소비에트 연방의 가장 중차대한 문제들 중의 하나는 사회주의가 소비에트에서 취한 민족적인 성격과 결부되어 있다. 사람들은 오래전부터 자칭 히틀러의 [국가]사회주의의 몇몇 외적 성향들을 스탈린주의적 사회주의의 외적 성향들과 비교해왔는데, 여기에는 영도자, 유일당 체제, 군대의 중요성, 청년의 조직화, 개인적 사고의 부정, [정

역하면서 마르크스가 본래 사용한 맥락을 비틀어 역설적이게도 이를 개인이라는 개념에 대한 공산주의적 변환을 설명하는 목적으로 사용하고 있다.

치적] 억압 등의 여러 공통점들이 있다. 물론 그 목표와 사회경제적 구조에 있어서 이 두 체제는 서로 극단적으로 대립하면서 근본적인 차이점을 드러내지만, 둘 사이의 방법론이 지닌 유사성은 가히 충격적이었던 것이다. 그렇기에 [스탈린 체제가 지닌] 형태와 심지어 그 민족적 전통에 대한 강조는 이러한 의혹에 찬 [나치와의] 비교에 관해 주의의 끈을 늦출 수 없었던 것이다. 그렇기에 이러한 종류의 비판이 더 나아가 바로 스탈린주의의 반대편에 선 공산주의자들과 부르주아적 자유주의 사이의 결합을 가능케 했던 것인데, 그럼에도 이러한 '반反전체주의' 견해의 운동은 그 행동이 마비되고 그 효과 역시 확실하게 엄밀히 보수적인 경향을 띠게 되는 방향으로 형성되었다.

이러한 역설적인 상황에 의해 사유가 너무도 심각하게 뒤흔들렸기에, 사유는 심지어 가장 위험성 높은 해석에 산발적으로 노출되기도 했다. 이러한 해석들이 항상 출판된 것은 아니었기에, 이 중에서 나는 사람들이 내게 알려준, 확고하지는 않으나 번뜩이는 하나의 해석을 인용하고자 한다. 스탈린주의는 히틀러주의와 전혀 유사하지 않고 오히려 정반대인데, 그것은 **민족/국가적인**national 것이 아니라 차라리 **제국적 사회주의**impérial-socialisme라 불러야 마땅한 것이기 때문이다. 게다가 여기에서 이 **제국적**이라는 말은 한 민족/국가의 제국주의와는 반대되는 의미에서 이해되어야 할 텐데, 왜냐하면 [스탈린주의에 부여되는] 이 제국적이라는 말은 현대의 경제적이고 군사적인 무정부 상태를 끝장낼 어떤 제국의 필요성, 다시 말해 어떤 보편 국가의 필요성에 상응하는 말이기 때문이다. 국가사회주의는 필연적으로 실패할 수밖에 없었는데, 왜냐하면 그러한 [민족/국가사회주의의] 원리들 자체가 이미 자신의 범위를 민족/국가nation라는 개념으로 제한하고 있었기 때문이다. [같은 민족이라는 개념이 없었기에] 정복된 다른 나라들을 마치 외세포를 모세포에 응집시키듯 통합할 수 있는 수단이 존재하지 않았던 것이다. 그와 반대로 소비에트 연방은 모든 민족/국가가 그 안으로 편입될 수 있는 하나의 틀이기 때문에, 우크라이나 공화국이 이미 소비에트에 통합된 방식 그대로, 칠레 공화국이라고 해서 나중에 소비에트에 통합되지 못하리라는 법이 없는 것이다. 이러한 방식의 관점이 마르크스주의에 완전히 대립되는 것은 아니지만, 이는 헤겔이 그랬던 것처럼 지배적이고 결정적인 권한을 국가에 부여한다는 의미에서 마르크스주의와는 차별되는 것이다. 헤겔적 개념, 곧 '제국적 사회주의'라는 개념에서 인간이란, 개인이 아니라 국가이다. 그 국가 안에서 개인은 죽는 것이며, 국가의 봉사라는 상위의 현실 속으로 흡수되는 것이다. 이렇듯 어떤 확장된 의미에서 '국가의 인간l'homme d'État'이란 역사의 강물이 흘러드는 바다이다. 국가에 참여하는 한에서 인간은 그 동물성과 개인성으로부터 동시에 벗어나게 되면서 더이상 보편적인 현실 그 자체와 구분되지 않는 것이다. 세계의 분리 가능한 모든 부분들은 총체성으로 환원되는 반면, 세계 국가가 지니는 최상의 심급은 오직 그 자신으로만 환원될 수 있을 뿐이다. 공산주의 인민의 현실과는 강하게 대립되기에 그를 추동하는 열정과는 동떨어져 있는 이러한 개념화는 하나의 명백한 역설이다. 그럼에도 이러한 국가 개념은 개인이라는 관념의 보존이 얼마나 무의미하며 빈곤한 것인지를 강조하는 데에 열을 올려왔다. 이제 우리는 지금까지의 인간상을 이러한 최종적 목적의 형태와는 다른 입장에 위치시켜 더 넓은 지평을 열어젖힘으로써 그러한 인간상을 해방시킬 수 있는 기회를 놓쳐서는 안 될 것이다. 우리가 소비에트의 삶에 대해 알고 있는 것은 제한된 기업 활동이나 개인적인 자유에 대한 제한 등에 해당하지만, 우리에게 익숙한 습관들은 거기에서 전복되며 그러한 삶 속에서 문제가 되는 것은 우리가 [우리의 그러한 습관에 따라] 스스로를 쉽사리 한정시켰던 단견들을 어떻게든 뛰어넘는 것이다.

물론 소비에트 연방의 현존—그리고 그 위협—이 다양한 반응들을 산출하는 것은 불가피한 사실이다. 이에 대한 단순한 거부감이나 증오의 감정을 갖는 것은 그저 상황을 되는대로 내버려두는laisser-aller 회한의 뒷맛만을 남길 것이다. 여기서, 사유의 침묵을 사랑하는 용기, 실패한 조직화에 개의치 않는 마음, 인민을 가로막는 장벽들에 대한 증오는, 힘들지만 결정적인 어떤 시험을 갈망하는 것이다. 최악의 상황을 미리 받아들이고 있으면서도 하늘을 향해 끊임없이 기도를 올리는 신앙인과 같은 부류의 어떤 이들은 그저 체념한 채로 긴장의 완화나 더 타협적인 태도를 기대하지만, 그들 역시 세계의 평화로운 진전과는 양립할 수 없어 보이는 대의명분에 여전히 충실히 묶여 있는 것이다. 이와는 또다른 어떤 이들은 소비에트 연방의 확장에 의해 세계가 전체적으로 얼마나 종속되게 되었는지는 잘 상상하지 못하지만, 그러한 소비에트 연방이 유지하고 있는 긴장이 그와 함께 자신들에게 어떤 경제적 전복의 필요성을 초래한 것으로 보이는 것이다. 사실상 어떤 놀라운 심정적 혼란이 세계 내에서의 볼셰비키의 행동, 그리고 그러한 행동이 맞닥뜨렸던 수동성과 도덕적 실종으로부터 발생한다. 하지만 아마도 오직 역사만이 어떤 군사적인 결정을 통해서 이에 종지부를 찍을 수 있을 것이다. 우리가 할 수 있는 것은 단지, 우리가 보기에 히틀러가 할 수 있었던 것보다 훨씬 더 심오한 방식으로 기성의 질서를 교란시키는 이러한 행위의 본성을 탐구하는 것뿐이다.

3. 축적에 대립되는 노동자 운동

소비에트 연방은 직접적으로 세계를 변화시킬 수 있다. 소비에트가 구성하는 힘은 미국을 위시한 동맹보다 훨씬 더 우세할 수 있기 때문이다.

소비에트 연방은 또한 그 자신의 행위가 일으키는 반작용을 통해서도 세계를 변화시킬 수 있다. 소비에트에 대항하기 위해 개시되는 전투는 그 적들로 하여금 자신들의 경제가 지닌 법률적 기초를 바꾸게끔 만들 것이기 때문이다.

그 어떤 것이 되었든 간에, 어떤 총체적인 혼란이 개입되지 않는 한에서, 사회적 구조의 변화는 생산력의 매우 급속한 발전에 의해 요구되는 것인데, 현재 [전후] 유럽의 퇴보는 그저 잠시 동안만 그러한 발전의 속도를 늦추고 있을 뿐이다.

우리의 이 모든 혼란이 종국에 도달하게 될 명확한 해결책은 어쩌면 우리에게 그저 부차적인 의미만을 갖게 될지도 모른다. 하지만 우리는 거기에서 작동하고 있는 힘들의 본성은 인식할 수 있는 것이다.

아마도 의심의 여지없이, 과잉된 자원의 사용에서 가장 중대한 변화는 그러한 자원을 생산설비의 발전에 원칙적으로 바치게 된 일일 것이다. 그러한 변화가 산업시대를 열었으며 여전히 자본주의 경제의 기저로 남아 있다. 우리가 '축적'이라고 부르는 것은, 재력을 가진 수많은 개인들이 과시적인 사치의 삶을 영위하려는 비생산적인 소비를 멈추고 자신들의 재산처분권을 생산수단을 구입하는 데에 사용한다는 것을 의미한다. 가속화되어 증가하게 되는 발전의 가능성은 바로 이러한 축적으로부터 비롯되는 것인데, 더 나아가 이러한 발전이 이루어짐에 따라 증대된 자원의 일부분이 역으로 생산 외적인 소비에 다시 바쳐지게 되는 것이다.

노동자 운동 자체는 그 극단에서 본질적으로 여러 항목들로 부를 재분배하는 문제와 관계된다. 임금 인상과 노동시간 단축을 위한 임금노동자들의 파업과 투쟁은 더욱 심오하게는 무엇을 의미하는가? 노동자들의 요구가 관철됨에 따라 생산 가격은 증가했고, 그 반면에 비단 경영자의 사치/낭비에 할당된 몫만 줄어든 것이 아니라 축적에 할당된 몫 또한 함께 줄어들게 되었다. 자원의 증대가 가능하게 한 노동시간 단축과 시간당 노동 가격의 상승은 부의 재분배를 통해 길을 찾는다. 만약 노동자가 더 많이 일했는데 더 적게 벌었다면, 자본주의 이익의 더욱 중대한 부분은 생산력 발전에 쓰일 수 있게 되었다는 것을 뜻할 테고, 이를 통해 사회적 보장은 그 효과를 강력히 증대시킨다. 이렇게 해서 노동자 운동, 좌파 정치, 또는 최소한 임금노동자에 대한 자유주의적 정치는, 원칙적으로 자본주의와 대립하면서 비생산적 소비에 바쳐지는 더 큰 부의 몫을 의미하게 되는 것이다. 이렇게 부를 비생산적 소비에 바치는 행위가 어떤 탁월한 가치를 목적으로 삼지 않는다는 것은 사실이다. 이는 단지 인간에게 그 자신에 대한 더 큰 처분권을 부여하는 경향만을 띤다. 미래를 개선하고자 하는 염려에 할당된 몫의 소비에 비할 때 현재의 만족을 위해 할당된 몫 역시 만만치 않게 증가되는 것이다. 바로 이 때문에 전체적인 구도 안에서, 우리가 아는 좌파는 속박으로부터의 해방이라는 의미보다는 오히려 긴장 완화라는 의미를 갖게 되며, 또한 우리가 아는 우파 역시 단지 속박이라는 의미보다는 오히려 근검절약하는 계산이라는 의미를 갖게 된다. 그렇게 해서 원칙적으로 진보 정당들을 활성화시키는 것은 [사회적 긴장을 완화시키기 위해] 후하게 베푸는 운동이 되는 것이며 또한 [미래가 아닌 현재를 위한] 유예 없는 삶에 대한 선호가 되는 것이다.

4. 축적에 대한 차르들의 무능력과 공산주의적 축적

러시아의 경제 발전은 우리의 경제 발전과 근본적인 차이를 띠고 있기에 내가 앞서 제시했던 고찰들을 지금 우리의 상황에 바로 적용할 수는 없을 것이다. 심지어 서구에서의 좌파 운동조차 애초에는 내가 말한 의미를 갖고 있지 않았다. 예를 들어, 프랑스혁명은 산업적 축적을 위해 궁정과 귀족의 과시적인 사치성 소비를 축소시키는 결과를 낳았다. 그렇게 1789년의 프랑스혁명은 영국의 자본주의에 비해 뒤처져 있던 프랑스 부르주아지의 일종의 치유책이었던 것이다. 좌파가 탕진하는 귀족에 대해 더이상 반대하지 않고, 오히려 많은 비축을 유지하지 않고 후하게 베풀기만 한다는 [동일한] 이유로 산업 부르주아에게 반기를 들었던 것은 훨씬 더 나중의 일이었다. 그런데 1917년의 차르 체제 아래의 러시아는 구체제ancien régime 아래의 프랑스와 거의 다를 바가 없었다. 말하자면 당시 러시아는 축적할 줄 모르는 계급에 의해 지배되고 있었던 것이다. 광대한 영토에서 나오는 무궁무진한 자원은 자본의 부족으로 아직 개발되지 못한 상태였다. 러시아에서는 19세기 말에 이르러서야 겨우 어느 정도의 규모를 지닌 산업이 발전하기 시작했던 것이다. 게다가 러시아는 상당한 몫의 외국 자본에 기대고 있었다. "1934년에 이러한 산업에 투자된 자금 중 겨우 53%만이 러시아 국내 자본이었다."[96] 이러한 발전은 여전히 너무도 충분하지 못한 것이었기에 프랑스나 독일 같은 나라들과 비교했을 때 거의 모든 부문에서 러시아의 열세는 해가 거듭될수록 더욱 증가하고 있었다. 당시 레닌은 "우리는 점점 더 뒤처지고 있다"[97]고 썼다.

이러한 조건들 속에서 차르와 지주들에 대항하는—민주당

96) 〔원주〕 조르주 조레Georges Jorré, 『소비에트 연방: 그 땅과 사람들*L'U.R.S.S. La Terre et les Hommes*』(1945), 133쪽.

97) 〔원주〕 같은 곳.

K.D.[98]으로부터 볼셰비키에 이르는—러시아의 혁명적 투쟁은, 프랑스에서 1789년 혁명부터 오늘날에까지 이르는 시기를 아우르는 모든 복잡한 운동의 성격을 마치 소용돌이가 몰아치듯 아주 짧은 시간 안에 성취해낸 것이었다. 하지만 러시아의 경제적 기반 때문에 이러한 투쟁의 의미/방향은 이미 사전에 결정된 것이나 마찬가지였다. 그래서 그러한 투쟁은 비생산적인 탕진에 종지부를 찍을 수밖에 없었고, 모든 부를 국가의 생산설비에 할당할 수밖에 없었던 것이다. 그렇게 하여 이 투쟁은, 노동자 대중과 그러한 대중을 떠받치고 있는 당이 자연스럽게 추구하던 목표와는 완전히 반대되는 어떤 목표를 산업화된 국가라는 형태로 가질 수밖에 없었는데, 축적을 위해서는 비생산적 소비를 축소해야 했다. 아마도 이러한 축소는 유산계급에 타격을 주었을 테지만, 그렇다고 이렇게 선취된 몫이 노동자들의 처지를 개선하는 데에 쓰일 수는 없었고, 혹여 쓰인다 해도 그저 부차적으로만 그렇게 쓰일 수밖에 없었는데, 무엇보다 우선 그 몫을 산업설비에 투자하는 데에 바쳐야 했기 때문이다.

1차대전은 러시아에서, 당시 여러 민족/국가들이 산업의 힘을 구성하면서 모든 측면에서 성장하던 시기에, 그 어떤 민족/

98) 〔역주〕 여기서 'K.D.'는 입헌민주당Конституционно-демократическая партия의 러시아어 약자 'К.Д.'를 로마 알파벳으로 표시한 것이다.

국가도 이에 뒤처질 수 없다는 사실을 상기시켰다. 2차대전은 이러한 논거에 결정적으로 힘을 실어주는 것이었다. 산업선진국들의 발전에 대한 결정은 그 나라들 내부에서 [자체적으로] 이루어진 반면, 산업적으로 뒤처진 나라들의 경우에는 그러한 결정이 원칙적으로 [타의에 의해] 외부로부터 강제되었다. 그러나 러시아가 자국의 자원을 산업적으로 개발해야 했던 내적인 필요성에 대해 사람들이 뭐라고 말하든 간에, 어쨌든 러시아는 이러한 개발을 통해 최근 전쟁[2차대전]의 시련을 극복할 수 있었다는 점을 덧붙여야 한다. 그저 그날그날만을 살아가는 사람들에 의해 지배되던 1917년의 러시아는 오직 한 가지 조건에서만 살아남을 수 있었는데, 그 조건이란 국력을 발전시키는 것이었다. 이러한 이유로 러시아에서는 사치스러운 낭비를 경멸하는 계급의 지도력이 요청되었던 것이다. 러시아에서 외국 자본의 유입과 산업 발전의 지체된 성장세는, 부르주아지가 양적으로도 대단하지 못했고 중요한 결과를 불러올 수 있을 만큼의 부상하는 힘도 갖고 있지 못했다는 사실을 가리킨다. 이러한 사실로부터 [러시아] 프롤레타리아의 역설이 등장하는데, [러시아에서는 강력한 부르주아계급이 존재하지 못했으므로] 프롤레타리아는 삶을 가능하게 만들기 위해 바로 그 삶을 스스로 비타협적인 방식으로 부인하도록 강제되었다는 사실이 바로 그러한 역설이다. 검약하는 부르주아는 가장 헛되이 이루어지는 사치를 부인하지만, 그렇다고 유복한 생활을 누리지 않는 것은 아니다. 그러나 반대로 이러한 사치에 대한 노동자의 부인은 그 자신의 궁핍 속에서 이루어졌던 것이다.

르루아-볼리외Leroy-Beaulieu는 다음과 같이 썼다. "그 누구도 러시아인만큼 고통당할 수 없으며, 그 누구도 러시아인처럼 죽을 수 없다."[99] 하지만 이러한 러시아인들의 극단적인 인내심은 계산적인 것과는 한참 거리가 멀어 보인다. 유럽의 그 어느 지역에서도 인간이 부르주아적 삶의 합리적 가치와 이보다 더 먼 관계에 있을 수는 없을 것이다. 부르주아의 미덕은 안전의 조건들을 요구하는 것인데, 자본주의적 투기는 앞일을 내다보는 것이 가능한 엄격히 정립된 질서를 바라는 것이기 때문이다. 따라서 오랫동안 광활한 평원에서 야만족의 침입에 노출되어 있었고

99) 〔역주〕 여기서 바타유는 따로 이 문장의 출전을 밝히고 있지 않지만, 해당 내용은 19세기 프랑스의 역사가이자 작가였던 아나톨 르루아-볼리외Anatole Leroy-Beaulieu(1842~1912)의 책 『차르들의 제국과 러시아인들*L'empire des Tsars et les Russes*』(1881~1889)의 제1권 '그 나라와 국민들Le pays et les habitants'에 나오는 문장으로서, 바타유는 이 문장을 약간 부정확하게 옮기고 있으나 사실 그 내용과 맥락은 완전히 동일하다. 더 확실하게 구분하자면, 바타유가 여기서 옮기고 있는 문장은 "Personne ne peut souffrir comme un Russe, personne ne peut mourir comme un Russe."이지만(따라서 본문의 번역도 이 문장에 준했다), 사실 르루아-볼리외의 정확한 원문은 "그 누구도 러시아인처럼 고통당하는 법을 알지 못하며, 그 누구도 그처럼 죽는 법을 알지 못한다Personne ne sait souffrir comme un Russe, personne mourir comme lui."로서, 그 전후 맥락상 러시아인들이 그들의 종교성을 통해 고통과 죽음 앞에서 지니는 차분한 용기를 강조하고 있는 문장이다.

끊임없이 기아와 추위[100]의 위협에 시달렸던 러시아인들의 삶은 오히려, 현세의 삶 속에서 누릴 수 있는 무사태평이나 확고함과는 반대되는 미덕들을 추구하게 된 것이다. 소비에트 노동자가 도래할 시대의 선善을 위해 즉각적인 이익을 포기하는 것은 사실 제삼자에 대한 신뢰를 요구하는 것인데, 소비에트 노동자에게는 단지 신뢰뿐만이 아니라 속박에 스스로를 내맡기는 일도 요구되었던 것이다. 강하고 즉각적인 자극에 응답하는 필수적인 노력이 필요했는데, 이러한 자극은 위험하고 가난하며 광대한 나라인 러시아의 자연 속에 늘 도사리고 있는 것이었으며 그러한 광대함과 그러한 삶의 비참함에 의해 지속될 수밖에 없는 것이었다.

게다가 프롤레타리아의 선두에 서서 러시아를 산업화해야 할 필요성에 아무런 재정적 수단 없이 응답해야 했던 이들은 그 어떤 방법으로도 자본주의적 기업의 토대를 이루는 차분하고도 계산적인 정신을 가질 수가 없었다. 그들이 태어난 나라 자체에 의해서 그러했던 것처럼, 또한 그들이 이룬 혁명에 의해서도, 러시아 프롤레타리아는 전쟁의 세계에 완전히 속하게 되었다. 일반적으로 산업의 세계와 대립되는 이러한 전쟁의 세계란, 공포와 격정

100) 〔원주〕 러시아어로는 'golod i kholod'라고 한다. {〔역주〕 "기아와 추위"는 키릴 문자로는 'голод и холод'로 표기한다.}

이 뒤섞인 채, 한쪽에서는 군법을, 다른 한쪽에서는 국기를 휘두르는 세계로서, 이익의 냉정한 추구와는 동떨어진 것이었다. 소비에트 이전의 러시아는 본질적으로 농업 경제만을 갖고 있었기에, 그러한 체제 안에서는 군대마저 궁핍할 수밖에 없었고 부의 사용은 거의 낭비와 전쟁에만 제한될 뿐이었다. 러시아 군대는 다른 나라와는 비교할 수도 없게 산업적 기여로부터 받는 혜택이 거의 없었다. 차르 체제에서 공산주의로 넘어가는 급격한 도약은, 자원을 생산설비에 바치는 일이 다른 곳에서처럼 전쟁의 야만적인 필연성이라는 자극제와 무관하게 일어날 수 없다는 사실을 의미했다. 자본주의적 검약은 사회를 어지럽고 불안하게 만드는 광풍에서 보호하기 위한 일종의 차분한 비축으로서 일어나는 것이다. 상대적으로 말해서, 부유한 부르주아들은 공포도 없고 열정도 없는 인간이다. 반대로 볼셰비키의 지도자들은 차르 체제의 지주들처럼 공포와 열정의 세계에 속해 있는 인간인 것이다. 하지만 초창기 자본주의자들과 비슷하게, 볼셰비키의 지도자들 역시 낭비에 대해 반대했다. 더구나 볼셰비키 지도자는 각각의 모든 러시아 노동자들과 이러한 성격[낭비에 대한 반대]을 공유하고 있었는데, 호전적인 부족 내에서 그 족장이 자신이 지휘하는 이들과 다르지 않은 것과 어느 정도 비슷하게, 볼셰비키 지도자 역시나 노동자 대중과 다르지 않았다. 이러한 점에서, 볼셰비키 지도자들과 노동계급이 초창기에 공유하고 있던 도덕적 동일성은 부정될 수 없었던 것이다.

이러한 행동 방식 안에서 주목할 만한 것은, 어떤 의미에서 모든 삶은 현재적인 이익의 권력 속에서 유지된다는 사실이다. 아마도 장래에 발생할 결과물들이 노동의 존재이유이겠지만, 그러한 결과물들은 또한 자기 자신의 증여, 열광, 열정을 선동하기 위해 환기되는 것이다. 이와 마찬가지로 위협은 공포의 무분별한 전염이라는 예민한 성격을 지니고 있다. 이는 그저 전체적인 판의 한 측면일 뿐이지만, 그만큼 가장 중요한 강조점이 놓인 측면이기도 하다. 이러한 조건[현재의 이익과 장래의 결과 사이의 괴리]에서는 노동자들이 제공하는 노동의 가치와 그들에게 지급되는 임금의 가치 사이의 격차가 상당할 수밖에 없다.

1938년에 "도달해야 할 생산 총액은 1840억 루블로 정해져 있었는데, 그중 1145억 루블이 생산수단의 생산에 할당되었고 나머지 695억만이 소비재의 생산에 할당되었다."[101] 이러한 비율이 임금과 노동 사이의 격차에 정확히 상응하지는 않지만, 그럼에도 분명한 것은, 소비재를 생산하는 데에 쓰이는 노동의 보수로 우선적으로 포함되어야 할 분배된 소비재가 전체 노동의 극히 일부분만을 지급할 수 있었다는 사실이다. 이러한 격차는 전

101) [원주] 그리고리 알렉신스키Григорий Алексинский, 『혁명기의 러시아*La Russie révolutionnaire*』(1947), 168~169쪽.

쟁 이래로 완화되는 경향을 보였다. 그럼에도 불구하고 [소비재가 아닌 생산재를 위한] 중공업은 여전히 특권적인 위치를 차지하고 있었다. 일례로, 소비에트 국가계획위원회[고스플란Госплан]의 의장이었던 니콜라이 보즈네센스키Николай Вознесенский는 이를 인정하면서 1946년 3월 15일에 "국가계획위원회가 예측한 생산수단의 생산 속도는 소비재의 생산 속도를 아주 약간밖에 초과하지 않는다"[102]고 말했다.

소비에트 국민경제 5개년 계획의 초기였던 1929년 이래, 러시아 경제는 현재의 형태를 취하게 되었다. 이러한 소비에트 경제는 과잉된 자원의 거의 전부를 생산수단의 생산에 쏟아붓는다는 특징을 지닌다. 처음으로 이러한 목적을 위해 가용 자원의 상당부분을 사용했던 것은 자본주의였지만, 자본주의 안에는 낭비의 자유와 대립되는 그 어떤 것도 존재하지 않았다(자본주의 사회에서 비록 축소되긴 했지만 낭비는 여전히 자유로운 상태로 남아 있었고, 게다가 그러한 낭비는 일정 부분 다시 자본주의의 이익을 위해 행해질 수도 있었다). 소비에트 공산주의는 비생산적 소비[103]의 원리에 대해서 단호히 문을 걸어잠갔다. 사실 공산주의

102) 〔원주〕 같은 책, 254쪽.

103) 〔역주〕 현재까지의 모든 프랑스어 판본들(판본의 종류에 관해서는 역자 해설을 참조)에서 예외 없이 이 부분은 "비생산적 방어la défense improductive"라고 표기되어 있는데, 바타유가 이미 여러 곳에서 반복적으로 사용하고 있는 이 중

는 그러한 비생산적 소비를 전혀 폐지하지는 않았지만, 공산주의가 행했던 사회적 전복 자체가 그렇게 가장 값비싼 소비의 형식들을 제거해버렸던 셈이며, 공산주의의 끊임없는 여러 조치들은 인간의 힘의 한계에 이르는 최대의 생산력을 구성원 각각에게 요구하는 경향을 띠고 있었다. 공산주의 이전에는 그 어떤 다른 경제조직도 이 정도로 자원의 과잉을 생산력의 성장에, 즉 체제의 성장에 할당할 수 없었다. 모든 살아 있는 유기체 안에서처럼, 모든 사회조직 안에서도, 가용한 자원의 과잉은 체계/체제의 성장과 순수한 소비[라는 두 영역] 사이에서 분배되는 것이 일반적인데, 여기에서 순수한 소비란 삶의 유지에도 성장에도 모두 무용한 것이다. 하지만 균형의 급격한 반전 때문에 그러한 과잉 자원의 상당량을 성장에 쓸 수 없었던 이유로 나라 자체가 거의 소멸될 뻔한 경험을 겪었던 러시아는, 그때까지 사치/낭비와 무위에 할애되던 몫을 최소한으로 줄이게 되었던 것이다. 그렇게 오늘날 소비에트는 오직 생산력의 과도한 발전만을 위해 살게 되었다.

우리는 빅토르 크라프첸코Виктор Кравченко가 자신이 한때 엔지니어이자 당원으로 몸담았던 러시아를 떠난 후에 소비에트

심 개념의 중요성을 통해서도 충분히 예상할 수 있듯이, 이는 단순히 'dépense'를 'défense'로 착각하여 표기한 결과로서 명백히 '비생산적 소비la dépense improductive'라는 표현의 오식誤植으로 생각된다.

체제를 격렬히 고발한 '문제작'인 회고록을 미국에서 출간했음을 알고 있다.[104] 이러한 고발이 지닌 가치가 어떤 것이든 간에, 우리는 러시아의 산업 활동에 대한 이 책의 묘사에서 거대한 노동에 매몰된 한 세계의 강박적 세계관을 쉽게 알아챌 수 있다. 저자는 소비에트에서 사용된 방법의 가치에 이의를 제기한다. 물론 그 방법들은 아주 혹독한 것이었다. 1937년경에 그 억압은 견딜 수 없는 상태에 이르렀고, 강제이주는 빈번해졌으며, 그럼에도 인민에게 고지된 결과들은 그저 허울뿐인 선전에만 유용한 것이었는데, 무질서로 인해 노동이 낭비되는 몫은 팽배해졌고, 곳곳에서 발생한 태업과 반목은 경찰의 통제와 마찰을 빚었으며, 이에 지도부의 사기는 떨어지고 생산에까지 차질이 생기는 경향을 보였다. 이러한 체제의 결함은 이외에도 다양한 경로를 통해 알려졌다(심지어 이후에는 이 시대의 숙청을 정도를 넘는 심각한 것으로 고발하는 경향도 있었다). 우리는 단지 그 규모를

104) 〔원주〕 빅토르 안드레예비치 크라프첸코Виктор Андреевич Кравченко, 『나는 자유를 선택했다*I Chose Freedom*』(1947). 이 중요한 자료는 명백히 편향적이긴 하나 성실한 서술을 하고 있기에, 나는 엄격히 비판적인 원칙에 입각해 진실의 요소들을 취합하고자 하는 목적으로 이 자료를 사용했다. 이 책이 지닌 의심의 여지가 없는 결점들과 모순들, 그 피상적인 내용과 일반적으로 드러나는 저자의 지적 결속력의 부족 등으로부터는 사실 아무것도 끌어낼 수 없지만, 그렇다고 해서 이 책의 성실성이 훼손되는 것은 아니다. 주의해서만 사용한다면, 이 역시 다른 자료와 같은 하나의 자료, 다른 모든 자료와 같은 하나의 자료일 뿐이다.

모를 뿐인데, 그 정확한 규모를 제시할 수 있는 충분히 확실한 증언이 없기 때문이다. 하지만 이제 크라프첸코의 고발을 통해 그러한 증언의 본질적인 부분에 관해 반대할 수 없게 된 것이다.

대규모 기계설비가 지배하게 되면서, 최대 생산성이라는 목표를 위해 개인적 의지는 축소되었다. 거기에는 개인의 일시적 기분을 허용해줄 여지가 전혀 없었던 것이다. 노동자는 노동수첩을 교부받게 되고 그 즉시 한 도시나 한 공장에서 다른 곳으로 마음대로 이동하는 일이 불가능해진다. 20분 지각하면 그 벌로 강제노동의 노역이 부과되었다. 노동 감독관이나 그런 역할을 하는 군인이 시베리아의 오지로 파견되는 일은 아무런 이의 없이 강행되었다. 크라프첸코의 사례는 그 자체로 노동 이외에는 다른 가능성이 존재하지 않는 한 세계의 본질을 잘 이해할 수 있게 해준다. 거대 산업의 건설은 도래할 미래의 시간을 위한 것이었고, 행복한 것이든 아니든 [개인적] 열정이란 그저 스쳐지나가는 우연에 불과한 것이어서 기억 속에 거의 아무런 흔적을 남기지 못했다. 종국에 이러한 정치적 절망과 불가피한 침묵은, 잠자는 시간을 제외하고 삶의 모든 시간을 노동의 열기에 바치는 상태로 귀결되었던 것이다.

그 어디를 가나, 이가 갈리는 고난과 비탄의 노랫소리 속에서, 무거운 짐처럼 지워진 침묵이나 웅성대는 장광설의 소음 속에서, 그렇게 가난과 흥분이 혼재한 상황 속에서, 차르들이 무기력하게 내버려두었던 노동의 거대한 힘은 사용 가능한 부를 축적하고 증식시키는 건축물을 나날이 높게 쌓아올리고 있었다.

5. 토지의 '집단화'

이와 동일한 환원의 노력은 농촌에서도 이루어졌다.

그럼에도 토지의 '집단화collectivisation'는 원칙적으로 경제구조의 변화에서 가장 논란의 여지가 많은 부분이다. 토지의 집단화가 비싼 대가를 치렀고 심지어 이 시기가 한 점의 관용도 없던 기획이 낳은 가장 비인간적인 순간으로 통용된다는 사실에는 물론 의심의 여지가 없다. 하지만 러시아에서 이러한 자원 개발의 착수 과정을 일반적으로 판단하고자 할 때, 그 과정이 시작된 조건과 그것이 응답해야 했던 필요성은 쉬이 망각되기 일쑤이다. 우리는 소비에트에서 이러한 토지 문제의 청산이 지녔던 시급성이 실은 부유한 지주에 관계된 것이 아니라 오히려 부농富農, кулак 계급에 관계된 것이었음을 잘 이해하지 못하는데, 사실 당시 그러한 부농 계급의 생활수준은 우리 시대 빈농 계급의 생활수준을 거의 넘지 못했다. 따라서 모든 자원의 동원을 요구했던 산업화의 과제에 착수하는 시기에 있어서 농업의 영역을 급작스럽게 변혁하지 않는 것이 더 현명했을 것이라고 여겨진다. 물론 이를 그만큼 멀리 나아가 판단하기란 어려운 일이지만, 다음과 같은 설명이 그 이유에서 그렇게 동떨어진 것은 아닐 것이다.

소비에트의 1차 국민경제 5개년 계획의 초창기에는, 노동자들이 소비할 농업생산물의 실제적 배급량을 예상하여 공급하는 일이 필요했다. 애초부터 중공업에 비해 경공업을 경시할 수밖에 없었던 이러한 국민경제 계획은 농업종사자들의 필요에 맞춰 제작된 소도구들을 대량으로 공급하기에는 어려움이 있었다. 반대로 농업종사자들에게 트랙터를 판매하는 일이 독려되었는데, 유사시에는 트랙터를 생산하는 설비들이 전쟁 무기 제조에도 쓰일 수 있었기에 그러한 트랙터의 공급이 국민경제 계획의 진행에서도 그만큼 중요한 위치를 차지했던 것이다. 하지만 부농 계급의 소규모 농지에서는 이러한 트랙터가 소용없었다. 부농 계급의 개별적/사적 농업이 협동 농민에 기댄 대규모 집단 농업으로 대체되어야 할 필요성이 바로 여기서 비롯된 것이다(이러한 집단 농장의 필수적이고 통제 가능한 회계는 또다른 한편으로 농작물의 징발을 용이하게 하는 측면이 있었는데, 만일 이러한 징발이 없었다면 농촌의 소비는, 모든 부문에서 소비재의 몫을 줄이려는 방향으로 진행된 국민경제 계획의 원칙에 어긋나게 되었을 것이다. 하지만 소규모 농업을 행했던 그 부농들이 이러한 [대규모의] 징발에 반대하는 주요한 걸림돌이 되었음은 불을 보듯 뻔한 사실이다).

이러한 계획들은 그만큼 강력한 힘으로 추진되었는데, 산업화에는 언제나 상당한 인구가 도시로 유입되는 일이 필요하기 때문이다. 산업화의 속도가 느리다면, 도시로의 인구 이동은 그 자체로 균형 있게 이루어진다. 그러나 농업 설비가 큰 탈 없이 농촌의 인구 감소를 보완해주었던 반면, 이러한 급작스러운 발전은 [동시에] 그 충원이 지체될 수 없는 노동력에 대한 수요를 불러일으켰던 것이다. 오직 기계설비와 결합된 농지의 '집단주의'만이 농촌 생산성의 성장 유지를 보장할 수 있었고, 이러한 농촌이 없이 공장의 증식만으로는 그저 불균형에 도달할 수밖에 없었을 것이다.

하지만 이것만으로는 소비에트에서 부농들이 그토록 가혹하게 취급되었던 이유를 정당화할 수 없을 것이다.

이 지점에서 전체적으로 질문을 던질 필요가 있다.

6. 산업화의 가혹함에 반대하는 비판의 취약성

프랑스인들에게 익숙한 평화시대의 세계 안에서는, 잔혹성이 불가피한 것으로 보이는 상황을 잘 상상하기 힘들다. 하지만 이렇듯 안락한 세계에도 한계는 있다. 이 세계와 다른 더 먼 곳에서는, 그르든 옳든, 개인들을 박해하는 잔혹성의 행위들이 그들이 피하고자 하는 불행에 견주었을 때 무시해도 될 수준으로 보이는 이런저런 상황들이 나타난다. 농기계의 제조가 보잘것없는 소도구의 제조에 비교했을 때 갖게 되는 장점만 따로 고찰한다면, 우리는 수백만의 희생자를 헤아리는 처형과 유배의 이유를 잘 이해할 수 없게 된다. 하지만 하나의 즉각적 이익은 다른 이익으로부터 필연적으로 파생되는 것인데, 그 사활이 걸린 성격은 부정될 수 없다. 오늘날에는 소비에트가 생산을 조직함으로써 삶과 죽음의 문제에 그 무엇보다 앞서 응답했다고 보기가 쉽다.

나는 이를 정당화하고자 하는 것이 아니라 이해하고자 하는 것인데, 이러한 목적에서 보면 그저 [소비에트가 불러일으킨] 공포만을 이야기하는 데에 머무르는 것은 내게 피상적으로 보인다. 억압은 끔찍한 것이며 사람들이 그러한 끔찍함을 혐오한다는 유일한 이유만으로 그저 부드러운 조치가 항상 더 좋은 결과를 가져온다는 사실을 긍정하는 것은 쉬운 일이다. 우연하게도 이를 앞서 긍정했던 것은 크라프첸코였다. 마찬가지로 그는 또한 소비에트 지도부가 더 인간적인 방법을 썼더라면 전쟁을 더 효과적으로 준비했을 거라고 성급하게 말하기도 했다. 스탈린이 러시아의 노동자와 농민으로부터 얻어내고자 했던 것은 수많은 개별적 이익에, 심지어 더 일반적으로는, 각 개인의 즉각적 이익에 거스르는 것이었다. 만약 내가 말한 의미가 정확하다면, 그 어떤 국민도 이러한 이익에 대한 그토록 가혹한 거부에 아무런 저항 없이 만장일치로 복종하리라 상상하기란 쉽지 않다. 크라프첸코가 자신의 비판에 좀더 힘을 싣고자 했다면, 소비에트 산업화의 실패를 좀더 모호하지 않게 설명했어야 할 것이다. 그러나 그는 그러한 산업화의 무질서와 부실함을 고발하는 데에 만족한다. 소비에트 산업화의 성공이라는 것이 얼마나 허울뿐이었던가 하는 점은 1941년과 1942년의 굴욕적인 패배를 통해 증명되었다. 그럼에도 소비에트의 붉은 군대는 독일 나치군Wehrmacht을 쳐부수었다. 아마도 서방의 무기 대여로부터 얻은 도움이 컸으리라 우리는 생각한다. 하지만 크라프첸코의 책에서는 다음과 같은 놀라운 문장이 무심코 튀어나온다. "스탈린그라드 전투 이후로 더 나중이 되어서야 미국의 무기와 보급품이 우리에게 대량으로 도착하기 시작했다."[105] 그러므로 전쟁의 결정적인 전투에서 중요한 역할을 한 것은 산업화라는 노력의 결과인 러시아의 화력이었다. 이에 더해, 워싱턴에서 미국 의회의 반미행위 조

105) 〔원주〕 같은 책, 483쪽. {〔역주〕 여기서 바타유는 크라프첸코의 『나는 자유를 선택했다』의 프랑스어 번역본(*J'ai choisi la liberté*)의 문장을 인용하고 있지만, 이 내용이 말하고 있는 상황과 더 직접적으로 관련해서 이 책의 원문(영어)에는 다음과 같은 문장이 나온다(그리고 바타유가 인용한 프랑스어 문장은 아마도 이 영어 문장에 대한 번역으로 보인다). "스탈린그라드 전투의 승리는 사실 〔서방으로부터의〕 무기 대여가 급물살을 타기 전부터 이미 매듭지어졌다The Stalingrad triumph was clinched before the great flow of lend-lease got started."}

사위원회에 증인으로 출석한 크라프첸코는 또한 다음과 같은 놀라운 증언도 하게 된다. "미국이나 영국의 산업에 비해 러시아 산업의 기술적 발전이 뒤처졌다는 이유로 소비에트에서는 원자폭탄의 제조가 불가능할 것이라고 이야기하는 이런저런 모든 뒷말들은 그저 딱할 뿐만 아니라 심지어 위험하기까지 하다는 사실을 정확히 이해해야 합니다. 왜냐하면 그런 말들은 여론을 속이고 있기 때문입니다."

만일 우리가 반反스탈린 선전이라는 목적에 협소하게 묶이는 일만 피한다면 크라프첸코의 책은 흥미로운 내용들로 가득차 있지만, 사실 거기에는 이론적 가치가 결여되어 있다. 독자가 감성을 따르지 않고 지성에 기댄다면, 저자의 비판은 일관성이 없는 듯 보인다. 그는 오늘날 미국의 이익을 위해 봉사하며, (조사위원회에서의 증언을 통해서) 크렘린이 세계혁명의 의지를 포기했다고 생각하는 미국인들에게 경각심을 일깨우고 있다.[106] 그럼에도 그는 동시에 스탈린주의 안에 있는 반反혁명의 운동을 고발한다. 그에게 현재의 공산주의 조직화에 있어서 정치적이

106) 〔역주〕 바타유의 이 책이 쓰이고 출간됐던 1940년대 당시만 해도 크라프첸코는 이렇듯 미국에서 소비에트의 실상을 증언하며 정치적 활동을 했으나, 1940년대가 지나면서는 미국 내에서 우파와 좌파 모두로부터 관심을 잃고 정치적으로 고립되었다. 이후 남미와 미국을 오가면서 진행했던 사업도 실패로 돌아가고 1966년에 뉴욕 맨해튼의 아파트에서 결국 권총 자살로 생을 마감했으나, 그의 죽음에는 소비에트의 개입에 의한 암살설 등 여전히 의문점이 많은 것으로 알려져 있다.

고 경제적인 문제가 있다고 한다면, 그것은 오직 단 하나의 해답을 갖는 것이었다. 즉 [그러한 해답에 반하는] 스탈린과 그의 측근들은 이러한 용인할 수 없는 사태에 대한 책임이 있다는 것이다. 이는, 다른 사람들이 다른 방법들을 썼다면 스탈린이 실패한 것으로 여겨지는 지점에서 성공할 수도 있었으리라는 의미이다. 그러나 이는 사실상 고통스러운 문제의 해결을 피해가는 말이다. 사실 소비에트 연방, 또는 더 일반적으로 말할 때, 심지어 러시아 전체가—차르 시대의 유산으로 인해—자원을 산업설비에 대대적으로 투여하지 않고서는 결코 생존할 수 없었으리라는 점은 명백하다. 또한 이러한 대대적인 자원 투여가 스탈린이 요구했던 것보다 조금이라도 덜 엄격하거나 조금이라도 덜 가혹하게 이루어졌다면 러시아는 붕괴했을지도 모른다는 점 역시 명백하다. 물론 이러한 주장들은 절대적으로 성립될 수는 없는 것이지만, 일견 설득력을 갖고 있는 것이다. 그러나 크라프첸코의 책에서는 이러한 주장들에 반대하는 근거를 찾아볼 수 없다. 오히려 그는 이러한 대대적이고 엄격하며 견디기 힘든 자원의 전적인 투여를 옹호하는 증언까지 내놓고 있는데, 결국 그 효과는 스탈린그라드 전투에서 러시아가 자국의 수단만으로 스스로를 구했던 사실에서 드러난다는 것이다.

소비에트에 대해서 그 실수와 무질서와 생산성 부족 등의 측면에만 너무 과도하게 주의를 집중하는 것은 헛된 일일 것이다.

물론 이러한 측면은 부인할 수 없는 것이며 소비에트 체제 자체도 이를 전혀 부정하지 않고 있지만, 그러한 부정적 측면이 아무리 광범위하다 해도 하나의 결정적 결과[생산설비에 대한 자원의 전적인 투여]는 어쨌든 달성되었던 것이다. 유일하게 제기되어 남아 있는 문제는 비용이 덜 드는 방법의 문제, 즉 더욱 합리적인 생산성의 문제일 뿐이다. 혹자는 차르 체제가 유지되었더라면 자본주의의 비약적 발전이 뒤따랐을 것이라고 말할 수도 있다. 또는 혹자는 멘셰비키주의에 대해서 말할 수도 있고, 그보다 좀더 분별 있는 이들은 볼셰비키주의의 어떤 다른 형태에 대해서 말할 수도 있을 것이다. 하지만 차르들과 그들이 기대고 있던 지배계급은 폐쇄적 체제로의 도피—균열—로서 작용할 뿐이었다. 그리고 당시 러시아에서 부상중이었던 부르주아지에 호소하는 멘셰비키주의는 그저 사막에서의 외침일 뿐이었다. 반면 트로츠키주의는 '일국 사회주의'의 가능성에 대한 불신을 갖고 있다. 그렇게 남은 선택지는 이보다 덜 엄격한 스탈린주의의 더 큰 효율성을 옹호하는 것뿐인데, 그 행위의 효과는 이미 익히 알려진 것이었으며, 그렇게 자발적으로 주어진 동의로부터 기계설비 발전에 필요한 통합을 이끌어냈던 것이다! 아마도 일반적인 사실은, 우리가 비인간적인 가혹성에 맞서 항거하게 되는 일일 것이다. 공포의 체제를 수립하느니 차라리 우리는 죽음을 받아들일 것이기 때문이다. 하지만 인간 개인은 죽을 수 있을지 모르나 국민 전체에게는 그저 사는 것밖에는 다른 가능성이 없는 것이다. 러시아 세계는 차르 체제 사회의 후진성을 만회해야 했으며, 이는 필연적으로 너무도 고통스럽고 너무도 커다란 노력을 요구하는 일이었기에 강력한 방식—모든 의미/방향에서 가장 값비싼 대가를 치르는 방식—이 그 유일한 돌파구가 되었던 것이다. 우리를 매혹시키는 것이냐 아니면 우리의 자원을 증대시키는 것이냐 사이에서 우리가 선택을 해야 할 때, 미래의 선善을 위해 [현재의] 욕망을 포기한다는 것은 언제나 힘든 일이다. 부득이하게 우리가 양호한 상태에 있다면 이는 쉬운 일일 텐데, 그때는 합리적 이해관계가 걸림돌 없이 작동하기 때문이다. 하지만 반면에 우리가 고갈된 상태라면, 오직 공포와 열광을 통해서만 우리는 그러한 해이함으로부터 벗어날 수 있게 되는 것이다. 강렬한 자극이 없었다면 러시아는 그 가파른 비탈길을 다시 오르지 못했을 것이다. (러시아보다는 더 양호한 조건 속에 있지만, 프랑스가 현재 겪고 있는 어려움들 역시 이러한 강한 자극의 필요성에 직면해 있는데, [2차대전 중] 독일 점령기 동안의 삶은 물론 물질적 관점에서 볼 때 상대적으로는 용이했지만, 축적의 부재로 인하여 [현재가 아닌] 미래를 위해 일하는 커다란 수고를 결코 감내할 수 없는 것이다.) 언제나 매우 조야한 방식으로 그렇게 할 수 있기는 했지만, 어쨌든 스탈린주의는 심각하나 동시에 반대로 열린 가능성들로도 충만한 상황 속에 주어진 공포와 희망의 요소들을 잘 표출/변환했던 것이다.

더구나 스탈린주의에 대한 비판은, 현 지도자들의 정책이 어떤 계급까지는 아니더라도 최소한 대중과 무관한 어떤 집단의 이익을 표현하는 것이라고 비판하려 했을 때부터 실패하게 되었다. 왜냐하면 토지의 집단화도, 산업 계획의 지도방침도, 모두 지도자들의 이익에 상응하는 것이 아니었으며, 그러한 지도자들이 [대중과] 다른 경제 상황으로부터 이득을 취하는 집단도 아니었기 때문이다. 특별히 악의를 갖고 있는 저자들이라고 할지라도 스탈린의 측근들이 지닌 자질은 부정하지 않는다. 크렘린에서 최고지도자[스탈린]의 측근에 있는 인물들을 개인적으로 잘 알고 있었던 크라프첸코 역시 이에 대해서는 명확하다. "그럼에도 불구하고 나와 친분이 있었던 지도자들의 대다수가 자신들의 맡은바 업무를 잘 파악하고 있는 유능한 사람들이었으며 또한 자신들의 과제에 전적으로 헌신하는 역동적인 사람들이었다는 사실은 내가 분명히 보증할 수 있다."[107] 크렘린을 그 초창기부터 잘 알고 있었던 보리스 수바린Boris Souvarine[108]에게 나

107) 〔원주〕 같은 책, 533쪽.

108) 〔역주〕 우크라이나의 키예프에서 태어나 프랑스 공산당 창당의 일원이자 문필가였던 보리스 수바린은 1931년에 『사회 비평*La Critique sociale*』이라는 제목의 잡지를 창간하게 되는데, 바타유는 미셸 레리스, 레몽 크노Raymond Queneau, 시몬 베유Simone Weil 등과 함께 이 잡지에 참여하게 되면서 수바린과 교류하게 되었다. 『사회 비평』지를 재정적으로 후원했으며 그 자신도 '로르Laure'라는 필명으

는 1932년경 다음과 같은 질문을 던진 적이 있다. "당신 생각에는 스탈린이 무슨 이유에서 다른 이들을 배제하고 그렇게 스스로를 전면에 내세워야만 했다고 생각합니까?" 수바린은 이렇게 대답했다. "아마도 그는 레닌의 사망 후에 혁명을 순조로이 이끌어갈 힘을 가진 유일한 사람이 자기 자신이라고 생각한 것 같습니다." 수바린은 그 어떤 빈정거림도 없이 아주 단순하게 이렇게 말했던 것이다. 사실 스탈린의 정책은 경제의 질서를 잡아야 할 필요성에 대한 엄격한, 그것도 매우 엄격한 응답이라고 할 수 있는데, 실제적으로도 이는 극도의 엄격함을 불러왔던 것이다.

가장 기이한 것은, 사람들이 그러한 스탈린의 정책을 [공포를 불러일으키는] 테러리스트적인 정책이자 동시에 [반동적 안정을 추구하는] 테르미도르적인 정책으로 판단한다는 사실이다. 해석하기 힘든 하나의 입장이 그 반대자들의 정신 속에 야기하는 혼란을 이보다 더 직접적으로 드러내는 사례를 우리는 찾을 수 없을 것이다. 단지 일반적인 사실은, 우리가 공포/테러를 증오하며 이를 쉽사리 그저 반작용으로 치부한다는 점일 것

로 글을 썼던 콜레트 페뇨Colette Peignot는 당시 수바린의 연인이었는데 이후 바타유와 깊은 관계를 맺게 된다. 1939년에 '로르'가 서른다섯이라는 이른 나이에 사망했을 때 바타유는 레리스와 함께 그의 글들을 모아 『성스러움*Le Sacré*』이라는 책을 출간했던 사실에서도 알 수 있듯, 수바린과 함께 '로르' 역시 바타유의 사상적/문학적 여정에 있어서 매우 중요한 위치를 차지하는 인물이다.

이다. 하지만 [소비에트에서] 민족주의와 마르크스주의의 일치만큼이나 과도한 산업화 역시 삶 또는 죽음의 문제에 대한 긴밀한 응답이었다. 이러한 문제에 대해 확실한 신념이 없는 다중이었다면, 공산주의 혁명을 위해 그토록 일치단결하여 싸울 수는 없었을 것이다. [러시아에서] 혁명이 그 자신의 운명을 민족/국가의 운명과 연결시키지 않았다면, 그저 소멸을 받아들여야만 했을 것이다. 이 점에 관해서 윌리엄 헨리 체임벌린William Henry Chamberlin[109)]은 그 자신에게 인상 깊게 각인되었던 한 기억을 이야기하고 있다. "민족주의가 금지품과도 같았던, 심지어 거의 반혁명적이기까지 했던 때가 있었다. 나는 모스크바 국립 오페라극장에 앉아 무소르그스키의 옛 러시아 오페라인 〈호반시나Khovantchina〉의 한 아리아가 끝나면 언제나 한결같이 터져나오는 우레와 같은 박수소리를 기다리고 있던 때를 기억하고 있다. 이

109) 〔원주〕『러시아의 수수께끼*L'Énigme russe*』, 몬트리올Montréal(1946), 340쪽. {〔역주〕 바타유는 여기서 체임벌린의 책에 나오는 이하의 문장들을 프랑스어 번역으로 인용하고 있는데, 그 영어 원문은 다음과 같다. "There had been a time when nationalism was contraband, almost counterrevolutionary. I remember sitting in the State Opera House in Moscow and waiting for the unfailing burst of applause that followed an aria in Moussorgsky's Khovantschina, that opera of Old Russia. The aria was a prayer that God would send some bright spirit to save 'Rus' (the old name for Russia). The applause was the nearest thing to a demonstration against the Soviet regime (…)." *The Russian Enigma*, 뉴욕(1943), 278쪽 참조. 이 영어 문장들과 그 프랑스어 번역의 내용 사이에는 큰 차이가 없으나, 여기서는 영어 문장을 중심으로 번역했다.}

아리아는 신에게 루스Rus[Русь](러시아의 옛 이름)를 구원할 밝은 성령을 내려주기를 간청하는 기도였다. 이 아리아에 대한 박수 소리는 소비에트 체제에 대한 반대 시위와 가장 닮아 있는 것이었다." 전쟁이 다가오고 있었고, 그러한 사실에 대한 너무도 깊은 반향의 조짐들을 감지하지 못하는 이가 없었지만, 이를 두고 단순히 마르크스주의의 국제주의 원칙에 대한 포기라고 결론지어야만 할까? 소브나르콤Sovnarkom[Совнарком](러시아 연방 공화국 시절부터 만들어진 인민위원평의회) 당 위원회의 폐쇄적 회합에 대해 보고하면서 크라프첸코가 했던 다음과 같은 말[110]을 통해 볼 때, 이에 관해서는 의심의 여지가 없다. 크렘린궁의 성곽 안에서 당 책임자들은 끊임없이 "레닌주의의 후퇴"는 단지 "일시적인 전술적 작전"일 뿐이라고 말했던 것이다.

7. 세계 문제와 러시아 문제 사이의 대립

사실상 아예 눈을 가리지 않는 이상, 현재 소비에트 연방에서 혁명의 실제적 문제들을 해결하기 위해, 거칠고 견디기 힘든 측면들이 있기는 하지만, 어떤 쇠퇴의 표현이 아니라 반대로 어떤 끔

110) 〔원주〕 크라프첸코, 같은 책, 560~566쪽.

찍한 긴장의 표현, 즉 그 어떤 것 앞에서도 물러서지 않았으며 또한 물러서지 않을 어떤 의지의 표현을 찾아보기란 쉬운 일이다. 실제로 일어난 사실들에 그에 대한 '도덕적' 비판들을 대립시키고, 그럼으로써 과거 사회주의가 긍정했던 '이상'이 현실과 얼마나 동떨어져 있는 것이며 또한 개인적 이익과 사유로부터 얼마나 괴리된 것인지를 강조하는 일은 물론 가능하다. 그럼에도 바로 이러한 조건들이—전 세계의 조건들이 아니라—소비에트 연방의 조건들이었던바, 따라서 눈이 멀지 않은 이상, 이러한 소비에트 사회의 학설이나 방법(이는 러시아의 특수한 결정들과 연결되어 있다)과 다른 나라들의 경제적 문제들 사이의 실제적 대립이 낳은 결과들을 못 볼 수는 없는 것이다.

근본적으로 봤을 때, 소비에트 연방의 현 체제는 생산수단의 생산에 매달려 있는 것이기에, 다른 나라들의 노동운동과는 반대되는 방향으로 갈 수밖에 없는데, 왜냐하면 다른 나라들의 노동운동은 그에 반해 생산설비의 생산을 줄이고 소비재의 생산을 늘리는 경향을 띠기 때문이다. 하지만, 최소한 전체적으로 봤을 때, 이러한 노동운동이 그 나라의 경제적 필요에 부응하는 것과 마찬가지의 조건에서, 소비에트의 생산시설 또한 소비에트 경제의 필요에 부응하는 것이다. 세계의 경제적 상황은 실제적으로 미국 산업의 발전에 의해, 다시 말해 그 풍부한 생산수단과 그러한 생산수단 자체를 다시금 증식시키는 수단에 의해 지배

받고 있다. 미합중국은 원칙적으로 심지어 연합국들의 산업 역시도 결국에는 자신들과 견줄 수 있을 정도의 수준으로 올려놓을 수 있는 힘을 갖고 있는 것이다. 따라서 오래된 산업국가 안에서 (현재의 여러 상반된 측면들에도 불구하고) 그 경제적 문제는, 노동의 판로를 어떻게 확보할 것인가 하는 문제(이미 보다 넓은 기준에서, 이러한 노동의 판로라는 문제에는 더이상 가능한 해답이 없다)가 아니라, 이익의 보상이 없는 소비를 어떻게 창출할 것인가 하는 문제가 되는 상황인 것이다. 확실히 산업 생산의 법적인 기반이 유지될 수 있으리라는 보장이 없다. 모든 방식과 모든 측면에서, 현 세계는 급속한 변화들을 불러오고 있다. 이 지구가 현기증이 날 정도로 다양한 이러한 운동들에 의해 이토록 열기를 띠었던 적은 일찍이 없었다. 물론 또한 그만큼 거대하고 급작스러운 재난들이 이토록 중대하게 등장했던 지평도 일찍이 없었다. 이에 대해 따로 말할 필요가 있을까? 만약 이러한 재난들이 실현된다면, 그때에 가서는 오직 소비에트 연방의 방법들만이—개인적인 목소리의 놀랍도록 조용한 침묵 속에서!—그 광대한 폐허에 필적할 수 있는 유일한 것이 될 것이다. (모호하게나마 인간성은 불모의 무질서라는 그토록 완전한 부정 위에 기대기를 갈망할 수도 있다.) 하지만, 이제는 더이상 두려움을 표하지 않고서—왜냐하면 죽음은 견딜 수 없는 고통에 대한 신속한 처방이기 때문에—이 세계로 다시 돌아와 그 다양한 가능성들을 살펴볼 시간이다. 오로지 사유의 물질적 조건들을 인지하고 있는 이에게는 아무것도 막혀 있지 않다. 그리고 또한 세계는 이렇듯 모든 몫과 모든 방식을 통해서 인간에게 세계를 변화시킬 것을 종용하고 있는 것이다. 아마도 이쪽 편[자본주의]의 인간은 소비에트 연방이 걸었던 그 고압적인 길을 반드시 따라 걸으라고 요구받지 않을 것이다. 전체적인 기준에서 봤을 때, 이쪽 편의 인간은 반공주의가 힘을 잃고 고갈된 상황 속에서 쇠약해지고 있다. 하지만 이쪽 편의 인간에게도 풀어야 할 문제가 있다면, 그 다양한 모순들이 강제하는 고뇌를 맹목적으로 저주하거나 그저 호소하기보다는 해야 할 일이 더 많다. 차라리 러시아의 토양을 깊이 갈아엎었던 이들의 저 잔혹한 에너지를 이해하려고 노력하거나 찬탄하는 일을 통해서, 그 인간은 자신을 기다리고 있는 과제에 더 가까이 다가갈 수 있을 것이다. 왜냐하면 운동하는 하나의 세계는 이렇듯 모든 몫과 모든 방식을 통해서 변화되기를 원하고 있기 때문이다.

II. 마셜 플랜

1. 전쟁의 위협

공산주의의 기획과 학설을 벗어나면, 인간의 정신은 일단 불확실성을 받아들이고 짧은 전망에 만족한다. 상승하는 운동에 가치를 부여했던 소비에트 세계를 벗어나면, 비약적 발전을 이룰 수 있는 것은 아무것도 없다. 그저 탄식과 이미 들었던 진부한 이야기들, 완고한 몰이해에 대한 뻔뻔스러운 증거들이 내는 무기력한 불협화음만이 존재할 뿐이다. 아마도 이러한 무질서는 그 반대[질서]에 비해서 진정한 자기의식의 탄생에 더욱 이로울 것이며, 우리는 심지어 이러한 무능력이 없다면—동시에, 공산주의의 공격성에 의해 유지되는 긴장이 없다면—의식 자체가 자유롭지도 않을 것이고 깨어날 수도 없을 것이라고까지 말할 수 있을 것이다.

사실 이렇듯 개인들을 무기력으로부터 벗어나게 하는 상황은 확실히 그 본성상 고통스러운 것이다. 하나의 '분열schisme',[111] 하나의 완벽한 균열은 단지 여러 정신들 사이를 분열시킬 뿐만 아니라 일반적으로 정신 그 자체를 분열시키는 것이다. 왜냐하면 여기서 문제가 되는 서로 분열되는 부분들은 그 기원에서는 모두 똑같은 공통의 것이기 때문이다! 분리와 증오는 이러한 분열로부터 완성되는 것이긴 하지만, 그러한 분리와 증오가 고지하는 것은, 겉으로 잘 드러나는 것과 마찬가지로, 무엇보다 전쟁이다. 그것은 다시 말해 억제가 불가능한 전쟁, 불가피하게 역사에서 가장 잔혹하며 가장 값비싼 대가를 치르는 전쟁인 것이다.

이러한 전쟁의 임계점에서 우리의 성찰은 더욱이 독특한 조건들 속에 위치한다. 실제로 우리가 그 어떠한 방식으로 전쟁을 통제하든 간에, 일단 전쟁이 일어나게 되면, 그 전쟁이 세계적으로 크나큰 재앙으로 발전하리라는 것은 상상조차 하고 싶지 않

111) 〔역주〕 여기서 '분열'이라는 용어는 바타유가 레몽 아롱Raymond Aron의 책 『대분열*Le Grand Schisme*』(1948)에서 차용한 단어인데, 통상적으로 '대분열'이라는 표현은 교황의 지위와 로마 교회의 적통을 둘러싼 동·서 로마 사이의 분열을 뜻하는 역사적인 용어이지만, 아롱은 이를 미국의 자유주의/자본주의 세계와 소비에트의 사회주의/공산주의 세계 사이의 분열을 뜻하는 용어로 옮겨와 재전유하고 있다.

은 일이다.

이러한 세계대전에서 러시아가 승리할 경우에 미국은 다른 나라들을 구하기는커녕 그 스스로가 오늘날의 독일보다 더 심각하게 황폐화될 텐데, 그렇게 일반적으로 폐허가 된 세상이 무슨 의미가 있겠는가? 그때는 소비에트 연방 또한 마찬가지로 황폐해질 테고, 그런 식으로 마르크스주의가 세상을 지배하게 된다면 그것은 생산력의 발전을 요구해야 할 혁명과는 아무런 상관도 없게 될 것이다. 동시에 자본주의의 성과들에 대한 파괴가 될 터인 자본주의 자체의 파괴가 무슨 의미가 있겠는가? 그러한 파괴가 온다면 그것이야말로 명백히 마르크스의 명철한 통찰과는 완전히 반대될 수밖에 없는 가장 저속한 반증이 될 것이다. 산업혁명의 성과를 폐허로 만드는 인류가 있다면 그것은 모든 시대를 통틀어 가장 형편없는 인류가 될 것이며, 그렇게 폐허가 된 후 그저 기억으로만 남게 될 최근의 부는 인간을 더욱더 살기 힘들게 만들 것이다. 레닌은 사회주의를 '소비에트 + 전기발전électrification'으로 정의했다. 사회주의는 인민의 힘을 요구할 뿐만 아니라 부 또한 요구하기 때문이다. 지각 있는 사람이라면 그 누구도, 뉴욕과 런던이라는 이름으로 상징되는 문명에 뒤이어 판잣집이 등장하게 될 세상이 사회주의라고 생각하지는 않을 것이다. 물론 이러한 서구 문명을 증오할 수는 있다. 때때로 그러한 문명은 그저 하나의 악몽에 지나지 않는 것처럼 보일 때도 있으며, 재난을 향해 미끄러져 들어갈 권태와 짜증을 틀림없이 낳게 되는 것이기 때문이다. 하지만 지각이 있다면 그 누구도 스스로에게 무의미 외에는 아무런 매력을 갖고 있지 않은 것에 주의를 기울이지는 않을 것이다.

물론 세상을 그렇게 완전히 황폐화시키지 않고도 미국이 러시아에 대해 거둘 수 있는 승리의 가능성 또한 생각해볼 수는 있다. 하지만 그러한 승리가 승자에게 치르는 대가가 거의 없다고 한다면, 저 '분열' 또한 결코 더 축소되지는 않을 것이다. 마치 희생물victime이 희생제의의 집행자bourreau에게 속해 있는 것처럼,[112] 아마도 보편적인 제국의 건설이란 외견상 결정적인 무기를 유일하게 소유하고 있는 나라에 속하는 문제가 될 것이다. 그러나 미국은 이러한 집행자의 책무를 거의 부러워하지도 않거니와, 유혈적인 해결책은 결정적으로 사회적 삶을 병들게 만들 것이라는 의식이 너무도 강해서, 미국 편에서는 즉각적인 전쟁을 일관되게 찬성하는 당 같은 것은 존재하지 않는다. 이렇게 하여 분명해지는 점은, 또는 적어도 그럴 듯해 보이는 점은, 시간은 러시

112) 〔역주〕 이에 대해서는 바타유의 또다른 주저 『에로티슴』에서 더 상세하고 구체적으로 다룬다. 앞서 본서 중 아즈텍 문명의 희생제의 부분에서도 이미 약간이나마 다루었던 것처럼, 바타유에게서 희생물과 희생제의 집행자 사이의 관계는 헤겔 철학에 등장하는 주인과 노예의 변증법에 대한 그만의 기이한 재전유이자 역설적 변환이다.

아의 편이라는 사실이다.

2. 생산 방법들 사이의 비군사적 경쟁의 가능성

우리가 한편에서는 강제수용소에 의해 보편적으로 부과되는 공산주의의 침묵을, 그리고 다른 한편에서는 공산주의자들을 전멸시키고자 하는 자유를 고찰해보게 되면, 인간 정신의 각성에 이보다 더 완벽한 상황은 찾기 힘들다는 사실에는 의심의 여지가 없을 것이다.

하지만 그러한 상황이 위협의 결과이거나 어느 순간에 그저—이미 패배한 쪽에서의—헛된 노력일 뿐이라는 느낌에 빠지게 되었다면, 그와 동시에 각성된 의식은 그 어떠한 방식으로도 스스로를 불안에 빠지게 둘 수는 없을 것이다. 그 의식 속에서 우세한 것이 오히려 순간에 대한 확실성(보려고 하는 의지에 대한 유일한 응답은 오직 밤일 수밖에 없다는, 웃을 수밖에 없는 생각[113])이기 때문이다. 하지만 마지막 순간까지, 의식은 운

113) 〔역주〕 여기서 바타유가 말하는 "웃음rire" 또는 "우스운risible" 등의 말이 지닌 독특한 의미와 용법에 주의해야 한다. 그것은 단순히 웃긴 일이나 그저 보편적인 웃음의 감정을 뜻하는 것이 아니라, 밤의 어둠 속에서 역설적으로 가장 밝게 드러나게 되는 비지非知(non-savoir)의 내적 경험으로부터 탄생하는 불안의 뒷

chance[114]이라고 하는 고요한 추구를 단념할 수 없을 것이다. 의식은 죽음이라는 지복의 탈출구에 이르러서야 비로소 그러한 추구를 내려놓을 수 있을 것이다.

완전한 분열 속에서 전쟁이 불가피하다는 [이 명백한] 사실을 믿지 못하게 되는 것은,—클라우제비츠Clausewitz의 정식을 뒤집어보자면—현재의 조건들 속에서 '경제'가 그 자신[의 지속]을 '다른 수단들을 통해서 추구할' 수도 있을 것이라는 생각 때문이다.

경제의 층위에서 개입되는 갈등은, 산업이 발전중에 있는—즉, 축적이 발생하기 시작한—세계[개발도상국]와 이미 산업이 발전된 세계[선진국]를 서로 대립시킨다.

근본적으로 봤을 때, 전쟁의 위험이 발생하는 것은 과잉된 생산의 측면에서이다. 그러한 과잉된 생산의 배출/수출이 어렵다면, 그리고 열려 있는 다른 탈출구가 없다면, 오직 전쟁만이 이렇듯 과도하게 넘쳐난 산업을 해결할 수 있는 소비자/고객이 될 수 있는 것이다. 미국 경제가 바로 정확히, 일찍이 세계에 존재하지 않았던 가장 거대한 폭발적 질량을 지닌 경제이다. 독일의 경우에는, 외부로부터는 이웃한 나라들의 밀집된 인구와 군사력에

면, 곧 바타유가 의미하는바 이 모든 무無(néant)의 상황 앞에서 터져나올 수밖에 없는 '니체적 웃음'에 다름 아니다.

114) 〔역주〕 바타유적인 운運의 개념에 관해서는 역주 66을 참조할 수 있다.

의해, 내부로부터는 생산력 발전의 여러 부문들 사이에서 나타난 어떤 불균형에 의해, 그러한 폭발력을 가지게 된 것이었지만, 사실 미국의 폭발적 압력은 독일의 경우처럼 육성된 것이 아니다. 그 대신에 불가피한 성장의 운동을 통해 육성된 [미국이라는] 이러한 거대한 기계설비[의 나라]가 실현 가능한 것—심지어 균형 잡히고 합리적인 것—이라는 생각이야말로 무분별함이 지닌 모든 위험을 내포하고 있는 것이다. 이러한 미국의 과잉이 양차 세계대전을 통해 밖으로 분출될 수 있었다는 사실만으로 전적으로 안심할 수 있는 것은 아니다. 어쨌든 어떤 역동적인 사회가 그 사회를 이끌어가는 운동에 아무런 장기적 전망도 없이 그저 남김없이 몸을 맡기는 상황을 바라보는 일은 고통스러운 것이다. 또한 그러한 사회가 자신의 발전 법칙들을 내적으로 등한시하여 생산의 결과들에 대한 고려 없이 그저 생산에만 집중하는 상황을 알게 되는 일 역시 고통스러운 것이다. 바로 이러한 경제가 양차 대전의 발발에 상응했던 것이다. 이러한 성장의 운동이 계속 추구되는 상황에서 도대체 어떤 뾰족한 수로 평화를 안착시킬 수 있겠는가? 그러한 성장의 운동을 촉진시켰던 이들은 순진하게도 그러한 성장 외에는 다른 목적이 없다고 확신했던 것이다. 하지만 그들은 자신들의 의식이 인정하는 것과는 반대되는 것을 무의식적으로 추구하는 것은 아닌지 그 스스로에게 물어봐야 하는 것이 아닐까? 미국인들은 다른 나라 사람들이 전쟁을 시작하는 것을 두고 보는 습성이 있는데, 경험을 통해 기다림의 이점을 알게 되었기 때문이다.

그럼에도 불구하고, 이러한 방식의 비관적인 시각에 대해서는 그 작동을 시작한 거대한 계획의 입장에 근거한 어떤 선명한 시각을 대립시킬 필요가 있다. 미국이 부의 막대한 탕진이라는 형태에 기대지 않고서도, 비행기, 폭탄, 그 외의 다른 군사장비라는 형태를 통해 오랫동안 번영을 유지할 수 있었다는 사실을 사람들이 잘 보지 못하는 것이 사실이지만, 우리는 피를 흘리는 일에 자원을 투여하지 않고서도 그와 동등한 가치를 지닌 또다른 막대한 탕진의 형태를 상상해볼 수 있다. 달리 말하자면, 미국 경제에 전쟁이 필요한 것이기는 하지만, 꼭 전통적인 형태로 그러한 전쟁에 매달릴 필요는 없을 것이라는 말이다. 더 쉽게 말하자면 우리는, 대서양 건너편으로 도래한, 이러한 전통적 인습을 따르기를 거부하는 단호한 운동을 생각해볼 수 있다. 갈등이라고 하는 것이 반드시 군사적인 것일 필요는 없기 때문에, 우리는 전쟁의 희생에 비교할 수 있는 [비군사적인] 희생의 주도권을 지닌 이들이 그 값을 치르게 될 좀더 거대한 경제적 경쟁을 생각해볼 수 있는데, 이러한 경제적 경쟁은 자본주의적 이익이라는 그 어떤 희망에 의해서도 보상받지 못할 소비의 전쟁 예산과 동일한 성질을 갖는 한 예산에 기반하고 있는 것이다. 내가 서구 세계의 관성에 대해 말한 것은 최소한 다음과 같은 유일한 유보조항과 관련된 것인데, 그것은 이 서구 세계에는 (선전선동이라는 의미에서) 정치적 사조도 존재하지 않고, 그에 반응하는 사유의 흐름도 존재하지 않는다는 것이다. 그럼에도 불구하고 한 가지 명확한 결정이 소비에트의 억압에 응답했다. 마셜 플랜이 바로 그것인데, 물론 마셜 플랜은 [소비에트와는 관계없이 이루어지는] 일종의 고립된 반응이기는 하지만, 이는 크렘린의 세계 지배 의지에 대립하여 하나의 체계적인 전망을 내놓은 유일한 기획이다. 마셜 플랜은 그렇게 현재적 갈등에 하나의 얼굴을 갖게 만든 것인데, 그 원리상 이는 두 군사세력 간의 헤게모니 투쟁이 아니라 두 경제적 방법 사이의 투쟁인 것이다. 마셜 플랜은 스탈린 플랜의 축적에 대항해 과잉의 조직화라는 계획을 제시한다. 이러한 대립이 반드시 군사적 투쟁을 함축하는 것은 아닌데, 여기서 그러한 군사적 투쟁은 진정한 결단을 이끌 수 없기 때문이다. 대립되는 두 힘이 경제적으로 다른 성격을 띠고 있다면, 그 두 세력은 경제적 조직화라는 층위에서 서로 경쟁관계로 뛰어들 수밖에 없는 것이다. 마셜 플랜의 실행은 세계에서 소비에트의 운동에 대한 서구의 유일한 반응을 실현시키는 것으로 보인다.

그러므로 둘 중의 하나이다. 세계에서 아직 필요한 장비를 잘 갖추지 못한 나라들은 소비에트의 계획을 따라 산업화될 것이고, 그 다른 편에서는 미국의 과잉 물자를 지원받아 자신들의 장비를 갖추게 될 나라들이 있을 것이다. (하지만 후자의 성공에, 다시 말해 후자의 나라들에서 계획이 작동되는 방식에, 진정한 희망이 놓여 있다는 사실에는 의심의 여지가 없다.)

3. 마셜 플랜

프랑스의 가장 독창적인 경제학자들 중 한 명인 프랑수아 페루François Perroux는 마셜 플랜을 예외적인 중요성을 띠는 하나의 역사적 사건으로 본다.[115] 프랑수아 페루는 마셜 플랜이 "일찍이 결코 시도된 적이 없던, 국제적인 차원에서 이루어진 가장 거대한 경제 실험에 착수했다"(82쪽)고 말한다. 따라서 "세계적인 차원에서" 그 결과들은 "개별 국가적인 차원에서 여러 다양한 노동자당들이 추진했던 가장 대담하고도 가장 성공적이었던 구조 개혁의 성과들을 훨씬 뛰어넘기를 요청받는"(84쪽) 것이었다. 게다가 그것은 진정한 혁명이 되어야 했고, 심지어 "역사의 한 시기를 대표하는 단 하나의 혁명"(38쪽)이어야 했던 것이다. 마셜 플랜이 도입하는 "혁명적 변화"는 실제로 "국가들 사이의 관습적 관계들"(184쪽)을 변화시킨다. "계급투쟁의 이름으로 각각의 국

115) 〔원주〕 프랑스아 페루, 『마셜 플랜 또는 세계에 필요한 유럽*Le Plan Marshall ou l'Europe nécessaire au monde*』(1948).

가들을 준비하게 만드는 것보다 바로 그러한 국가들 사이의 투쟁을 도모하는 것에 더욱 많은 혁명적 정신이 있"(34쪽)는 것이다. 따라서 마셜 장군의 기획이 "성공의 시작이라는 왕관을 쓰게 될" 날에는 그러한 마셜 플랜은 "그 가장 중요하고도 가장 성공적인 혜택을 통해 다른 사회적 혁명들의 빛을 바래게 만들 것"(38쪽)이다.

이러한 견해는 명확한 성찰에 근거하고 있다. 마셜 플랜은 미국에 대한 유럽 국가들의 무역수지 균형 적자에 대한 처방을 의도로 시작되었던 것이다. 사실 그러한 적자는 오래된 것이었다. "수출의 초과는 미국의 무역수지 균형이 띠고 있는 고질적인 행동 특성을 드러내주는 것이다. 1919년부터 1935년까지 미국의 초과 수출 총액은 144억 5천만 달러까지 치솟았다. (…)"(215쪽) 하지만 이러한 몫의 대부분은 금값의 지불을 통해 상쇄되었고, 그 나머지는 산정 가능한 이자 평가에 근거해 증명된 대출로 충당되었다. 이렇게 쓰인 자원에 대한 상환권은 오늘날 사라지게 된 셈이다. 유럽의 빈곤 때문에 미국 상품에 대한 수요는 더욱 절실한 성격을 띠게 되었고, 그러한 미국 상품의 수입 때문에 필연적으로 무역 적자는 더욱 증대되기에 이른다. 하지만 이러한 적자를 메울 수 있는 모든 수단이 부족한 상태였다. 금과 대출뿐만 아니라 미국 내의 유럽 자산 또한 소진되었던 것이다. [전쟁 이후] 여행업의 회복은 아직 그 시작 단계에 있었고, 유럽 상선

단의 부분적인 파손은 결과적으로 달러의 소비를 더욱 증대시켰다. 동남아시아 같은 지역과 맺고 있던 강력한 상권이 사라졌고, 그러한 상권에서 생산되어 미국으로 조달되는 물품들이 유럽 경제에 중요했던 만큼, 그러한 판로가 없어진 유럽은 미국으로부터의 수입 과잉을 일시적으로 완화시킬 만한 수단들 중 하나를 더 잃은 셈이었다. 결과적으로, 공급자의 이익에 배송이 포함되는 상업적 활동의 논리는 [그러한 배송이 사라진 상황에서] 전쟁으로 폐허가 된 유럽으로부터 정치경제적 회생 가능성을 앗아갔던 것이다.

그렇다면 이토록 큰 불균형이 존재하는 현재 세계에서 나아갈 방향은 어디인가? 미국이 봉착하게 된 것은 바로 이러한 문제였다. 지금까지처럼 이익의 원칙을 맹목적으로 유지할 것인가, 아니면 견딜 수 없는 이러한 상황의 결과들을 감당하여 해결할 것인가 하는 기로에 놓이게 된 것이다(이러한 상태에서 미국의 운명이 세계의 다른 나라들로부터 미움을 사게 되리라는 것을 상상하기는 쉬운 일이다). 그렇지 않으면 자본주의 세계가 근거하고 있는 규칙을 부인해야 했다. 즉 대금의 지불 없이 상품들을 배송하는 것이었다. 이는 곧 노동의 생산물을 **증여해야** 한다는 것을 의미했다.

마셜 플랜은 이러한 문제에 대한 해결책이다. 그것은 유럽으로 생산물들을 유통시키는 유일한 방법이며, 그러한 생산물들

없이는 세계는 열병을 앓을 수밖에 없었을 것이다.

이러한 중요성을 밝힌 프랑수아 페루는 옳았다고 말할 수 있을 것이다. 그 단어의 충실한 의미에서 말하자면, 이는 아마도 혁명은 아닐 것이다. 하지만 마셜 플랜에 대해 그 혁명적 성과가 의심스럽다고 말하는 것은 어쨌든 부정확한 언급이 될 것이다. 더 단순하게 우리는 그러한 마셜 플랜이 기술적인 의미를 갖고 있는지를 자문해볼 수도 있고, 또는 페루가 그렇게 했듯이 더 나아가 그 정치적인 성과를 물을 수도 있을 것이다. 페루는 자신의 책 속 서술의 전개 안에서 세계 속에서 미국과 소비에트를 대립시키는 정치적 작용 안으로 마셜 플랜을 포함시켜 고찰하는 것은 한쪽으로 미뤄두고 있다. 그는 마셜 플랜이 국가들 사이의 관계 속으로 도입한 완전히 새로운 경제적 원리들을 고찰하는 것으로 만족하고 있는 것이다. 그는 이러한 국가 간의 관계가 마셜 플랜의 실제적이고 정치적인 작용 때문에 어떻게 진전하게 되는지에 대해서나 국제적 상황에서 그러한 진전의 결과들이 무엇인지에 대해서는 고찰하지 않고 있다.

나는 페루가 이렇게 의도적으로 그 대답의 가능성을 열어놓은 하나의 질문으로 되돌아갈 것이다. 하지만 무엇보다 먼저 그의 기술적 분석의 관심사가 무엇인지 드러내는 일이 필요하다.

4. '일반적' 작용과 '고전적' 경제 사이의 대립

프랑수아 페루는 브레턴 우즈Bretton Woods 협정[1944년 체결된 국제 통화금융 협정]—그리고 그 실패—에서부터 출발한다. 그는 브레턴 우즈 협정이 '고전경제'의 규칙들에 부합하지 않을 중요한 그 어떤 것도 새로이 계획하지 않았다는 사실을 큰 어려움 없이 보여준다. 이를 통해 그는 "18세기 영국의 고전 경제학자들 중 그 누구에게서도 그들의 엄격한 이론 안에서는 발견되지 않"지만 그럼에도 "영국 경제학자들에게서 그 원천을 찾을 수 있으며, 애덤 스미스Adam Smith에서 아서 세실 피구Arthur Cecil Pigou에 이르기까지 중단 없이 굽이치며 그 흐름을 발전시켜"온 "이러한 일반적 학설"을 지적하고 있다.[116] 고전주의 경제학자들에게 자원의 합리적이고 정상적인 사용은 "**개별적으로 고립된 계산** calculs isolés에서 기인하는"[117] 것이다. 이러한 계산은 "기업의 행

116) [원주] 같은 책, 127쪽. 페루는 이 구절 좀더 뒤에서 다음과 같이 이를 명확히 하고 있다. "그러므로 여기서 **고전적**이라는 말은 케인스가 그의 책 『고용, 이자 및 화폐의 일반이론*The General Theory of Employment, Interest and Money*』에서 이 말에 부여했던 의미와 거의 같은 의미를 띠고 있다. {[역주] 경제학에서 케인스 학파는 단기적인 시장 불균형에 대한 정부의 개입을 적극적으로 용인한다는 점에서 '보이지 않는 손'의 고전주의 경제학파에 일반적으로 대립하며 공급과 수요의 관계에 대한 시각에서 특히 근본적인 차이를 보인다. 바타유의 케인스에 대한 입장과 그 인용에 관해서는 앞선 역주 5를 참조할 수 있다.}

117) [원주] 같은 책, 130쪽. 강조는 페루의 것이다.

동인" 것이며 "원칙적으로 [동종의 집단적] 규합groupage에서 기인하는 작용들을 배제하며 또한 그러한 규합의 결과로 이어지는 작용들을 배제한다." 달리 말하자면, 채권자와 채무자는 모두 "이웃한 다른 경제주체들에 대해 미칠 영향은 고려하지 않고 각기 자신만의 이익 속에서"(97쪽) 일어나는 작용을 고려할 뿐이다. 이러한 조건에서는 [경제적] 작용들이 그 어떤 일반적 이익과도 무관한 것으로 남아 있게 된다. 즉, 정치적 목적이나 규합된 이익 같은 [일반적인] 것들은 고려할 수 없게 되는 것이다. 고려될 가치가 있는 유일한 것들은 비용, 수익성, 위험부담 등의 요소뿐인 것이다. 실제적으로 이러한 [경제적] 작용에 참여하는 개별주체나 기업의 이익 외에 다른 법칙은 없게 된다. 대출은, 그러한 대출을 행하는 채권자에게 이익이 산정될 수 있는 한에서만 승인된다. 그런데 국제부흥개발은행IBRD(International Bank of Reconstruction and Development)은 [그 국제적 성격에 걸맞지 않게] 이렇게 규정된 [이익] 원칙의 한계를 스스로에게 부여했던 것이다. "국제부흥개발은행은, 무분별한 개별적 대출을 전 세계적인 계산에 부합하고 합치하는 투자와 병합하는 대신에, 개별적 경제계획에 따라 국제적 대출을 분배하는 악습을 계속해서 반복하고자 한다."(155쪽) 물론 아마도 "국제부흥개발은행은, 그 자신의 존재로 인하여, 수요의 규합은 아니라 해도, 최소한 대출에 부합하는 조건을 함께 협상해야 하는 경제주체들을 서로 연결하고자 했던 첫번째 시도를 구성한다"(156쪽)고 말할 수는 있을 것이다. 하지만 한 가지 정관 조항에 의하면 "국제부흥개발은행은, 수요 규모의 전체 상관관계나 심지어 실제로 정식화된 요구 규모의 전체 상관관계에 대한 고려 없이, 오직 은행만의 경제적 이익을 고려하여, 각각의 대출 요구를 하나하나 검토해야 할 의무가 있다."(155쪽)

이를 종합해보면, 우리는 브레턴 우즈 협정이 국제 경제가 봉착한 막다른 길을 정확히 규정했다고 말할 수 있을 것이다. 여전히 자본주의 세계의 한계에 근거해 개별적으로 고립된 이익—이러한 이익 없이는 그 어떤 [경제적] 작용도 상상할 수 없는 것일 텐데—의 법칙에 묶여 있던 국제 경제는 그 자신의 기반을 부인해야 했거나, 바로 그러한 기반을 유지하기 위해 그 자신의 존립을 가능하게 해주는 조건들을 부인해야만 했다. 그렇게 국제부흥개발은행과 국제통화기금IMF(International Monetary Fund)이 지닌 부족함은 그 부정적인 성격으로 인해 오히려 마셜 플랜이라는 긍정적인 결정을 낳게 되었던 것이다.

자본주의 경제에 의미와 가치를 부여하는 일반적 목적들을 무시하게 되면, 개별적으로 고립된 목적의 한계 역시 절대 넘어서지 못한다는 것이 자본주의 경제가 지닌 역설이다. 나는 좀더 뒤에서 이러한 역설로부터 귀결하는 기본적 시각의 오류를 보여주고자 하는데, 우리가 행한 그 오류란, 일반적 목적들을 개별적으로 고립된 목적들의 상에 맞춰 고찰하려 했다는 것이다. 하지만 그 실천적 결과들만을 그저 편견 없이 볼 때, 한 세계가 다른 세계로 급작스럽게 이행하는 것, 즉 개별적으로 고립된 이익을 우선시하던 세계가 일반적 이익을 우선시하는 세계로 급작스럽게 이행하는 것을 관찰하는 일은 흥미롭다.

프랑수아 페루는 이러한 [두 세계의] 본질적인 대립으로부터 마셜 플랜의 정의를 매우 설득력 있게 도출해냈다. 그에 따르면 마셜 플랜이란 "세계적 이익에 대한 한 투자"(160쪽)였던 것이다.

이러한 [경제적] 작용 안에서, "[마셜 플랜이] 무릅쓴 위험의 폭과 성격, 그리고 그 위험한 내기enjeu의 범위와 운명은 순수한 이익의 계산을 허망한 것으로 여기게끔 만들었다." 그래서 마셜 플랜이라는 경제적 작용은 "정치적인 선택과 거시적인 계산에 기초하여 준비되고 결정되었으며 또 그렇게 실행될 것이었는데, 이를 이해하기 위해서 고전주의 경제 분석은 거의 아무런 도움이 되지 못한다."(172~173쪽) 그 이후로 "대출 요구와 그러한 대출의 배분은, 자유주의가 즐겨 쓰는 전가의 보도인 개별적으로 고립된 계산과는 아무런 관련이 없는 집단적 계산calculs collectifs에 근거하게 된다."(99~100쪽) 그리하여 이러한 "집단적 요구에 응하는 집단적 제공"이 있게 되는 것이다. 물론 여기서 "이러한 [집단적] 제공과 요구의 규합은 투자에 대한 고전주의적 이론이나 실천과는 극명한 대비를 이루는 것이다."(167쪽)

전 지구적인 [경제] 작용 안에서 통합된 경제 공동체와 국가들은, 각자의 개별적으로 고립된 이익을 우선시하는 입장에서 지역 단위의 동맹의 이익을 우선시하는 입장으로 이행하게 되었던 것이다. 이웃한 나라들의 이익을 무시하거나 부정함으로써 유지되었던 산업의 보호주의는, 노동의 재분배에 입각한 체계적인 합의 체제의 필요성에 그 자리를 내어주게 되었다. 하지만 지역적 동맹은 그 자체로 단지 세계적 통합에 앞선 하나의 단계일 뿐이다. 자기 자신과 세계—또는 경제가 지배하는 세계 안에서의 국가—만을 생각하는 개별적으로 고립된 경제 주체는 이제 없어지고, 그 대신 그러한 개별적 고립에 대한 일반화된 반발을 추구하는 체제가 있게 된 것이다. 한 나라를 "그 이웃 나라들에 의존하게 하는"(110쪽) 운동 자체가 각각의 경제를 전 우주 안으로 편입시켰던 것이다.

이러한 조건에서 "대출의 배분은 더이상 하나의 직업이기를 그치고 하나의 기능이 되었"(157쪽)다. 보다 정확히 말해서, 여기서 일반적으로 고찰되는 인류는, 이제 더이상 이익을 얻어야 한다는 생각과 상관없이도, 또한 채권자의 이익에 의해 규정된 한계에 대한 고려 없이도, 그 자신이 결정하는 목적에 따라 대출을 사용할 수 있게 된 것이다. 미국의 경제협력국E.C.A.(Economic Cooperation Administration)을 운영하는 하나의 매니저라는 옷을 입게 된 인류는 이익의 원칙을 부정하는 어떤 근본적인 법칙에 따라 지속적인 협상을 통해 투자를 재분배할 수 있게 되었다. 이러한 새로운 법칙에서 하나의 오래되고 익숙한 정식을 찾을 수 있다. 세계적 이익이라는 [경제적] 작용은 필연적으로 이론의 여지가 없는 다음과 같은 원칙을 갖게 되는 것이다. "각자 자신의 능력moyens만큼이라는 원칙으로부터, 각자 자신의 필요besoins만큼이라는 원칙으로."

5. 프랑수아 페루의 '일반적' 이익에서 '일반경제'의 관점으로

공산주의의 기본적 정식이라고 해도 될 만큼 이러한 정식이 (모든 의미/방향에서) 아무리 이상하고 아무리 제자리를 벗어난 듯 보인다 해도, 논리적인 '세계의 이익에 대한 투자' 또는 심지어 그러한 투자의 이상적인 작용을 결여한 시도였다고도 말할 수 있는 마셜 플랜은, 사실 이러한 정식 이외에 다른 정식으로는 표현될 수 없는 것이다. 그것이 의도했던 목표는 아직 달성되지 않았다는 사실을 말할 필요는 없을 테지만, 의식적인 방식으로든 그렇지 않은 방식으로든, 이러한 마셜 플랜이 어떤 다른 목표를 의도할 수는 없었을 것이다.

이러한 사실은 명백히, 아마도 프랑수아 페루 자신도 의식하고 있을 수많은 어려움들을 불러일으킬 수밖에 없을 테지만, 그는 이러한 문제를 고찰하고 있지 않으며, 적어도 그의 짧은 책이 지닌 한계 안에서 우리는 그러한 고찰을 찾을 수 없다.

페루는 마셜 플랜이 지닌 우발적인 성격과 그것이 일반적 정치의 영역에서 우리에게 불러일으킨 여파들의 불확실성을 일부러 도외시하고 있다.

또다른 한편으로 그는 마셜 플랜이 [국가별] 기탁금을 전제하고 있다는 사실 또한 도외시하고 있는데, 요컨대 마셜 플랜은 사실 재정적 지원이 있어야 가능한 것이기 때문이다. 이러한 기탁금의 성격과 그 동원의 심급에 따라, 마셜 플랜의 효과는 제한을 받을 수도 있었고 또 그 의미 자체가 뒤바뀔 수도 있었다.

여기서 이러한 기탁금의 성격을 연구하기 위해 프랑수아 페루의 작업 방향의 연장선상에서 이론적 고찰들을 전체적으로 정리해보는 일이 유용할 것이다. 먼저 마셜 플랜은 자본의 동원을 전제하며, 또한 그러한 자본이 이익이라는 공통의 법칙으로부터 벗어날 것을 전제한다. 프랑수아 페루의 표현에 따르자면, 이러한 자본은 "국제적으로 지배적인 경제"의 준비금으로부터 유래한다. 사실 이는 매우 발전된 경제를 요구하는 것이어서, 그러한 성장의 수요가 과잉된 자원들을 어렵사리 흡수할 수밖에 없다. 또한 이는 어떤 나라가 다른 나라들과 비교가 안 될 정도로 엄청나게 차이가 나는 상당량의 국가 수입을 갖고 있을 것을 요구하는데, 왜냐하면 이러한 국가 수입에서 상대적으로 미미한 양만을 공제해서 지원에 사용한다고 해도, 그것은 결핍된 경제[국가]들 각각에게는 상대적으로 크나큰 도움을 의미할 수 있기 때문이다. 실제로 수십억 달러의 원조만 해도 유럽에게는 사활이 걸린 중대한 금액일 수 있지만, 그러한 금액은 미국에서 1947년 한 해의 주류 소비 비용에도 미치지 못하는 적은 돈이다. 이러한 금액은 원칙적으로 삼주치의 전쟁 비용에 해당하는 것으로서, 미국 국민총생산의 2%와 근사한 수치이다.

마셜 플랜이 없었다면 이러한 2%의 금액은 부분적으로 비생산적 소비를 성장시키는 데에 쓰일 수 있었겠지만, 여기서 문제는 특히 설비 재화이기 때문에, 원칙적으로 그러한 금액은 미국의 생산력을 성장시키는 데에, 다시 말해 미국의 부를 증대시키는 데에 사용되었을 것이다. 단순히 도덕적 관점에서 볼 때 충격적일 수도 있겠지만, 사실 이 같은 일이 꼭 충격적이라고는 할 수 없다. 이러한 일이 일반적으로 무엇을 의미하는지 살펴보도록 하자. 이러한 부의 증대는 개별적으로 고립된 수많은 이익들과 결합된 요구에 부응하는 것일 수 있다. 프랑수아 페루가 고찰한 일반적 작용들을 넘어서 우리가 '일반경제'의 관점으로 되돌아간다면, 이러한 개별적으로 고립된 이익은 정확히 다음과 같은 것을 의미한다. 즉, 이 땅 위, 살아 있는 모든 자연 속에서, 개별적으로 고립된 각각의 통합체는 성장하려는 경향을 보이고, 또 이론적으로도 그렇게 할 수 있다. 실제로 개별적으로 고립된 모든 생명 입자들은, 생식을 통한 성장을 위해서든 혹은 그저 개체의 성장을 위해서든, 보통의 조건에서 가용한 자원의 추가분을 사용할 수 있다. 하지만 이러한 성장의 필요, 곧 성장을 가능성의 한계까지 견인하는 성장의 필요야말로 **개별적으로 고립된** 존재들을 이루는 특성이며, 바로 이것이 [그러한 존재들의] **개별적으로 고립된** 이익들을 규정한다. 이러한 **개별적으로 고립된** 이익의 양태 위에서 **일반적** 이익을 고려하는 것이 보통이지만, 시각의 오류를 범하지 않고서 언제나 그렇게 할 수 있기에는 세계가 그렇게 단순하지 않다.

그러한 시각의 오류를 인식하는 것은 쉬운 일이다. 전체 안에서 고려해보면, 생명 입자의 성장은 그저 무한할 수만은 없는 것이다. 생명에 있어 개방된 공간은 언제든지 포화상태의 지점에 도달하곤 한다. 물론 활동적인 힘의 성장을 향한 공간의 개방 방식은 그 생명 형태의 성질에 따라 매우 다양할 수 있다. 예를 들어 새의 날개는 더욱 확장된 공간을 성장에 개방했다. 생명 체계의 발전 속에서 에너지의 소비자와 생산자에게 연속적인 도약의 계기를 마련해주는 인간의 기술 또한 이와 마찬가지이다. 매번 새로운 기술은 그 자체로 생산력의 새로운 성장을 가져다주는 것이다. 하지만 이러한 성장의 운동은 삶의 모든 단계에서 언제나 곧 그 한계에 봉착하게 된다. 그래서 이러한 운동은 끊임없이 멈추게 되며, [그렇게 멈추는 순간마다] 다시 출발하기 위해 생명 양태의 어떤 변화를 기다릴 수밖에 없는 것이다. 그러나 그렇게 발전이 중단된다고 해서, 생명력의 규모를 증대시킬 수 있었을 자원이 그저 제거되는 것은 아니다. 하지만 그러한 증대를 초래할 수 있었을 에너지는 이번에는 순수한 소멸로 소비된다. 인간의 활동이라는 층위에서, 새로운 생산력의 형태로 축적되는(곧, 자본화되는) 데에 쓰일 수 있었을 자원들이 어쨌든 증발되어 사라지는 것이다. 일반적 규칙에서 볼 때, 우리는 삶 또는 부가 무한정하게 풍부할 수는 없으며, 따라서 그러한 삶과 부가 소비하기 위해 성장하기를 부인할 수밖에 없는 순간이 끊임없이 찾아오리라는 사실을 분명하게 인정해야만 한다. 개체의 죽음이 없는 [무성생식의] 가장 단순한 생물의 강력한 번식력의 단계를 지나면 그에 이어 개체의 죽음과 유성생식이라는 사치/낭비가 거대한 탕진을 만성적인 상태로 유지한다. 동물들이 서로를 잡아먹는 행위는 그 자체로 전 지구적인 성장에 대한 억제력으로 작용한다. 그리고 그와 마찬가지로 인간 역시 일단 다른 동물들을 소비함으로써 삶에 가용한 공간을 확고하게 지배하게 되면, 전쟁과 함께 수천 가지 형태의 무용한 소비를 하는 것이다. 산업을 통해 생산력의 발전에 에너지를 사용하는 존재인 인류는, 성장의 가능성들을 다양하게 개방하는 동시에 순수한 소멸을 통해 소진/소모를 무한히 용이하게 만드는 것이다.

하지만 원칙적으로 성장이란 개별적으로 고립된 개체의 영역으로 고찰될 수 있는데, 그러한 개체는 성장의 한계를 측정하지 않고, 오직 성장을 확보하기 위해 고통스럽게 투쟁하며, 그럼에도 그 결과에 결코 구애받지 않는다. 성장의 정식은 개별적으로 고립된 채권자의 정식과 같은 것이다. 그 정식이란 곧 [앞서의] "이웃한 다른 경제주체들에 대해 미칠 영향은 고려하지 않고 각기 자신만의 이익 속에서"라는 것이며, 특히 더구나 그 **일반적** 영향은 더욱더 고려하지 않는다. 이와 반대로 (내가 이미 말했던 것을 잘못 받아들이게 되면, 마치 그저 **개별적으로 고립된** 이익의 비정상적인 증식으로만 생각될 수도 있는 인간의 전 지구적 이익이라는 개념을 넘어서) 하나의 **일반적** 관점이 존재하는데, 바로 이러한 관점으로부터 삶은 완전히 새롭게 조명될 수 있다. 아마도 이러한 관점이 성장의 이익에 대한 부정을 내포하는 것은 아니겠지만, 그러한 관점은 개별적인 [성장의] 맹목성—그리고 그 절망—에 맞서, 동시에 행운을 가져다주기도 하고 재앙을 불러일으키기도 하는 기이하고도 넘쳐나는 부의 감정을 대립시킨다. 이러한 [부의] 이익은 이기주의가 지배하는 경험과는 완전히 반대되는 어떤 경험으로부터 도출되는 것이다. 이러한 경험이란, 개인적인 힘들의 발전을 통해 강한 족적을 남기는 일에 마음을 쏟는 개체의 경험이 아니라, 그러한 염려의 무상함과는 완전히 반대되는 의식인 것이다. 경제의 주제들을 통해 우리는 이러한 이익의 본질을 정확히 파악할 수 있다. 자본 보유자들의 개별적으로 고립된 이익들을 그 전체 속에서 고찰하게 되면, 우리는 금방 그러한 이익들의 모순적인 성격을 알아차릴 수 있는 것이다. 각각의 자본 보유자들은 자신의 자본으로부터 이익을 요구하는데, 이는 곧 투자의 무한정한 발전, 다시 말해 생산력의 무한정한 성장을 전제하고 있는 것이다. 본질적으로 생산적인 이러한 작용들의 원칙들 안에서 맹목적으로 부정되고 있는 것은 바로, 순수한 소멸 안에서 소비되는 생산물들의 전혀 무한정하지 않지만 상당한 양의 총합이다. 이러한 계산들 안에서 슬프게도 망각되고 있는 것은 바로, 특히나 우리가 전쟁을 통해서 엄청난 부를 증발시킬 수밖에 없었다는 사실이다. 이러한 사실은, '고전주의적' 경제학에서처럼 단지 문제가 이윤의 추구에만 한정되어 있는 경제적 문제들이 그저 개별적으로 고립되어 있거나 제한적인 문제라는 점, 그래서 일반적 문제 안에서는 에너지의 초과분을 쉬지 않고 파괴할(소진/소모할) 수밖에 없는 생명 전체의 본질이 언제나 다시 등장하게 된다는 점을 이야기할 때—역설적이게도—보다 더 분명하게 표현될 수 있는 것이다.

여기서 다시 마셜 플랜으로 돌아가면, 이제 이에 대해 더 정확히 말하는 일이 용이해지는 것이다. 마셜 플랜은 '고전주의적' 형태의 개별적으로 고립된 [경제적] 작용들에 대립되는 것이지만, 단지 집단적 제공과 요구의 규합을 통해서만 그렇게 대립되는 것은 아니다. 마셜 플랜은, 어떤 지점에서, 생산력의 성장에 대한 부인 속에서 가능한 일반적 작용인 것이다. 그것은 분명 투자이긴 하지만, 그 투자금의 회수를 포기한 채로 투자하는 방식을 통해 일반적 문제를 해결하고자 하는 것이다. 그럼에도 불구하고 이는 동시에 성장에 대한 최종적 사용방식을 고려하는 것이기도 하다. (일반적 관점은 동시에 이러한 두 가지 문제를 모두 포함하는 것으로 이해될 수 있다.) 하지만 마셜 플랜은 그러한 성장의 가능성을 뒤로 미뤄두는데, 왜냐하면 그러한 가능성 앞에는 이미 파괴—혹은 기술 발전의 지체—라는 장이 열려 있기 때문이다. 달리 말하자면, 마셜 플랜의 기탁금이란 곧 사용이 금지된 부의 기탁금이 되는 것이다.

전체적으로 봤을 때 세계 안에는 언제나 과잉된 자원들의 몫이 존재하는데, 이는 성장을 위한 더이상의 '공간'(더 정확히는 그 가능성)을 결여하고 있기에 성장을 보장할 수 없는 몫인 것이다. 희생시킬 필요가 있는 몫이라는 것도, 또 그렇게 무언가가 희생되어야 할 순간이라는 것도, 결코 정확하게 주어지는 것은 아니다. 하지만 하나의 일반적 관점은, 그렇게 정확하게 주어질 수 없는 어떤 시간과 어떤 장소에서 성장이 포기되기를, 또한 부가 부정되기를, 그리하여 그 풍요로움의 가능성과 그 투자의 수익성이 배제되기를 요구하는 것이다.

6. 소비에트의 압력과 마셜 플랜

어쨌거나 어떤 근본적인 어려움이 제거될 수는 없다. 어떻게 기탁금을 동원할 것인가? 어떻게 하면 개별적으로 고립된 이윤의 규칙으로부터 [일반적 이익을 위한] 50억 달러를 얻어낼 수 있을 것인가? 그리고 어떻게 그 돈을 희생시킬 것인가? 바로 여기서 마셜 플랜은 현실 정치의 작용 안으로 개입하게 되는데—내가 이미 말했듯이, 이는 페루의 작업이 다루지 않았던 부분인데—모든 것을 명백히 바로 이 지점에서 재검토해야 할 것이다. 프랑수아 페루는, 마치 기탁금이 공통적 규칙에서 얻어졌다는 듯이, 그래서 마치 기탁금을 얻은 것이 공통적 이익의 효과였다는 듯이, 그렇게 마셜 플랜을 규정했다. 나는 이 지점에서 전혀 망설임 없이 페루의 논의를 따르지 않는다. 마셜 플랜은 물론 일종의 '세계적 이익에 대한 투자'일 수는 있다. 하지만 그것은 또한 '미국의 이익'을 위한 투자일 수도 있는 것이다. 나는 물론 그것이 정확히 미국의 이익을 위한 투자라고 말하는 것은 아니지만, 이러한 문제는 반드시 제기될 수밖에 없다. 또는 원칙적으로 '세계적 이익'인 것이 미국의 이익을 위한 방향으로 왜곡되었다고도 말할 수 있을 것이다.

이론적으로, 마셜 플랜은 자본주의에 대한 하나의 심원한 부정이다. 이러한 제한적인 의미에서라면, 프랑수아 페루의 분석에서 도출된 대립의 논의로부터 굳이 제거할 내용은 아무것도 없을 것이다. 하지만 사실은?

그러나 아직 사실이라 할 만한 것이 없다.[118] 그러므로 다음과 같은 문제를 제기하는 것에 만족하기로 하자. 자본주의는, 그 스스로 자신을 부정하고자 했으나, 바로 그 동일한 자기부정의 운동 속에서, 결국 그러한 자기부정을 피할 수도 없었고 동시에 그러한 자기부정을 할 수 있는 힘도 갖고 있지 못했다는 사실을 드러냈다고 말할 수 있을 것이다. 그럼에도 미국이라는 세계에 있어 그것은 삶과 죽음의 문제인 것이다.

근대 세계의 이러한 측면은 그 세계를 이해하고자 시도하는 이들 대부분이 간과하고 있는 것이다. 역설적인 방식으로, 소비에트의 이러한 [결과적으로] 이로운 두려움(또는 이와 비슷한 어떤 위협)이 없었다면 마셜 플랜도 없었을 것이라는 사실이 이러한 근대 세계의 상황을 규정한다. 사실상 크렘린의 외교는 미국의 국고를 여는 열쇠 역할을 한 것이다. 역설적이게도, 세계의 운동을 결정짓는 것은 바로 그 세계 안에서 소비에트의 외교가 유지하는 긴장인 것이다. 이런 식의 긍정은 쉽게 부조리로 미끄러져 들어가겠지만, 우리는 소비에트 연방이 없었다면, 즉 소비

118) 〔역주〕 1947년부터 실행되기 시작한 마셜 플랜의 효과를 하나의 사실로서 역사적이고 최종적으로 평가하기에 『저주받은 몫』이 출간되었던 1949년은 너무 이른 시기였을 것이다.

에트 연방이 담지하고 있는 저 긴장 정책이 없었다면, 자본주의 세계는 확실히 마비상태를 피할 수 없었을 것이라고 말할 수 있다. 이러한 진실이 현재의 진전을 지배적으로 규정하는 것이다.

현재 소비에트 체제가 일반적으로 세계의 경제적 필요성에 응답하고 있는 것인지는 확실하지 않다. 그러나 최소한 우리는 과도하게 넘치는 경제가 반드시 산업에 대한 독재적인 조직화를 부르는 것은 아니라고 생각한다. 하지만 소비에트 연방과 코민포름의 **정치적 행위**는 세계 경제에 필요한 것이다. 여기서 이러한 행위는 단지 (생산의 법적 체계라는) 상부구조의 차이에서 오는 결과일 뿐만 아니라 또한 경제적 수준의 차이에서 오는 결과이기도 하다. 달리 말하자면, 어떤 지점에서, 정치적 체제로서의 러시아 세계는 공격적인 선동을 통해서, 곧 계급투쟁의 극단적 긴장을 통해서, (에너지 운동이라는) 자원의 불평등을 소환/표현했던 것이다. 이러한 긴장이 자원의 더욱 균등한 재분배에 유리하다는 것, 또한 증가하는 불평등을 통해 마비되었던 부의 순환을 원활히 해준다는 것은 자명한 사실이다. 따라서 마셜 플랜은 일종의 노동계급의 소요가 낳은 결과라고 할 수 있는데, 마셜 플랜이 서구의 생활수준을 향상시킴으로써 이러한 소요를 치유하고자 노력하는 것이기 때문이다.

이러한 마셜 플랜에 대한 공산주의 진영의 대립은 그 자체로 마셜 플랜의 초기 운동을 더욱 연장하는 결과를 낳았다. 공산주의 진영은 마셜 플랜의 실행을 저지하고자 하지만, 그러한 외양과는 반대로 오히려 그 자신이 싸우고자 하는 운동 그 자체를 가속화시키는 결과를 낳았던 것이다. 공산주의와의 대립은 마셜 플랜을 가속화시킴과 동시에 통제한다. 유럽에 대한 지원은 원칙적으로 미국의 [유럽에 대한] 내정간섭의 가능성, 더 나아가 그러한 내정간섭의 필요성마저도 불러일으키는 것이지만, 소비에트와의 대립은 미국이 이러한 간섭을 통해 유럽을 예속시킬 위험성이 있는 비정상적 상황과 지원의 과잉을 그 자체로 어렵게 만드는 효과를 갖고 있다. 물론 이러한 공산주의의 방해공작이 마셜 플랜의 효과를 약화시킬 수 있는 것은 사실이다. 하지만 그러한 방해공작은 오히려 마셜 플랜의 곤궁이 아니라 그 필요성에 대한 감정을 키웠고, 이를 통해 마셜 플랜의 실행은 반대로 망설임 없이 탄력을 받았던 것이다.

이러한 영향력 있는 운동의 중요성은 아무리 강조해도 지나치지 않을 것이다. 마셜 플랜이라는 운동은 경제의 심원한 변화를 의도하는 것이다. 그 운동의 결과가 충분할지는 확실하지 않지만, 이러한 역설적 교환들échanges paradoxaux은 세계의 모순들이 반드시 전쟁을 통해서 해결될 필요는 없을 것이라는 사실을 증명한다. 일반적으로 봤을 때, 사회주의든 공산주의든, 사실 노동계급의 소요를 [가능한 한] 혁명을 일으키지 않고 경제적 제도의 평화로운 진전을 통해 해결하려는 경향을 보인다. 여기서 그 첫번째 오류는 온건한 개혁 운동만이 이러한 평화로운 진전을 보장할 것이라는 믿음이다. 공산주의가 주도권을 갖고 추진한 혁명적 운동이 위협적인 형세를 취하지 않았더라면, 더이상 그러한 진전도 없었을 것이다. 하지만 공산주의의 유일하게 만족스러운 결과가 권력의 쟁취일 거라고 생각하는 것 역시 오류일 수 있다. 심지어 감옥 안에서도 공산주의자들은 계속하여 '세계를 바꾸려고' 한다. 그 자체로만 보면 마셜 플랜의 효과는 상당한 것이지만, [공산주의가 없었다면] 그 한계를 알 수 없었을 것이다. 전복적 행동에서 기인하는 경제적 경쟁은, 부의 재분배 안에서 발생하는 변화들을 넘어서, 더 심원한 구조의 변화를 쉽게 야기할 수 있는 것이다.

7. 전쟁의 위협만이 '세상을 바꿀' 수 있는 유일한 위협으로 남는 곳

애초부터 마셜 플랜은 생활수준의 세계적인 향상을 목표로 한다. (심지어 마셜 플랜은 생산력의 증대에 기대어 소비에트의 생활수준마저 향상시키는 결과를 가져올 수도 있다.) 하지만 생활수준의 향상이라고 하는 것이 자본주의적 조건들 안에서 생산력의 지속적인 증대를 보장하는 충분조건이 되는 것은 아니다. 마셜 플랜은 또한 애초부터 자본주의에 대해 외적인 수단으로 생활수준을 향상시키고자 하는 계획이었다. (이러한 관점에서 보면, 그 효과가 미국 바깥에서 일어났는지 아닌지 아는 일은 별로 중요하지 않다.) 그렇게 하여 [서구의 근대 경제는] 소비에트 연방의 구조와 그리 다르지 않은 구조로 향하게 되는, 즉 결과적으로 억제된 생산력의 성장, 자본주의적 축적, 이윤 등이 더이상 충분한 여분의 자리를 갖지 못하게 되는 지점에 이르러 상대적으로 국가 통제가 있어야만 유일하게 가능한 경제로 향하게 되는, 그런 **점진적인 변동**이 시작된 것이다. 더구나, 이제 유럽에 대한 원조의 형태만이 노동계급의 소요가 일반적으로 가능하게 만든 어떤 진전에 대한 유일한 지표가 되는 것도 아니다. 미국은 이렇듯 여러 풀 수 없는 모순들과 사투를 벌이게 되었다. 미국은 자유로운 기업 활동을 보호했지만, 동시에 그러한 기업들에 대한 국가의 개입 비중도 증대시켰다. 미국은 그저 소비에트 연방이 추락하는 시기를 기다리면서 할 수 있는 만큼 최대한 느리게 그저 길을 찾아 나아갈 뿐이었다.

이제 사회적 문제들은 거리의 시위로 해결할 수 없는 것이 되었고, 우리는 경제적 자원을 갖지 못한 민족들이 더 부유한 지역을 침략하여 확장을 꾀하던 때와는 거리가 먼 시대를 살고 있다. (게다가 우리 시대에 군사적 조건들은 과거와는 정반대로 오히려 부유한 지역들에 더 유리하게 작용한다.) 그래서 또한 그만큼 전쟁 외적인 정치의 결과들이 최우선적인 관심사가 되었다. 물론 우리는 그렇게 전쟁과 무관한 정치적 결과들이 우리를 재난으로부터 보호해줄 수 있을지 확신할 수 없지만, 그러한 결과들이야말로 우리의 유일한 운chance이다. 우리는 종종 전쟁이 사회적 진전을 재촉해왔다는 사실을 부정할 수 없다. 소비에트 연방 자체와 별도로, 우리 역시나, 즉 우리 정신의 자유, [소비에트 연방보다] 덜 엄격한 우리의 사회적 관계들, 우리의 산업과 우리의 국가 복지 등도 역시나, 전 유럽을 뒤흔들었던 양차 세계대전의 결과들인 것이다. 우리가 지난 마지막 전쟁[2차대전]을 빠져나오면서 인구가 증가했다는 것 역시 사실이다. 생활수준 자체도 전체적으로 개선되는 와중에 있다. 그럼에도 불구하고 만약 3차대전이 일어나게 된다면 우리는 그 전쟁이 전 세계를 1945년 독일의 상태만큼이나 치유할 수 없을 상황으로 몰아갈지 알 수 없는 것이다. 우리는 이제부터 평화적 진전을 고려해야만 하는데, 그러한 평화적 진전 없이는 자본주의의 파괴라는 것이 동시에 자본주의의 작업들 전체의 파괴, 산업적 발전의 중단, 사회주의적 꿈의 소멸을 의미할 것이기 때문이다. 이전에는 비인간적이기는 하지만 올바르게 전쟁으로부터 기대할 수 있었을 것을, 이제 우리는 전쟁의 위협으로부터 기대해야 한다. 이는 우리를 안심시키지는 않지만, 여기에 선택 같은 것은 주어지지 않는다.

8. '역동적 평화'

우리는 정치적 판단에 기초하여 하나의 명백한 원리를 고려의 대상으로 삼아야만 한다.

만일 전쟁의 위협이 미국으로 하여금 과잉 자원의 본질적인 부분을 군비 제작에 쏟게 만든다면, 평화적 진전을 다시금 말하는 일은 헛된 일일 것이다. 그렇게 되면 실질적으로 전쟁은 반드시 일어나게 될 것이기 때문이다. 오직 이러한 전쟁의 위협이 미국으로 하여금 냉정하게 과잉 자원의 상당부분을—아무런 보상 없이—세계적인 생활수준의 향상을 위해 쏟게 만드는 한에서만, 경제는 이렇게 생산된 에너지의 초과분에 전쟁 외의 다른 돌파구를 마련해줄 수 있을 것이며 또한 그때 인류 역시 평화적으로 인간 문제의 일반적 해결을 향해 나아갈 수 있을 것이다. 단순히 무장이 해제되지 않는다고 해서 그것이 전쟁을 의미한다고 말할 수는 없다. 하지만 미국의 정책은 다음과 같은 두 가지 길 사이에서 망설이고 있는데, 하나는, 무기 대여라는 새로운 원조를 통해 유럽을 재무장시키는 길이며, 다른 하나는, 최소한 부분적으로나마, 마셜 플랜을 군사적 장치로 사용하는 길이다. 현재의 조건에서 무장해제는 선전선동의 주제는 될 수 있을지언정, 그 어떤 방식으로도 돌파구를 찾는 길이 될 수는 없다. 하지만 미국인들이 이러한 마셜 플랜의 특수성, 곧 초과분의 상당량을 비군사적 목적으로 사용하는 것을 거부한다면, 그러한 초과분은 그들이 폭발시키기로 마음먹은 곳에서 결국 폭발하고 말 것이다. 그리고 어쩌면 그러한 폭발의 순간에, 소비에트의 정책이 이러한 재난을 불가피하게 만들었다고 말할 수 있을지 모른다. 그러나 그러한 위안의 말은 터무니없을 뿐만 아니라 기만적인 거짓말이 될 것이다. 그러나 지금부터는 그 반대의 의미/방향으로 다음과 같이 단언해야 한다. 생산된 힘의 과잉이 전쟁이라는 유일한 돌파구로 흐르도록 내버려두는 것은 그렇게 전쟁을 고려사항에 넣은 결과에 대한 책임을 져야 하는 일이라고. 소비에트 연방이 미국을 혹독한 시험대에 올려놓고 있는 것은 분명 사실이다. 하지만 소비에트 연방이 미국을 깨우고 시험대에 오르게 하며 그리하여 미국이 '변화하기'를 강제하도록 존재하지 않았다면, 과연 이 세계는 어떻게 되었을까?

나는 촉진된 무장이 불러오는 불가피한 결과들을 보여주었지만, 그렇다고 이러한 논의가 그만큼 단순히 무장해제의 방향으로 흘러가야 하는 것은 전혀 아닌데, 그러한 무장해제라는 생각 자체가 비현실적이기 때문이다. 무장해제는 너무도 가능성과는 거리가 먼 것이기에 우리는 심지어 그러한 무장해제가 어떤 효과들을 불러일으킬지조차 전혀 상상할 수 없을 것이다. 이 세상을 평안으로 되돌리자는 제안이 얼마나 헛된 말인지는 가늠하기조차 힘들다. 평안과 잠이란 부득이하게도 그저 전쟁의 조짐만이 될 수 있을 뿐이다. 오직 **역동적 평화**paix dynamique[119)]만이 변화의 눈부신 필요성에 부응하는 것이다. 이러한 역동적 평화야말로 소비에트의 혁명적 의지에 대립할 수 있는 유일한 정식인 것이다. 그리고 여기서 **역동적 평화**란, 이러한 소비에트의 확고한 의지가 전쟁의 위협이라는 상태와 반대 진영의 무장을 유지시켜주고 있다는 사실을 의미하는 것이다.

9. 미국 경제의 완성과 연결되는 인류의 완성

이는 자명하게도, 미국의 방법들이 성공할 때에만 어떤 평화적 진전을 기대할 수 있다는 말이기도 하다. 전쟁 없이는 혁명도 불가능하다는 점, 최소한 고전적 의미에서의 혁명은 불가능하다는 점을 대단히 명확하게 보여준 것이 바로 알베르 카뮈Albert Camus가 지닌 위대한 장점이다. 하지만 어떤 비인간적인 의지가 소비에트 연방 안에 체화되어 있다거나 악의 작업이 크렘린에 도사리고 있다는 식으로 사태를 바라볼 필요는 없다. 물론 비밀경찰,

119) 〔원주〕 이 용어는 장-자크 세르방-슈라이베르Jean-Jacques Servan-Schreiber의 정식을 차용한 것이다. 『르 몽드*Le Monde*』지 1949년 1월 15~18일자에 게재된 이 주목할 만한 연속 기사 「평화에 직면한 서양l'Occident face à la paix」을 참조하라.

사상의 통제, 다수의 강제수용소 등의 방법에 기대어 체제의 확장을 꾀하는 것은 잔인한 일이다. 하지만 동시에 소비에트 진영의 세계에서만큼 그토록 거대한 인간 대중의 운동이 [변화의] 절박한 필요성에 부응했던 사례는 다시 없을 것이다. 따라서 소비에트 연방에 의해 세계 안에서 유지되는 긴장의 의미, **진리**, 그리고 그 핵심적 가치를 깨닫지 못한 채로 **자기의식**을 열망하는 일은 어쨌든 헛된 일이 될 것이다. (이러한 긴장이 결여된다면, 모든 면에서 평화는 그저 헛될 것이기에, 이만큼 두려워해야 할 일도 따로 없을 것이다.) 열정에 눈이 멀어 소비에트 연방 안에서 오직 과도한 비정상성만을 보는 이는, 최소한 눈이 멀었다는 의미에서, 그와 똑같은 과도한 비정상성을 답습하고 있는 것이다. 그런 이는 인간이 종국에 **자기의식**이 될 수 있는 운chance을 갖게 만들어주는 충만한 정신의 명료함을 거부하는 것이기 때문이다. 물론 **자기의식**이라는 [부르주아 철학의] 용어는 소비에트 영역의 한계 안에서는 배제되는 말이다. 게다가 그것은 이미 주어진 그 어떤 것과도 연결될 수 없는 것이다. 그러한 자기의식은, [전쟁이라는] 위협의 충격 아래에서, 어떤 급속한 변화[120]와 함께 세계의 지배적 세력이 구가할 어떤 성공을 포함하게 된다. 그에 대한

120) [원주] 세르방-슈라이베르가 지적했듯, 그리고 미국의 진보 지식인들이 그렇게 생각하는 경향이 있듯, 우리는 노동조합이라는 새로운 정치 세력의 급부상으로 인한 미국 사회 내적 상황의 현저하고 급속한 변화를 기대할 수 있다.

반대급부로, 자기의식은 이제부터 미국 민주주의의 최종적 선택 안에 포함되는데, 그 안에서 자기의식은 다만 전쟁 없는 성공만을 호소할 뿐이다. 민족/국가적 관점은 여기서 논의의 문제가 된다.[121)]

10. 부의 궁극적 목적에 대한 의식과 '자기의식'

아마도 자기의식의 진리(다른 것으로 환원될 수 없는 충만한 주권souveraineté으로의 존재의 회귀)[122)]만큼 내재적인 진리를 이러한 전적으로 외적인 결정들과 연결시키는 것은 역설적인 일이 될 것이다. 그럼에도, 우리가 더이상 지체하지 않고 본질적인 것으로 되돌아간다면, 이러한 결정들의—그리고 이 책 전체의—심오한 의미를 깨닫기는 쉬울 것이다.

역설은 무엇보다 먼저, '지배적인 국제 경제'로부터 고찰되는

121) 〔원주〕 소비에트 연방이나 미국이 아닌 다른 나라들에게서 심오한 의미의 독립적 주도권을 더이상 기대할 수 없다는 사실을 무슨 수로 부정할 수 있을까? 이러한 문제에 오래 머물러 지체하는 것은 그저 그날그날의 일시적 논쟁을 제외하고는 더이상 그 어떤 의미도 갖지 못한다.

122) 〔원주〕 여기서 이러한 주권이란, 완성되어야 할 어떤 의무로부터 독립적인, 순간 속에서의 자유를 뜻한다. {〔역주〕 바타유에게서 주권이 갖는 의미에 관해서는 앞선 역주 3, 11, 40과 역자 해설의 내용을 참조할 수 있다.}

정책이 오직 세계적[123] 생활수준의 증대만을 목적으로 삼는다는 사실로 인해 극단적으로 나타난다. 이는 어떤 의미에서 기만적이고 실망스러운 것이다. 하지만 이는 **자기의식**의 출발점이자 기초일 뿐, 그 완성은 아니다. 이러한 점이 충분히 정확하게 표현되어야 한다.

자기의식이 본질적으로 내재성에 대한 충만한 소유이기는 하지만, 우리는 내재성에 대한 모든 소유란 결국 속임수에 가닿는 것이라는 사실을 환기해야만 한다.[124] 하나의 희생제의는 하나의 성스러운 **사물**을 상정할 수 있을 뿐이다. **성스러운 사물**chose sacrée은 내재성을 외재화하는 것인데, 왜냐하면 그러한 성스러운 사물은 사실상 내부에 있는 것을 외부로 보이게 만드는 것이기 때문이다. 이러한 이유로 **자기의식**은 궁극적으로, 이러한 내재성의 질서 안에서, 더이상 아무런 일도 일어나지 않기를 요구하는 것이다. 그러한 자기의식 안에서는 이제 더이상, 존속하는

123) 〔원주〕 나는 여기서 **세계적**이라고 말했는데, 이러한 의미에서 '트루먼 플랜'에서 드러나는 미국 정책의 최종적 지향점은 마셜 플랜 자체보다 더 많은 의미를 지니고 있는 것이다. 물론 전쟁 문제의 해결책을 이러한 경제적 기준의 질서 속에서 찾는다는 것은 헛된 일처럼 보일 것이다. 사실상, 심지어 일관되기까지 한 이러한 경제적 기준은 전쟁의 가능성이 아니라 전쟁의 필요성을 제거하려고만 할 뿐이었지만, 이를 위해서는 현재의 무기들이 지닌 가공할 위협의 도움만으로도 원칙적으로 충분할 수 있을 것이다. 어쨌거나 이보다 더 많은 것을 할 수는 없을 것이다.

124) 〔원주〕 이 책의 4부 2장 '부르주아 세계'를 참조하라.

것을 제거하려는 의지가 전혀 문제되지 않는다. 누가 과연 예술 작품이나 시를 제거하겠다고 말할 수 있겠는가? 하지만 여기서 하나의 지점이 벌거벗은 채nu 숨김없이 드러나야 하는데, 바로 거기에 [자기의식의] 건조한 명료함이 성스러움sacré의 감정과 일치하게 되는 지점이 존재하게 되는 것이다. 이는 성스러운 세계를 사물에 가장 순수하게 대립하는 요소로 환원할 것을, 곧 그 성스러운 세계를 순수한 내재성으로 환원할 것을 전제한다. 그리하여 사실 이는 또한, 마치 신비체험에서 그러하듯이, '어떠한 형태도 양태도 없이', '환시幻視'와 신성神性과 신화神話의 유혹적인 외양에 대립하여, 지적인 성찰의 영역으로 되돌아가는 것이다. 이 책이 도입한 시각에서 볼 때, 이는 정확히 근본적인 갈등의 영역 속에서 이루어지는 결정을 의미하는 것이다.

우리라는 존재는 단번에 결정적으로 주어지는 존재가 아니다. 우리라는 존재는 우리의 에너지 자원의 성장에 내맡겨진 것처럼 보인다. 우리 존재는, 단순한 존속이나 우리의 목표와 존재이유를 넘어서, 이러한 성장에 대부분의 시간을 할애한다. 하지만 그렇게 성장에 종속됨으로써, 주어진 존재는 그 자율성을 잃게 되고, 또한 그 자신의 자원이 증대됨에 따라, 미래에 그가 될 존재에 다시금 종속되는 것이다. 사실 성장은, 그러한 성장이 순수한 소비로en pure dépense 해소될 순간과 관련해서 설정되어야 한다. 하지만 정확히 바로 이것이 어려운 이행이다. 의식은 이러한 의미에서 실은 바로 이러한 순수한 소비의 순간에 [오히려] 대립하게 되며, 그래서 순수한 소비의 무無, rien가 아니라, 그 반대인 어떤 것quelque chose, 곧 어떤 획득의 대상objet을 포착하고자 하는 것이다. 그러므로 여기서 문제되는 것은, 의식이 더이상 어떤 것에 대한 의식이기를 그만두게 될 순간에 도달하는 것이다. 달리 말하자면, 성장(즉 어떤 것의 획득)이 소비로 해소될 어떤 순간의 결정적인 의미를 의식하는 것, 그것이야말로 정확히 자기의식인 것이며, 다시 말해 바로 그렇기에 자기의식이란 무 이외의 것을 대상으로 갖지 않는 의식이 되는 것이다.[125)]

정신의 명료함이 자신의 운chance을 갖게 되는 곳에서, 이러한 [자기의식의] 완성은, 생활수준의 향상에 맞춰진 정신의 이완상태에 연결되면서, 사회적 존재를 자리잡게mise en place 만드는 가치를 갖게 된다. 이렇게 자리잡게 만든다는 것은 어떤 의미에서 동물에서 인간으로의 이행과 비교해볼 수 있을 것이다(게다가 그러한 이행 속에서의 자리잡기란, 더 정확하게 말하자면, [인간의] 마지막 행위가 될 수도 있을 것이다). 이러한 방식으로 보게 되면, 모든 것은 마치 그 최종적 목표가 이미 주어진 것처럼 일어나게 된다. 모든 것은, 결국에, 자신의 자리를 잡게 되며 그 자신에게

125) [원주] 무rien라는 말 대신에, 하나의 사물chose이 아닌 순수한 내면성la pure intériorité이라고 말할 수도 있다.

할당된 역할에 응답하게 된다. 마치 오늘날 트루먼이 맹목적으로 최종적인—그리고 비밀스러운—절정의 극치를 향해 준비를 하고 있는 것처럼 말이다.[126)]

하지만 이는 명백히 환영이다. 우리의 정신이 더 활짝 열릴 때, 그 정신은 낡아빠진 목적론 대신에 오직 침묵만이 배반하지 trahit 않는 진리를 구별해낼 수 있을 것이다.

126) 〔원주〕 열정이 더이상 무의식의 요인이 아니게 될 순간이 도래할 수 있다. 이렇게 말할 수 있다면, 이는 오직 미친 사람만이 마셜 플랜과 트루먼 플랜에서 발견할 수 있는 순간이다. 내가 바로 그러한 미친 사람이다. 이러한 의미가 더욱 정확해지는 것은 다음의 두 가지 중 하나이다. 그 하나는, 그러한 플랜들의 작용이 실패로 돌아가서 미친 나 역시 나만큼이나 미쳐버린 세계 속에서 길을 잃어버리게 될 경우이고, 다른 하나는, 그러한 플랜들의 작용이 발생하게 되어서 실제로 그 미친 유일한 사람이 결국 내가 말하는 자기의식에 도달하게 될 경우이다. 왜냐하면 의식이기도 한 이성은 오직 그 이성 자신으로 환원될 수 없는 것을 대상으로 삼을 때에만 비로소 충만하게 의식적인 것이 될 수 있기 때문이다. 내가 여기서 다음과 같은 한 명확한 사실에 의거한 고찰을 도입하고자 함을 용서해주기 바란다. 그 명확한 사실이란, 이 경제학 저서〔『저주받은 몫』〕의 저자가 또한 (그 작품의 한 부분에 의해) 모든 시대에서 이어져온 신비주의자들의 연장선상에 위치하고 있다는 것이다(하지만 그 저자는 동시에 이렇듯 다양한 신비주의의 모든 전제들과 그만큼 무관하기도 한데, 그가 이러한 신비주의의 경향들에 대립하여 자기의식의 명료함을 내세우기 때문이다).

해설

바타유는 왜 우리에게 여전히 '저주받은' 내재성의 경험으로 도래하는가

람혼 최정우

한 명의 작가와 그 작품들을 이해하고 분석하는 일, 심지어 그것을 내재화하고 다시금 넘어서는 일은, 어쩌면 한 사람의 일생으로는 턱없이 부족한 일일지도 모르겠다. 이렇듯 지속적인 내재성의 추구와 순간적인 위반의 시도가 함께하는 작업이 지닌 극도의 어려움은, 특히나 역설과 모순과 격정과 불안으로 가득찬 한 작가와 그 작품들을 다룰 때, 더구나 이성과 비이성, 정상과 비정상이 공존하며 불타는 광기와 냉정한 지성이 동거하는 하나의 정신을 만날 때, 비교할 수 없을 정도로 심각히 배가된다. 일반적 문학 또는 보편적 이론이라는 하나의 상상계 혹은 이질적 사유와 낯선 글쓰기라는 실재계 속에서 우리는 역사적으로 이러한 사례들을 여럿 목격할 수 있겠지만, 나는 그중에서도 이러한 사태를 가장 극명하고 극단적으로 보여주는 사례가 바로 조르주 바타유의 경우라고 생각한다.

그의 글쓰기를 어떻게 분류해야 할까. 나는 무엇보다 '글쓰기' 라고 말했거니와, 이러한 용어를 선택했다는 사실 자체가 바타유의 사례를 논함에 있어 우리가 맞닥뜨리는 난국을 가장 '일반적으로' 표현하고 있다고 말할 수 있다. 이는 하나의 역설이다. 어째서 글쓰기écriture라는 일견 지극히 중립적이고 객관적인 것으로 여겨지는 용어가 바타유에게는 하나의 '특수한 보편'의 사례가 되는가. 무엇보다 바타유의 글쓰기는 그 누구의 것보다 더욱더 근본적으로 하나의 극단적 수행성performativité으로서 이해되어야 한다. 그의 글쓰기는 단순히 자신의 사유를 옮기는 도구에 불과한 것이 아니라, 그 자체가 불안과 혼돈 속에서 이루어지는 수행遂行이자 수행修行인 하나의 실존방식, 그 표현양식과 존재양태가 절대 둘로 나뉠 수 없는 하나의 폭력violence이자 동시에 명상méditation이라는 양가성ambiguïté의 형태로 드러나기 때문이다. 바타유의 글쓰기란 그래서, 쓰이는 동시에 쓰일 수 없는 것, 쓰일 수 없는 것을 끝끝내 쓰려는 한계limite의 경험, 그 자체의 수행성이 지닌 가능성의 불가능l'impossible에 다름 아니다. 그러나 이를 바타유의 언어로 다시 고쳐서 말하자면, 이러한 형태의 글쓰기야말로 그저 예외적이거나 일시적인 것이 아닌, 지극히 '일반적général'이고 '보편적universel'인 것이다. 그의 입장에서 인간은 이러한 한계의 내적 경험을 자신의 본질로 삼을 수밖에 없는 존재이기 때문이다. 그리고 바로 여기에 본 저작 『저주받은 몫*La Part maudite*』의 핵심개념들 중 하나인 "일반경제l'économie générale"의 용법이 지닌 그 '일반적' 중대성이 도사리고 있다.

"일반경제" 개념의 '일반적' 역설

인간의 물질적 활동과 역사적 심성에서 "일반경제"의 중요성을 역설하는 이 저작은 사실 전혀 '일반적'이지 않다. 그 개념이 우리에게 너무도 익숙한 저 '경제'의 개념과 정면으로 대치하고 있기 때문이다. 우리는 현재가 아닌 미래를 위해 재화를 아끼고 축적하는 생산적인 모든 활동을 중심으로 '경제'를 생각하며, 그러한 '일반'의 경제 개념 안에서 낭비라든가 탕진이라고 하는 활동은 '일반적'이지 않은 부차적인 것, 심지어 부정적인 것으로 여기는 경향이 있다. 이는 특히 자본주의 사회를 마치 공기처럼 호흡하며 살아가는 우리에게는 이론의 여지가 없는 매우 당연한 사실일 것이다. 그리고 또한 바로 이 점이, 출간된 지 70년이 훌쩍 지난 지금에도 여전히 기이하면서 동시에 언제나 중대하고, 아직도 어떤 심각한 몰이해 속에 있으면서도 동시에 매 순간 그 폭발적 이해의 순간을 기다리고 있는 이 책, 조르주 바타유의

『저주받은 몫』이 지닌 역설적인 운chance[1]이자 저주받은 운명sort 일 것이다. 우리에게 익숙한 '일반적'인 경제는 바타유에게는 전혀 '일반적'인 것이 아니기 때문이다. 우리에게 친숙한 '경제' 개념은 바타유가 오히려 "제한경제l'économie restreinte"라고 부르고 있는 것인데, 생산과 노동의 유용성utilité을 중심으로 하는 이러한 경제는 바타유가 의미하는바 보다 넓은 의미에서의 "일반경제"에 비해 제한적인 부분의 성격을 띨 수밖에 없기 때문이다. 따라서 "일반경제"라고 하는 바타유의 표현은 우리가 현재 '일반적으로' 생각하는 경제 개념을 넘어 인간의 활동에 대한 보다 보편적인 사유를 요청하는데, 바로 이러한 사유가 불러일으키는 '일반적 보편성'의 괴리가 어떤 의미에서 일단 하나의 무의미이자 극단의 한계로서 우리에게 다가오는 것이다. 이것이 또한 우리가 새삼 『저주받은 몫』을 읽을 때 매우 예리하게 포착해야 하는 지점이다.

바타유의 "일반경제"는 단지 생산과 축적뿐만이 아니라 소진/소모consumation로서의 소비dépense/consommation, 낭비gaspillage와 탕진dilapidation을 모두 포괄하는 개념이다.[2] 생산과 소비, 축적

1) 바타유의 "운運(chance)" 개념에 관해서는 본문 역주 66 참조.

2) 일반경제적인 의미에서의 "소비"에 관한 이 다양한 바타유의 술어들에 관해서는 본문 역주 1 참조.

과 탕진은 각각 유용성과 무용성inutilité의 개념에 연결되며, 특히 후자의 '(무)가치'는 아무런 보상 없는 무조건적 파괴와 순수한 상실로서의 희생제의라는 인간현상과 직결된다. 유용성과 반대되는 무용성까지 포괄하는 "일반경제"의 개념이 '일반적'이 될 수밖에 없는 이유는, 바로 이 두 축이 인간의 활동과 심성을 이해하는 데에 필수불가결한 양극의 요소들이기 때문이다. 유용성이라는 가치에 대비해 '쓸데없음'이라는 무용함은 단지 변증법적으로 지양되어야 할 부정적인 가치가 아니라 그 자체로 인간 활동의 기저를 이루는 중대한 가치임을 직시하는 것, 이것이야말로 『저주받은 몫』의 핵심적인 통주저음이자 바타유 사상 전체를 관통하는 금기와 위반의 주제이기도 하다. 바타유가 이러한 인간의 양가성을 설명하는 가장 중요한 술어들 중 하나로 택하고 있는 것이 바로 과잉excès이다. 생산과 성장의 한계를 넘어서는 과잉의 에너지는 필연적으로 순수한 소비로서의 소진/소모, 낭비, 탕진이라는 파괴적인 힘을 요청할 수밖에 없는데, 그렇기에 바타유는 『저주받은 몫』을 바로 이러한 필연성의 원리들을 일반적으로 설명하는 이론적 도입으로부터 시작하여 이에 관한 역사적 사례들을 그만의 방식으로 선택하여 해석하는 방향으로 나아가는 구성으로 집필했다. 과잉은 "일반경제" 안에서 인간으로 하여금 순수한 소비와 상실을 불가피한 것으로 만드는 가장 '일반적'인 힘의 자리에 위치하며, 바타유가 보기에 인간은 바로 이러한 역설을 받아들일 때에만 실로 그 자신을 온전히 이해할 수 있는 것이다. 그러므로 과잉과 소비, 낭비와 탕진, 순수한 상실과 희생은 생산과 축적 못지않게, 아니 어쩌면 그보다 더 중요하게, 인간이 자기 자신을 이해하고 그 활동을 이어가는 데에 필수적이고도 근본적인 배분/분할partage 가운데서 하나의 핵심적인 몫part을 이룬다.

그러나 이 '일반적'인 성격의 소진/소모라는 하나의 축 또는 극은 동시에 "저주받은maudite" 것이기도 하다. 왜냐하면, 바타유가 의미하는바 '일반'이 아닌 우리의 일상적인 '일반'의 의미에서(그래서 또한 바로 이러한 "일반경제"의 용법 자체가 바타유에게서 매우 핵심적인 역설의 방식이 지닌 한 사례가 되기도 하는 것이다[3]), 그러한 순수한 탕진과 남김 없는 파괴의 몫이란 우리가 언제나 어둡고 기분 나쁘게 느끼는 것이며 따라서 언제고 회피하거나 제거해야 할 것으로 여겨지기 때문이다. 그래서 이러한 '저주'의 개념은 바타유의 사유에서 매우 중요하게 작용하는 성聖과 속俗의 개념 속에서 이해되어야 하며 그가 지속적으로 사용하고 있는 역설적 철학의 용법 속에서 해석되어야 한다. 먼저 바타유에게서 종교, 희생, 낭비, 소진 등 비일상적인 것이 지닌 성

3) 바타유에게서 매우 '일반적'으로 발견되는 이러한 근본적 역설의 용법과 그 수행성에 관해서는 본문 역주 2와 3 참조.

스러움le sacré의 성격은 우선 생산, 축적, 노동, 소유 등 일상적인 것이 지닌 속le profane의 세계와 대립한다. 속의 세계에 부여되는 일상의 축복에 대비해 성의 세계에 속하는 순수한 파괴의 영역은 그 자체로 저주의 대상이 된다. 그러나 그다음으로, 동시에 성스러움이란 이러한 두 대립을 넘어서는 가장 '일반적'인 술어가 되기도 한다. 왜냐하면 인간의 활동 안에서 비정상적인 '저주받은 몫'으로서의 소진/소모를 빼고서는 그를 넘어 생산과 축적이라는 정상성 자체를 생각할 수 없기 때문이다. 그러므로 '저주받은 몫'이란 기실 '저주'가 아니며 동시에 성스러움이 지닌 비정상과 비일상의 성격 그 자체는 오히려 가장 '일반적'인 것이다. 바로 여기에 바타유의 근본적인 역설이 지닌 요체가 있다. 이러한 역설의 반反철학antiphilosophie으로 규정할 수 있을 그의 철학적 사유 안에서, 이렇듯 가장 정상적인 것을 가장 비정상적인 것과 접속시키는 것, 가장 일상적인 것을 가장 비일상적인 자리에 위치시키는 것, 가장 일반적인 용어를 가장 비일반적인 용법으로 사용하는 것, 그리하여 거꾸로 지금껏 생각되지 못했던 넓은 의미에서의 또다른 정상과 일상과 일반의 용법을 창출하고 그 세계를 오롯이 현시하는 것이야말로 우리가 매우 중요하게 주목해야 할 지점인 것이다.

바로 이러한 맥락에서 또한 내가 이 책의 한국어 번역 제목으로 선택한 "저주받은 몫"이라는 표현을 해명할 필요가 있겠다.

지금껏 이 책의 한국어 제목은 주로 "저주의 몫"으로 통용되어왔으나, 일견 사소한 부분일지라도, 이는 내가 보기에 문제의 여지가 있는 제목이다. 우선 "저주의"와 "저주받은"이라는 두 표현 사이에는 기본적으로 문법적인 차이가 있다. 이 말에 해당하는 프랑스어 "maudit"(또는 그 영어 번역인 "accursed"나 그 독일어 번역인 "verfemt" 모두)는 과거분사의 형태를 띠고 있는 것이다(물론 이러한 공통된 과거분사의 용법을 단순히 유럽어의 문법적 공통점이라고 말할 수도 있지만, 여기에는 의미상의 중요한 함의의 차이가 존재한다). 이는 자칫 '저주'가 어떤 소유나 행동의 주체로 이해될 수 있는 "저주의"라는 표현으로 해석되어서는 안 되고, 오히려 그러한 저주를 입거나 당하는 사태를 의미하는 수동적인 형태의 "저주받은"이라는 표현으로 더 정확히 해석되어야 하는 것이다. 또한 더 나아가, 이는 비단 문법적 차이에 그치지 않고 바타유가 사용하고 있는 이 용어의 본령과도 깊이 관계된다. 인간이 자신의 활동 안에서 이러한 소진/소모의 몫에 스스로 저주라는 성격을 부여하는 것이 아니라, 무엇보다 이러한 순수한 탕진의 영역에 할당된 '저주'라는 의미는 바로 그 자체로 '그렇게 부여된' 것이기 때문이다. 이 불가피한 수동성 속에서 역설적으로 이해되는 하나의 적극적인 능동성, 그리고 이 불가능한 우연성 속에서 또한 역설적으로 실행되는 하나의 가능한 필연성이야말로, 바타유가 바로 "저주받은 몫"이라는 표현을 통해 가리키고자 하는 인간현상의 근본적인 수행성이 지닌 다른 이름이다. 이에 본 번역본은 지금껏 통상적으로 "저주의 몫"이라 불리던 제목을 "저주받은 몫"으로 더욱 적확하게 바꿔 부를 것을 제안한다.

바타유의 사유와 경험 안에서 『저주받은 몫』이 지닌 위치 없는 위치

『저주받은 몫』은 실로 바타유 사유의 가장 이론적이고 체계적인 저작이라 할 만하다. 그의 다양한 글에서 여러 갈래의 길들로 분화하고 변주되며 불안과 혼란과 무질서를 적극적으로 야기하는 핵심적인 요소들이 이 책 안에서는 비교적 정연한 질서를 가진 채 드러나고 있는 것이다. 가장 먼저 이 책은 바타유가 평생에 걸쳐 지속적으로 추구한 역설의 반反철학 혹은 비非진리의 진리를 구현한 이론서로 평가해야 한다. 노동과 생산으로 대변되는 속俗의 세계 안에서 인간은 사물에 종속되며 심지어 물화物化된다. 물론 인간이 사물로부터 결코 완벽히 자유로울 수는 없지만, 지극히 역설적이게도 그러한 사물은 바로 그 사물 자체에 반대되는 한에서 인간에게 내재성을 경험하게 해주는 역설적 존재/대상이 되며, 또한 바로 그때 인간은 비로소 '자유liberté'를 경험하게 된다. 이러한 작용을 가능하게 해주는 것이 바로 성스러움의 세계가 지닌 가장 핵심적인 역할이다. 바타유가 『문학과 악*La littérature et le mal*』에서 이미 잘 이야기하고 있듯, 마치 "시는 어떤 의미에서 언제나 시의 반대contraire"[4]일 때에만 의미가 있는 것처럼, 사물은 어떤 의미에서 바로 그 사물의 반대일 때에만 인간에게 더욱 근본적이고 핵심적인 의미로 작용할 수 있다. 그것은 의미의 '무無의미' 혹은 '비非의미'라고 또다른 방식의 역설을 통해 말할 수도 있을 비지非知, non-savoir의 경험이다. 노동과 생산에 예속된 노예상태servitude의 인간은 이러한 비사물화의 경험을 통해 하나의 근본적인 주권souveraineté[5] 상태에 도달할 수 있으며, 이러한 도달의 정점sommet이 비록 순간적인 것이라 해도, 이는 인간이 자신의 경험 속에서 바로 그 순간적인 위반을 통해 언제나 다다를 수밖에 없는 어떤 근본적이고 극단적인 한계의 지점을 표현하고 있다. 바타유가 『저주받은 몫』에서 "일반경제"의 개념을 통해 보다 역사적이고 사회학적이며 인류학적으로 드러내고자 하는 사태의 본질이 바로 여기에 있다.

자크 라캉Jacques Lacan과 함께 당대 알렉상드르 코제브Alexandre Kojève의 저 유명했던 헤겔Hegel 『정신현상학*Phänomenologie des Geistes*』 강의의 수강생이기도 했던 바타유에게 있어 이러한 주

4) Georges Bataille, *Œuvres complètes*(전집), tome IX(Gallimard, 1979), 197쪽.
5) 바타유의 "주권" 개념에 관해서는 본문 역주 11 참조.

권 개념은 거의 전적으로 헤겔 철학에서 연유하는 것이라고 말할 수 있다.[6] 그러나 그는 노예상태와 주권 개념을 말하면서 헤겔의 그 유명한 '주인과 노예의 변증법'을 단순하게 반복하지는 않았는데, 무엇보다 바타유에게서 가장 중요한 이론적 지점 중 하나가 헤겔의 변증법에 대한 거부이기 때문이다. 또한 바로 이러한 맥락에서 바타유의 주권 개념은 어떤 의미로 (마르크스Marx의 전도와는 또다른 방식의[7]) 헤겔 철학의 전도된 '일반화'라고 말할 수 있을 것이다. 『저주받은 몫』의 중요한 핵심적 논의 중 하나는 바타유의 일반적 사유와 연결되는데, 거기에서 노예상태는 주권의 상태에 이르기 위해 변증법적으로 지양되어야 할 것이 아니다(그런데 어떤 의미에서 바로 이 지양 불가능성이야말로 바타유가 해석하는 헤겔 변증법의 전도된 요체이다). 주권이 불러올 자유의 상태는 영원한 절대지 같은 것이 아니라 오히려 언제든 다시 노예상태의 예속을 반복하게 될 인간의 무한하고 무용한 한계 경험을 이루는 것이다. 곧 노동과 생산과 사물(화)로 대변되는 속俗의 세계의 노예상태는 단순히 종교와 소비와 비사물(화)로 대변되는 성스러움의 세계의 주권으로 결코 지양되지 않

6) 헤겔 철학과 바타유의 관계에 대해서 더 구체적으로는 본문 역주 11, 19, 40, 42, 45, 112 참조.

7) 마르크스에 대해 바타유가 행한 또다른 의미의 '전도'에 관해서는 본문 역주 95 참조.

는다. 주권의 상태란 속俗의 세계에 속한 금기들을 재확인하며 언제든 그 절정에 도달했다가 다시 심연으로 추락할 수밖에 없는 성스러움의 순간적인 위반의 한계이기도 한 것이다. 이 양가성은 그 자체로 인간의 본질과 활동을 이루는 두 개의 극이자 축이며, 이러한 두 개의 영역 사이에서 하나의 다른 하나에 대한 변증법적 지양은 존재하지 않는다. 바타유의 주권 개념에서 가장 핵심적으로 이해되어야 할 지점이 바로 이것이다.

그러므로 다시 한번 역설적이게도, 자기 자신의 주인이 되지 않음으로써 비로소 주인이 되기, 지양되지 않는 인간의 노동과 노예상태라는 생산과 사물의 지위를 그 자체로 받아들이면서 동시에 바로 그 한계 내에서 금기의 확인으로서 위반을 끝없이 찰나적으로 수행하기, 바로 이것이 주권 개념의 요체이며, 또한 이것이 바로 뒤집힌 자기의식, 곧 이성이나 의식철학에 기반하지 않는 또다른 형태의 자기의식, 곧 반反헤겔적이며 반이성적인 자기의식이자 반反철학으로서의 철학적 비非주체인 것. 그러므로 잠정적이나마 『저주받은 몫』의 이론적 결론이자 그 수행적 핵심으로 제시되고 있는 "자기의식conscience de soi"이란 바로 이러한 맥락에서 이해되어야 하는 것이며, 단순한 헤겔 철학의 재판이나 의식철학의 반복으로 해석되어서는 안 된다. 그래서 또한 이러한 반철학의 역설적 자기의식으로부터, 바타유가 계속해서 강조하는바, 저 비지와 주권의 무용한 (무)의미가 오롯이 드러난다.

덧붙여 바타유 스스로 머리말에서 다소 냉소적이고 역설적으로 말하고 있듯이, 『저주받은 몫』은 어떤 의미에서 하나의 "정치경제학" 저서라는 사실이 무엇보다 강조되어야 한다. 그러나 이 책이 기존하는 정치경제학의 영역에서 한 자리를 차지하는 저작이라는 의미로 그런 것이 아니라, 바로 그 정치경제학이라는 용어와 분과 자체의 '일반적' 의미를 오히려 "일반경제"의 개념을 통해 거꾸로 쇄신하고 전복한다는 의미에서 그렇다. 이러한 맥락에서 바타유의 본 저작은 단순히 마르크스 정치경제학의 인류학적 또는 문화사적 판본이라는 의미뿐만 아니라 더 나아가 그러한 정치경제학의 개념 틀 자체를 뒤바꾸려는 하나의 혁명적 시도/시론essai이라는 의미를 지니게 된다. 바타유가 보기에 자본주의와 마찬가지로 마르크스의 정치경제학과 그것의 현실적 판본이라고 스스로 칭했던 소비에트 공산주의 역시 기본적으로 생산 중심의 제한경제에 머물러 있으며, 그렇기 때문에 일반경제와 과잉, 순수한 소비와 파괴적 탕진을 포괄하는 일반경제에 대해서는 눈이 멀어 있는 것이다. 바로 이러한 혁명적 전복의 맥락에서 바타유가 그 평생 추구했던 이질학hétérologie과 보편사l'histoire universelle의 개념이 이해되어야 한다. 바타유에게서 이질학이란 분뇨학scatologie과 함께 일반경제적 의미에서의 누출exsudation이자 배설excrément로서 작용하는 인간의 모든

'정상적 비정상성'의 활동 혹은 모든 '신 없는 신성la divinité sans Dieu'의 경험을 포괄하는 하나의 비체계적 학學의 개념으로서, 어떤 의미에서 "저주받은 몫"의 또다른 얼굴이자 그 동의어이기도 하다(바로 이로부터 바타유의 또다른 주요 개념인 "비非신학athéologie"이 등장한다). 바로 그렇기에 바타유가 의미하는바 『저주받은 몫』이 지닌 '정치경제학적' 성격이란 곧 이러한 이질학적 특성을 뜻하는 것이며, "일반경제"가 그 자신의 '일반성' 속에서 포괄하는 소비와 생산, 탕진과 축적, 낭비와 성장, 성聖과 속俗의 모든 영역이 곧 바타유적 의미에서의 '보편사'를 이루는 것이다.

그러나 이것이 일반적이고 보편적이라고 해서 안정적인 것은 결코 아니다. 인간에게 그러한 안정은 무엇보다 불가능하다. 바로 이로부터 바타유의 또다른 핵심적 개념인 불안정하면서도 근본적인 '불가능성'이, 더 적확하게 말해서 그러한 불가능성 속의 가능성과 한계 경험으로서의 내적 경험l'expérience intérieure이라는 개념이 출현한다. 주권의 역량과 그것이 필연적으로 지닌 불안, 그 경험의 순간성과 그 영속적 한계, 그렇게 그 한계를 끝없이 재확인하면서도 동시에 그렇게 끊임없이 시도될 수밖에 없는 위반의 향연, 바로 이러한 양극 사이의 현기증 나는 양가성의 사태가 바로 바타유가 생각하는 인간적 현상과 경험의 중핵을 이루고 있는 것이다. 이는 또한 『저주받은 몫』의 출간 이후 『에로티슴*L'érotisme*』(1957)을 통해 더욱 구체화될 바타유의 또다른 핵심적 주제인 금기interdit와 위반transgression의 개념 짝이 더 욱 중요하게 부각되는 이유이기도 하다. 금기는 위반을 통해 부정되거나 극복되지 못하며, 다시 한번, 그것은 변증법적으로 지양될 수 없는 것이다. 그렇다면 위반은 왜 존재하는가. 오직 금기를 확인하기 위해서. 이렇듯 금기와 위반 사이에서도 바타유만의 전복, 곧 비변증법적인 양극의 운동이 존재한다. 그렇게 바타유에게서 한낮의 철학과 정치경제학은 한밤의 반철학과 이질학을 통해 전복된다, 아니, 더 적확하게 말해서, 그렇게 순간적으로 전복되면서 동시에 그렇게 현기증 나는 불안 속에서 하나의 불가능한 한계로 존재한다. 비지의 밤la nuit du non-savoir은 그렇게 세계 위로 드리운다.[8] 그 밤은, 의식의 정신철학 같은 것이 존재할 수 없는 밤, 그럼에도 그러한 정신철학 안에서 얻을 수 없는 또다른 형태의 "자기의식"에 도달하는 순간적 주권의 시간, 바타유만의 또다른 용어를 다시 차용하자면, 그렇게 불가능성의 한계 속에서 어떤 가능성이 어두운 빛을 발하는 "낮은 유물론le bas matérialisme"[9]의 밤, 그래서 동시에 신 없는 신성과 물질 없는 유물론에 도달하게 되는 찰나적 내적 경험의 시간이다(그러므로 다시 한번, 바타유의 역설적 반철학은 헤겔 철학에 대한 전복이자

8) 바타유에게 "밤nuit"이 갖는 의미에 관해서는 본문 역주 42 참조.

9) Georges Bataille, *Œuvres complètes*, tome I(Gallimard, 1979), 220쪽.

마르크스 유물론에 대한 배반이다).

그리고 바로 이러한 맥락에서, 『저주받은 몫』에서 수차례 강조되고 있는바, 바타유의 또다른 핵심적 개념 구분인 내재성intimité/immanence과 초월성transcendance 사이의 차이가 이해되어야 한다. 내적 경험이 주권의 상태로 이루게 되는 내재성의 경험은 언제나 순간적일 수밖에 없다. 그러한 의미에서 이러한 내재성의 경험은 달리 말해 곧 순수한 소비, 과잉과 넘침의 광기, 낭비와 탕진, 희생과 소진/소모, 파괴적 상실, 에로티슴의 성행위, 성스러움과 신성의 경험이 된다. 이러한 주권적 경험은 그 자체로 순간적이며 찰나적이라는 의미에서 오직 현재만을 생각하는 것이다. 이에 비해 생산적 축적, 소유와 전유, 이성과 지성, 성장과 보존, 생식행위로서의 성행위, 노동과 사물, 속俗의 세계라는 일상의 경험은 현재를 배제하고 미래를 염두에 두는 초월성에 의지하고 있는 몫이다. 그래서 이러한 내재성과 초월성은 또한 저 모든 바타유적인 양가성을 이루는 두 극의 또다른 이름이기도 하다. 이후 이 주제는 『에로티슴』 안에서 그 각각 존재의 무한한 연속성continuité과 유한한 불연속성discontinuité이라는 개념짝으로 변주되면서 또한 각기 파괴와 죽음의 한계 경험(성聖)과 성장과 삶의 일상 경험(속俗)을 대표하게 된다.

『저주받은 몫』의 위치시킬 수 없는 현재적 위치: 이 책을 어떻게 읽을 것인가

물론 『저주받은 몫』이 전대미문의 책인 것은 맞지만, 그렇다고 해서 고립된 진공 속의 책은 아니다. 이 책은 그 당대 유럽의 지적 분위기, 그리고 바타유가 개인적으로 받았으며 미쳤던 영향 관계를 통해서 또한 적극적으로 해석되어야 한다. 『저주받은 몫』의 형성에 있어 무엇보다 먼저 지적해야 할 강력한 영향으로 우리는 조르주 뒤메질Georges Dumézil의 신화학과 마르셀 모스Marcel Mauss의 사회학/인류학을 꼽을 수 있다.[10] 따라서 자연스럽게 클로드 레비-스트로스Claude Lévi-Strauss의 구조주의 인류학과 바타유의 이론이 동시대를 관통해 맺었던 상호적 관계 또한 흥미로운 비교연구의 대상이라 하겠다.

동시에 『저주받은 몫』은 헤겔 철학 또는 에드문트 후설Edmund Husserl과 마르틴 하이데거Martin Heidegger 등 독일 현상학의 세례 속에서 새롭게 피어났던 프랑스 현대철학과의 지속적인 교류와

10) 무엇보다 증여와 포틀래치에 관한 바타유의 논의는 모스의 『증여론*Essai sur le don*』(1923~24)이 행했던 선결 연구가 없이는 불가능했을 것이다. 이 『증여론』에 관해서는 특히 본문 원주 54와 그 역주, 그리고 원주 55 참조. 뒤메질의 "세 개의 이데올로기les trois idéologies" 이론이 바타유에게 미친 영향과 그 이론적 파급력에 관해서는 본문 역주 80 참조.

대결의 산물이기도 하다. 이러한 맥락에서 바타유와 동시대에 중요하게 비교해야 할 상대는 바로 장-폴 사르트르Jean-Paul Sartre와 라캉이 될 텐데, 바타유의 사유는, 사르트르와는 가시적인 대결과 지속적인 반목을 통해(사르트르의 현상학적 철학과 바타유의 역설적 반철학 사이의 대립), 그리고 라캉과는 보이지 않는 비밀스러운 내적 연결고리를 통해(각각이 행했던 헤겔 철학의 새로운 재전유와 재해석, 그리고 그 전도와 전복), 그 빛과 어둠을 더한다. 종합적으로 바타유의 사유는, 비단 『저주받은 몫』뿐만 아니라 거의 모든 저작들 속에서, 문화사, 인류학, 철학, 문학, 예술사, 비평 등 글쓰기의 거의 전 영역이 혼종적으로 교배되어 탄생한 잡종의 텍스트라고 할 수 있으며, 바로 이러한 혼종과 잡종의 의미에서도 또한 그의 저작들 자체가 하나의 근본적 수행성으로서의 이질학을 구성하는 것이다.

이뿐만이 아니다. 바타유가 향후 다음 세대의 철학자들에게 미친 영향력은 매우 은밀하면서도 절대적인 것이었다. 미셸 푸코Michel Foucault에게 미친 바타유의 영향력은 사실 아무리 강조해도 지나치지 않은데, 초기 푸코에게서 드러나는 광기와 비이성 등 "저주받은 몫"의 영역과 위반에 대한 천착, 그리고 후기 푸코에게서 나타나는 정상/규범norme과 정상화/규범화normalisation에 대한 논의 등에서도 우리는 바타유의 강력한 자장을 느낄 수 있다. 자크 데리다Jacques Derrida에게 바타유의 "불가능성"과 "일반경제"라는 주제와 그 글쓰기의 수행성 자체가 미친 영향 또한 적지 않다. 끊임없이 미끄러지듯 유보하고 지연시키면서도 거꾸로 그 어떤 유보나 지연도 없이 글쓰기의 수행성 자체 안에서 내용과 형식의 양면을 동시에 드러내는 데리다의 탈-구축/해체déconstruction 작업은 바타유에게 빚진 바가 많다. 보다 직접적으로는 장 보드리야르Jean Baudrillard의 소비consommation 개념에 미친 바타유의 영향력은 너무도 극명하며, 또한 르네 지라르René Girard의 폭력과 성스러움에 대한 논의들 또한 바타유가 일찍이 수행했던 성聖과 속俗에 대한 심원한 논의들을 떠나서는 결코 이해될 수 없다. 그 외에 최근까지도 바타유의 이론적 영향력은 다양한 형태와 여러 갈래의 방향으로 드러나고 있는데, 조르조 아감벤Girogio Agamben의 『호모 사케르*Homo sacer*』 연작 중 특히 1권(1995)에서 바로 그 "호모 사케르" 개념 자체의 양가성은 물론이고 이 저작의 다른 핵심적 개념들인 "주권적 권력il potere sovrano"과 "벌거벗은 생명la nuda vita"을 이해하기 위해서도 바타유의 성스러움le sacré과 역설적 신성divinité의 개념에 대한 선이해는 필수적이고도 근본적이라 할 것이다. 또한 (그 스스로는 사실 외견상으로 전혀 직접적으로 언급하고 있지 않지만) 가라타니 고진柄谷行人이 『세계사의 구조世界史の構造』(2010) 등의 책에서 새로운 소비의 개념을 통한 대안적인 교환양식의 가능성을 논할 때에도, 보이지 않으나 가장 강력한 영향력이자 그 영감의 가장 분명한 준거점으로 작용하고 있는 것 역시 바타유의 일반경제에 관한 논의인 것이다. 덧붙여, 인간의 예술 활동 전체에 '저주받은 몫'과 '악惡'의 성격을 부여했던 바타유의 사유와 실천이 구미歐美와 일본의 하위문화subculture 장르와 극단적extreme 예술행위에 지속적으로 미치고 있는 영향력 또한 매우 중대하게 지적해야 할 부분이다.

그러나 이러한 영향사의 맥락과 같은 연장선상에서 그보다 더 중대하게 논의되어야 할 것은 현재 우리 세계의 상황과 관련된 것이다. 한동안 그 자체로 헤겔 철학에 대한 한 완성의 선언으로 제시되고 동시에 그 정지/폐기의 고지로 해석되었던 프랜시스 후쿠야마Francis Fukuyama의 저 '역사의 종말'에 관한 이론, 그리고 그로부터 다시 전복되는 역설의 철학이 새삼 지니게 된 필요성과 중요성에 관련하여, 우리는 신자유주의가 최종적으로 승리한 듯 보이는 이 시대에 다시금 바타유의 "일반경제"와 "저주받은 몫"이라는 논의를 소환하지 않을 수 없는 것이다. 바타유의 개인적인 이론적 여정 안에서 「소비의 통념La notion de dépense」(1933)이 쓰였던 1930년대부터 지속적으로 발전되고 다듬어져왔으며 1949년에 이르러 처음 출간된 이 책 『저주받은 몫』을 분석적이고 체계적이며 정밀한 경제사회서라고 말하기는 물론 어렵다. 낭비와 탕진이라는 순수한 소비와 소진/소모의 개념을 하나의 거대한 렌즈로 삼아 인간의 전체 역사와 그 경제사회적인 관념과 행동, 그 세계와 활동과 심성의 측면을 분석한 것이라는 이 책의 '일반적' 의미를 넘어서, 현재 신자유주의적 자본주의와 그 파생상품인 금융자본이 돌이킬 수 없는 절대적 승리를 구가하며 마치 그 자체로 그 이상의 체제를 상상할 수 없을 정도로 최고의 유일무이한 체제인 듯이 활개를 치는 우리 세계에서, 이 저작이 시사하는 바는 여전히 매우 심대하다. 이 책을 가장 현재적으로 읽기 위해서는, 그래서 더더욱 이 책이 출간됐던 당대의 시대적 배경을 함께 생각해야 한다. 이 책이 처음 나왔던 1949년은 제2차세계대전이 끝난 지 채 5년이 안 지난 때였음을 상기하자. 또한 그때는 이 책의 5부에서 주요하게 다루고 있는 마셜 플랜이 시행되고 있던 바로 당시였으며, 또한 1917년의 러시아혁명이 일어난 때는 그 당시로부터 불과 30년 전이었다. 물론 사회의 발전 속도에는 상대적 차이가 있지만, 역사적 시간 안에서 이러한 30년의 차이는 우리 시대에 소비에트 연방이 붕괴되고 독일이 통일된 지 30년 정도의 시간밖에 지나지 않았음을 상기해본다면 더욱더 가깝게 생생히 다가올 것이다. 『저주받은 몫』의 시간적 배경을 이루고 있는 것은 바로 이러한 시대, 이러한 시차이다. 냉전 체제가 막 시작되었던 『저주받은 몫』의 당대, 그리고 오직 유일한 체제만이 지배하는 듯 보이는 하나의 전 지구적 세계만이 존재하는 현대, 이 두 시간 모두에서, 또한 그 둘 사이의 시차 안에서, 만약 우리가 자본주의와 자유주의 사회로부터의 탈출을 꿈꾸는 것이 여전히 혁명이라는 이름으로 불릴 수 있다고 여긴다면, 또한 효율성만을 중시하는 생산 중심 체제의 노예상태에 반대해 진정한 주권적 자유의 실현이라는 것이 여전히 가능할 것이라고 상상하며 그러한 불가능성의 실천을 감행할 수 있다고 믿는다면, 따라서 인간이라는 현상과 영역과 본질이 단순히 노동과 유용성만을 다루는 속俗의 세계에 머무를 수 없으며 더 나아가 무한한 연속성과 성스러운 무용성의 영역인 저 "저주받은 몫"을 포괄하는 "일반경제"의 관점에서 계속 사유되고 실천되어야 한다고 여전히 생각한다면, 그리하여 진정한 자기의식의 도래는 오히려 바로 이러한 자기soi에 대한 완전한 상실과 파괴적 희생과 순전한 탕진을 통해 비로소 오는 것이라는 역설적 사실을 여전히 받아들이고 추구한다면, 이 책은 그 자체로 그러한 혁명적 전복과 이질적 전회와 내재적 위반을 위해 필수적으로 통과해야 하는—그래서 다시금 그 한계들을 불안하고 고통스럽게 확인해야 하는—내적 경험이 되어줄 것이다.

번역과 판본에 대하여

본작 『저주받은 몫』의 한국어 번역을 위해 내가 사용한 판본은 프랑스어 판본 3종, 영어 번역본 1종, 독일어 번역본 1종, 이렇게 총 5종의 판본이다. 그중에서도 가장 중요한 저본으로 삼은 것은 물론 현재 바타유 저작의 판본들 중에서 가장 공식적인 것으로 평가받으며 거의 모든 인용의 기준이 되고 있는 프랑스 갈리마르Gallimard 출판사에서 발간된 총 12권의 전집*Œuvres complètes* 중 제7권인데, 이 7권은 『저주받은 몫』을 중심으로 하여 그와 관련된 다양한 원고들로 이루어진 책으로서, 특히 전체 전집 중 바로 다음 권인 8권과 함께 소위 '저주받은 몫' 삼부작 전체를 이루는 부분이다.[11] 이 판본을 번역의 가장 기본적인 준거점으로 삼고, 그 외에 프랑스 미뉘Minunit 출판사에서 나온 '비평Critique' 총서와 '복간Reprise' 총서(문고판), 이 두 판본을 함께 비교해가며 작업을 진행했다.

미뉘 출판사의 '비평' 총서 판본은 갈리마르 출판사의 전집판과 다른 의미에서 매우 중요한 판본이라고 할 수 있는데, 이는 바타유가 자신이 기획했던 "부의 사용L'usage des richesses"이라는 제목의 총서를 통해 그 첫번째 책으로 1949년에 처음 출간했던 『저주받은 몫』의 초판본과 동일한 판본의 지위를 갖기 때문이다. 다시 말해 이 '비평' 총서는 바로 그 1949년의 초판본 텍

11) 바타유의 '저주받은 몫' 삼부작의 전체 체제에 관해서는 본문 주 4, 6, 7, 29 참조.

스트를—『저주받은 몫』 본문에 대한 이해를 돕는다는 목적으로—장 피엘Jean Piel의 해제(「바타유와 세계Bataille et le monde」)와 바타유의 또다른 글 「소비의 통념」[12)]을 추가해 함께 수록하여 1967년에 같은 미뉘 출판사에서 나온 판본으로서, 전집이 완간되기 이전까지 가장 오랫동안 통용되던 판본이다. 따라서 이 판본은 『저주받은 몫』의 최초 판본이라는 의의가 있지만, 여기에는 여러 철자와 부호의 표기, 인용과 편제의 부분에서 오류가 적지 않아 프랑스어로 읽을 때에도 각별한 주의가 요망되는 것이 사실이다. '복간' 판본은 같은 미뉘 출판사에서 가장 최근

12) 앞서도 잠시 언급했던 「소비의 통념」은 바타유가 1933년 1월에 『사회 비평*La Critique sociale*』지 7호(『사회 비평』지에 관해서는 본문의 역주 108 참조)에 발표했던 짧은 글로서, '저주받은 몫' 삼부작 전체 기획의 기원이 되는 텍스트이자 "일반경제" 사상의 발화점으로 평가되는 글이다. 본 번역본에서는 미뉘 출판사의 '자의적인' 편제를 따르지 않았기에 이 글은 (장 피엘의 해제와 함께) 따로 번역에 포함시키지 않았는데, 그 이유는 다음과 같다. 첫째로, 소극적인 이유에서, 이 글이 『저주받은 몫』 텍스트 그 자체는 아니기 때문이며, 둘째로, 보다 적극적인 이유에서, 이 「소비의 통념」을 포함해 '저주받은 몫' 삼부작의 성립과 근간을 더 깊이 이해하기 위해 매우 중요한—그래서 여러 측면에서 '저주받은 몫' 삼부작과 다양한 쌍생아 관계를 이룬다고 말할 수 있을—바타유의 여러 다른 수고, 유고, 미완성 저작들(예를 들어, 「유용한 것의 한계La limite de l'utile」(1939~1945), 「우주의 척도에서 본 경제L'économie à la mesure de l'univers」(1946), 『종교의 이론*Théorie de la religion*』(1974, 사후 출간) 등등)은 독립된 한 권의 책으로 번역되어야 할 것이고 또 그렇게 묶일 수 있다고 생각하기 때문이다. '저주받은 몫' 삼부작 외에 그 자체로도 매우 중요한 이러한 '『저주받은 몫』 주변'의 텍스트들을 독립적으로 엮은 번역본 또한 멀지 않은 시기에 출간될 수 있기를 개인적으로 희망한다.

(2014년)에 나온 문고판이지만, 여기에는 기존 '비평' 총서 판본에서 나타나는 동일한 오류들이 별다른 수정 없이 그대로 반복된다는 문제점이 있다('복간' 총서에는 '비평' 총서와 다르게 「소비의 통념」은 빠져 있지만 어떤 이유에서인지 장 피엘의 해제는 삭제 없이 그대로 실려 있다). 따라서 『저주받은 몫』의 정본으로 삼을 수 있는 판본은 당연하게도 현재까지는 갈리마르 출판사 간행 전집판 7권의 텍스트라고 할 수 있지만, 그렇다고 이 전집판 역시 오류로부터 완전히 자유로운 것은 아니기에, 프랑스어 판본으로서는 위의 세 판본을 모두 함께 참조하여 그 장점들만을 취하고자 했다.

그 외에도 번역의 정확성을 좀더 심화하기 위해 영어 번역본과 독일어 번역본, 두 종의 번역 또한 참고했다. 그러나 이 번역본들의 상태 또한 주의를 요하는 것은 물론이다. 로버트 헐리Robert Hurley의 영어 번역본인 *The Accursed Share*(Zone Books, 1989/1991)는 영어권에서 널리 그리고 유일하게 통용되는 중요한 판본이기는 하나, 자의적 번역들이 여럿 눈에 띄고 심지어 번역되지 않고 누락된 문장이나 단락도 적지 않게 존재하는 등, 결코 완벽한 번역본이라고 말할 수 없는 부분이 있다. 그에 반해, 트라우고트 쾨니히Traugott König와 팀 트르차스칼리크Tim Trzaskalik의 독일어 번역본인 *Der verfemte Teil*(Matthes & Seitz Berlin, 2021)은 현존하는 바타유 전문가들 중 한 명인 미셸 쉬리야Michel Surya가 직접 편집에 참여하기도 했고 또 가장 최근(2021년)에 나온 판본이기에 (비록 원문의 오류를 아주 약간이나마 그대로 반복하고 있으나) 현재까지는 그나마 가장 완벽한 상태를 보여주는 번역본이라고 말할 수 있고, 그래서 나 역시 이 독일어 번역본의 도움을 적지 않게 받을 수 있었다.

한국에 바타유의 이 책이 처음 번역되어 소개된 것이 2000년(『저주의 몫』, 조한경 옮김, 문학동네)이었으니, 이제 그로부터 어느덧 20년이 조금 넘는 세월이 훌쩍 흘렀다. 사실 그동안 바타유의 이 책을 한국어로 읽고 이해하며 또 인용해온 시간이 그리 짧지 않은 것이다. 물론 바타유의 사유와 저작들에 대한 이해의 배경이 거의 전무했던 한국의 상황에서 그간의 20년 동안 기존의 번역본이 매우 긴요하고 일차적인 길잡이 역할을 충실히 해온 것은 분명한 사실이지만, 동시에 그 번역에 오역과 누락이 결코 적지 않았고 무엇보다 바타유 특유의 문체 자체가 실종되어 있었다는 확실한 한계를 부정할 수는 없을 것이다. 그러한 의미에서 지금까지 바타유가 한국어로 제대로 이해되었던가 하는 의문을 개인적으로 떨치기 어렵다. 물론 여기에 새롭게 내놓는 나의 번역 역시 완벽하다고 말할 수는 없겠으나, 이 번역본을 통해 독자들이 바타유가 우리 시대에 여전히—어쩌면 더욱—중요하게 의미하고 있는 바에 더욱 정확하게 '내재적'으로 다가갈 수 있기를 바라는 마음이다.

물론 문체와 어조의 번역이란, '번역'이라는 일반적인 영역에서 언제나 가장 중요한 문제들 중 하나이자 또한 여전히 많은 논란이 있는 주제이지만, 내 번역의 여러 핵심적인 주안점들 중 하나는—비단 바타유를 얼마나 '정확하게' 옮기는가 하는 문제에만 머무르는 것이 아니라, 더 나아가서—바타유의 '글'을 어떻게 '그만의' 어법이 드러나도록 옮길 수 있는가 하는 것이었다. 바타유를 바타유로서 옮기기, 이것이 내 번역본의 가장 중요한 문제의식들 중 하나라고 말할 수 있을 것이다. 바타유의 문체는 결코 그의 사유와 분리해서 생각할 수 없는 어떤 것이다. 이러한 맥락에서 그에게서도 역시, 아니, 그에게서는 더더군다나 특히, 내용과 형식은 절대 분리될 수 없고 한 몸으로 섞여 흘레붙는 둘 아닌 하나, 등이 붙어버린 쌍생아 같은 것이다. 동시에 바타유의 문체는 그 스스로 끊임없이 자기 자신을 유보시키며 바로 그 때문에 그 자신이 글쓰기의 와중에서 수없이 보류되며 중단되는 문체, 또한 역설적으로 바로 그러한 유예와 보류와 중단을 오히려 원동력으로 삼아 이어지는 글쓰기의 인과론 없는 원인이자 결과이며 목적론 없는 목적이라고 말할 수 있다. 요컨대, 가장 역설적으로 말하자면, 바타유의 문체와 어법은, 바로 그러한 비켜섬과 물러남과 멈춤을 통해서, 거꾸로 그 어떤 유예나 보류나 중단도 없이 직접적인 날것으로 현시되는 문체, 글쓰기의 위반을 통해 바로 그 글쓰기 자체의 임계점을 확인하는 '한계 경험'의 어법, 그러한 '내적 경험'이 지닌 순간적 내재성의 텍스트라고 말해야 한다. (『저주받은 몫』은 바타유의 여러 혼란스러운 글들 중에서도 이론적이며 체계적인 그림자를 가장 짙게 띠고 있는 종류의 책이기는 하나, 이 역시 이러한 바타유 문체와 어법의 '일반적' 특성들을 그대로 지니고 있다고 할 수 있다.) 바타유의 번역은 바로 그 자신의 글쓰기가 지닌 이러한 역설적이고도 수행적인 본질을 비켜갈 수 없으며 그래서도 안 된다. 그러므로 어떤 의미에서 나의 이 번역은, 바타유의 또다른 주요한 개념 하나를 그 의미에 충실하게 그대로 사용하자면, 글쓰기의 "벌거벗음nudité"에 대한 하나의 실험이라고도 말하고 싶다. 그와 같은 맥락에서 본 번역본이 향후 바타유 저작 번역의 한 이정표가 되기를 희망하며 또한 여러 활발한 관련 논의들을 불러일으킬 수 있기를 소망하는 바이다. 스스로 완벽하지 못한 자가 어쩔 수 없이 취할 수밖에 없는 나의 아집에 가까운 고집인 어떤 '완벽주의' 때문에 이 번역을 완성하는 데에 실로 오랜 시간이 걸렸다. 훌륭한 인문학 편집자인 문학동네 김영옥 선생님의 예리하고 치밀한 능력과 신뢰의 기다림이 없었다면 불가능했을 번역 작업이었다. 깊은 감사의 인사를 올린다.

개인적으로 바타유의 작품들을 고등학교 시절부터 지금에 이르기까지 대단히 오랫동안 곁에 두고 아끼고 사랑하며 열광하면서 읽어왔지만(그러므로 바타유처럼 나 역시, 이 책은 나 자신의 "끓어오름ébullition"의 산물이라고 말하지 않을 수 없다), 고백하건대 그의 글을 읽는다는 것은—무수한 불안과의 마주침이며 끝없는 미지의 수수께끼들과의 조우였고 지금도 여전히 그렇다. 그럼에도 내가 항상 입버릇처럼 바타유를 '내 영혼의—영혼 없는—동반자'로 선언해왔던 것은, 그가 인간 현상에 대해 끈질기게 시도했던 가장 '비정상적'으로 보이는 이해의 방식이 거꾸로 인간의 '정상성'이 지닌 한계를 뚜렷이 드러내주기 때문이었고, 일견 불안과 광기에 과도하게 사로잡힌 글쓰기의 (비)주체를 통해서 거꾸로 인간의 이성적 주체가 어떻게 구성되고 또한 탈脫구성되는가를 보여주기 때문이었으며, 가장 결정적으로 이 모든 것을 통해 생산과 파괴, 축적과 탕진, 보존과 희생, 정상과 비정상, 이성과 광기, 삶과 죽음, 선善과 악惡, 축복과 저주, 성聖과 속俗이라는 영원한 양극 사이를 오가는 현기증적인 인간의 본성을 가장 적나라하게 표현해주었기 때문이다. 그리고 이 모든 사실들 역시, 지금도 여전히 그러하다. 만약 바타유에게 문학이 있다면, 그것은 악惡의 문제에 천착하는 '저주받은 몫'으로서의 예술일 것이고, 그에게 예술이 있다면, 그것은 반反철학으로서의 철학, 곧 역설의 철학일 것이며, 또한 그에게 철학이 있다면, 그것은 사유할 수 없는 것에 대한 불가능의 사유일 것이고, 그에게 역시나 사유가 있다면, 그것은 끝없는 위반을 통해 끈질긴 한계를 확인하고자 하는 이질성의 '내적 경험'일 것이다. 그리고 앞으로도 아주 오래, 여전히 그러할 것이다. 『저주받은 몫』 번역의 이 새로운 '정본'을 통해 한국어 독자들이 이러한 바타유의 내재적 세계를 보다 본격적이고 근본적으로 경험할 수 있게 되기를 바란다.

— 檻魂 최정우, 合掌하여 올림

저주받은 몫

초판 인쇄 2022년 6월 15일
초판 발행 2022년 6월 30일

지은이 조르주 바타유
옮긴이 최정우

책임편집 김영옥 | 편집 이경록 | 디자인 김마리 강혜림 최미영
저작권 박지영 형소진 이영은 김하림
마케팅 정민호 이숙재 박치우 한민아 김혜연 박지영 안남영 김수현 정경주
브랜딩 함유지 함근아 김희숙 안나연 박민재 박진희 정승민
제작 강신은 김동욱 임현식 | 제작처 영신사

펴낸곳 (주)문학동네 | 펴낸이 김소영
출판등록 1993년 10월 22일 제2003-000045호
주소 10881 경기도 파주시 회동길 210
전자우편 editor@munhak.com | 대표전화 031)955-8888 | 팩스 031)955-8855
문의전화 031)955-3579(마케팅), 031)955-1905(편집)
문학동네카페 http://cafe.naver.com/mhdn
인스타그램 @munhakdongne | 트위터 @munhakdongne
북클럽문학동네 http://bookclubmunhak.com

ISBN 978-89-546-8738-6 93300

www.munhak.com